토의민주주의

건지학술총서

13

Deliberative Democracy

토의민주주의

오현철

전북대학교출판문화원

내가 쓴 모든 글의 첫 번째 독자로서 항상 따뜻한 비평을 해주는 아내 이은영과

뜻밖의 상상력과 감수성으로 영감을 불어 넣어주는 딸 오연주에게....

서문

촛불집회로부터 무엇을 배울 것인가?

2016년 말에서 2017년 초 한겨울 추위에도 뜨겁게 타올랐던 촛불시위가 대통령을 탄핵하고 문재인 정부를 출범시켰다. 87년 6월 항쟁으로 형식적 민주주의를 성취한 이후 한국에서 정치체계의 전면 교체를 요구하는 저항은 사라졌고, 서울 시청 앞과 광화문 광장을 가득 채웠던 화염병과 돌을 질서정연한 촛불이 대체하였다.

87년 이후 시민사회의 저항을 상징하는 촛불집회는 국민의 직접선거로 선출된 대표체계의 정당성을 인정하면서, 정치체계가 무능하거나 권력을 남용했을 때 등장하였다. 2002년 '효순이와 미선이' 추모를 위한 촛불은 미군 장갑차에 희생된 두 소녀의 명복을 비는 행사로 시작하여 소녀들을 지키지 못하고 가해자를 처벌하지도 못하는 국가에 대해 분노했다. 2004년 노무현 대통령 탄핵반대를 위한 촛불집회는 국민이 직접 선출한 대통령을 하찮은 핑계로 탄핵소추한 국회에 대한 분노를, 2008년 미국 쇠고기 수입반대 촛불집회는 대통령이 국민의 의지를 거스르는 권력행사에 대한 분노를 표출하였다. 2016년의 촛불집회는 최순실과 대통령 박근혜가 공모한 국정농단에 대한 분노를 표출하고, 대통령을 탄핵시키고 구속하게 함으로써 국민의 정치적 목표를 이룬 성공적인 시위였다.

형식적 민주주의를 쟁취한 6월 항쟁 이후에도 정부와 국회에 대한 시민들의 항의행동은 광장에서 지속되었고 전면적인 촛불시위도 반복되었다. 항의행동과 촛불시위가 반복되는 근본적인 이유는 정치인들이 주권자인 국민의 뜻을 국정에 반영하지 않고 오히려 자신들의 사적 이익을 먼저 추구하는 '주인-대리인의 딜레마' 때문이다. 이 딜레마는 주권자 국민을 대신하여 통치하는 대통령과 국회의원 등의 대리인들이 국민들보다 자신들을 위해 통치하는 상황을 지칭한다. 이 '주인-대리인의 딜레마'는 모든 대의정치 체제에 공통된 것인데, 특히 한국에서 심각하다. 평화적인 시위로 현직 대통령을 합법적 절차를 통해 파면하도록 압박한 촛불집회는 시민참여와 시민덕성, 공공선 추구라는 민주주의 핵심이념을 완벽하게 실천하여, 비민주적인 정치체계를 개선할 대안을 보여주었다. 주인이 직접 나서야 '주인-대리인의 딜레마'를 해소할 수 있다는 점을 일깨워 주었다.

87년 민주화 이후 15년이 지나서 시작된 촛불집회는 현행 헌법과 정치체계의 정당성을 인정하기 때문에 처음부터 혁명이 될 수 없었다. 하버마스의 말을 빌리면 촛불은 '자기제한적 시민운동'이다. '자기제한적 시민운동'이란 정치체계의 정당성을 인정하고 체계의 논리를 부정하지 않은 채 시민사회의 의견을 체계에 전달하는 운동이다. 이때 시민들의 정치적 의견을 반영할 것인지 여부를 결정하는 주체는 시민이 아니라 대리인들이다.

'자기제한적 시민운동'의 한계는 그 개념에 담긴 의미에서도 분명하게 드러난다. 이 운동은 정치체계가 시민사회의 요구에 민감하게 반응할 경우에만 목적을 달성할 수 있다. 이명박 정부시절 4대강사업 반대와 미국 쇠고기 수입반대 촛불이 실패한 이유는 정부가 시민사회 요구에 민감하게 반응하지 않고 무시하면, '자기제한적 시민운동'이나 시민사회가 달리 취할 수 있는 수단이 없기 때문이다. 87년 민주화 이후 한국의 시민운동은 체계 내에서 활동하는 '자기제한적 시민운동'에 국한되었고, 이명박·박근혜 정부처럼 시민사회에 대한 정부의 반응성과 책무성이 낮은 경우에 시민들의 정치적 의견과 의지가 정치체계에 반영될 수 없었다. 이러한 한계는 다른 나라에서도 마찬가지인데 2008년 금융위기 이후 미국 월가에서 절정에 달했던 Occupy 운동이 별다른 소득 없이 종결된 것도 정부나 의회가 그 운동을 간단히 무시해버렸기 때문이다.

자기제한적 시민운동의 근본적인 한계에도 불구하고 촛불집회가 박근혜 탄핵에 성공한 이유는 촛불의 요구를 반영하는 제도적 통로가 있었기 때문이었다. 일차적으로 사안의 성격이 중대하고 촛불의 요구가 지속적으로 더욱 강해졌기 때문이었고, 다음으로 국회가 촛불의 요구에 적절하게 반응하면서 최종 결정을 헌법재판소로 미룰 수 있었고, 헌법재판소는 드러난 사실과 법리에 비추어 탄핵 인용이 불가피하였기 때문이었다. 촛불의 교훈은 시민들의 의견과 의지로 정치체계를 통제할 제도적 통로가 반드시 필요하다는 것이다.

그동안 여러 차례 촛불의 의지를 배반했던 한국의 정당정치와 대의민주주의는 투표로 선출된 대리인들이 국가와 국민의 운명을 전적으로 좌우하였다. 한국 사회의 모순과 정치적 폐해는 민주주의의 짧은 역사와 군부독재의 치명적인 폐해에 원인이 있지만, 근본적으로 한국 대의민주주의 자체의 결함 때문이기도 하다. 대의민주주의는 '지배자와 피지배자가 동일'해야 한다는 민주주의 원칙을 전도시킨 것으로, 국민주권 차원에서 올바르지 못하며, 정치 엘리트의 지배를 정당화하고, 시민을 정치의 주체가 아닌 객체로 전락시킨다. 시민이 제외된 대의민주주의 정치과정은 사회경제적 모순을 은폐하거나 시민들간에 적대관계를 야기한다. 혐오감과 증오심을 불러오는 한국정치의 행태를 극복하기 위해서도 민주주의 그 자체의 결함을 교정하는 제도가 필요하다.

기존의 형식적 민주주의론은 불평등하고 부조리한 한국 사회의 모순을 해소할 수 없다. 정치적, 경제적, 사회적으로 중첩된 모순을 설명하고 돌파구를 찾기 위해서는 기존과 다른 관점에서 한국을 조망할 필요가 있다. 정치와 민주주의에 대한 새로운 접근은 시민참여에 대한 새로운 관점에서 출발해야 한다.

정치의 주인은 정치인이나 관료가 아니라 시민이어야 한다. 시민이란 사적인 개인들이 아니며 전체로서의 국민도 아니다. 시민은 국가와 사회의 공적 문제에 대해 공적인 관점에서 책임있게 토론하고 해결 방법을 찾는 사람들이어야 한다. 링컨이 제시한 '인민의, 인민에 의한, 인민을 위한 민주주의'라는 명제를 실현하는 방법은, 시민들이 투표권의 한계를 뛰어넘어 스스로 토의한 결과에 따라 법률이나 정책을 결정하는 데에 있다.

새로운 관점은 민주주의의 형식이나 절차 문제를 넘어 민주주의의 목표, 제도, 운영 방식에 대한 근본적인 성찰을 요구한다. 새로운 사고와 가치를 제시하는 새로운 방법을 탐색할 때 토의민주주의(deliberative democracy)는 주요한 대안이 될 수 있다. 토의민주주의는 보통 시민들의 토론을 국가가 존중하고, 토론 결과를 정책에 반영하기 위해 노력함으로써, 시민들이 권력을 공유하는 기회를 부여하고자 한다. 토의민주주의가 제도화되면 시민들은 제도적인 참여 경로를 통해 정책결정 권한을 행사하게 될 것이다. 신고리 핵발전소 5·6호기 폐기에 관한 공론조사에서 시민들의 토론을 정부가 수용하여 정책에 반영한 것이 대표적인 사례이다.

토의민주주의는 대리인들이 결정하고 시민들은 복종하는 대의민주주의의 '정치적 노동분업' 체제를, 시민들이 결정하고 대리인들이 집행하는 '토의적 정치분업'으로 바꾼다. 대의민주주의론은 이기적인 목적을 위해 투표하는 것도 '합리적 선택'으로 인정한다. 그러나 토의민주주의는 참여자들이 타인과의 토론 과정에서 자신의 비이성적인 편견을 수정하고 타인의 관점이나 이익을 평가하여 공동선을 위해 투표하도록 자신의 선호를 전환하는 기회를 제공해준다. 타인과 토론하는 과정에서 자신의 판단, 선호, 관점을 스스로 수정하는 기회는, 적대정치(adversary politics)에 의해 토론이 봉쇄되고 집단정체성과 집단이익을 추구하는 대리인들에게 자아 성찰의 계기를 마련해준다.

토의민주주의는 시민들이 직접 토의에 참여하여 정치적인 문제를 결정한다는 점에서 대의민주주의의 한계를 극복한다. 국가와 시민사회를 엄격히 분리한 후 대리인들에게 정치를 전적으로 맡기고 시민은 생업에만 몰두하게하는 '정치적 노동분업' 체제의 오류를 교정하는 것이다. 또 직접민주주의의 결함으로 지적되는 선동이나 일시적 감정에 의한 결정이 아니라 이성적인 토의 결과에 따른 결정을 유도한다는 점에서 시민의 직접 결정이 중우정치로 퇴보할 수 있다는 우려를 불식시킨다. 이 점에서 토의민주주의는 직접민주주의나 대의민주주의와 다른 제3의 민주주의 유형이며 두 민주주의 체제의 장점을 결합한 하이브리드 민주주의라고 할 수 있다. 토의민주주의가 제도화될 때 한국의 정치는 차원 높은 민주주의를 실현할 수 있을 것이다.

이 책의 목적은 한국사회의 중층적 모순을 해결하기 위해, 정치적 문제를 시민들이 주체적으로 결정하는 토의민주주의 이론을 소개하고, 이 목표를 현실에서 달성한 해외 경험 사례들을 분석한 후, 한국에 적용 가능한 대안을 모색하는 것이다.

책의 구성은 다음과 같다. 1부에서 한국사회의 중층적 모순과 원인을 개괄적으로 설명한다. 2부에서 토의민주주의의 이론과 그에 대한 반론을 소개하고 재반박한다. 3부에서는 토의민주주의의 경험 사례들을 소개한다. '작은공중(mini-public)' 개념을 적용하여 토의를 통해 시민들의 이성적인 의견과 의지를 끌어내는 공론조사(deliberative polling), 캐나다 브리티시 컬럼비아주에서 선거법을 만들었던 시민의회(citizen's assembly), 미국에서 도시의 예산안과 발전계획안을 만드는 공동체대화(community dialogue), 브라질과 인도에서 소외된 사람들에게 정치적 의사결정 기회를 제공하여 그들의 권능을 강화해주는 권능강화 참여거버넌스(Empowered Participatory Governance) 경험을 다룬다. 4부에서는 한국정치를 토의민주주의적 방법으로 재편하기 위한 대안들을 제시한다. 구체적으로 헌법재판소를 대신하는 시민의회, 국회개혁을 위한 국회개혁시민의회, 사법개혁을 위한 기소배심제와 배심재판 전면확대, 법관인사시민위원회 및 대법원 개혁, 그리고 행정부 개혁을 위한 예시로 교육개혁 시민의회, 전력정책 공론조사, 정책배심제와 인사배심제, 지방정치에서 활용가능한 공론조사를 예시한다. 1부와 2부는 학술적인 이론이 주로 다루어지므로, 각국의 토의민주주의의 경험 사례들에 관심이 있는 분들은 3부를, 토의민주주의 제도를 한국사회에 구체적으로 적용하는 방식에 우선적인 관심이 있는 독자는 4부를 먼저 읽는 것도 좋을 것이다.

* * *

왜 '토의'인가? 토의민주주의는 'deliberative democracy'를 번역한 것이다. 이 개념에 대한 번역어는 현재 토의討議, 심의審議, 숙의熟議로 다양하게 사용되고 있다. 옥스퍼드 영어 사전은 'deliberation' 속에 'discussion'과 'consideration'의 두 개념이 복합되어 있다고 설명한다. 그 설명에 의하면 'deliberation'은 어떤 일에 대해서 토론을 통해 심사숙고한 후에 결정하는 과정 전체를 의미한다.

심사숙고에 이르는 방법은 다양하다. 근대의 철학자 루소는 개인이 혼자서 성찰과정을 통해 심사숙고한 후 집단적으로 일반의지를 구성할 수 있다고 생각했다. 'deliberation'은 루소의 생각과 전혀 다른 방법인데, 사람들과 토론함으로써 심사숙고에 도달한다는 점을 강조한다. 따라서 'deliberation'에 대한 번역어는 참여자들이 토론을 통해 심의나 숙의에 이르는 과정을 모두 표현하는 개념인 토의가 적절하다고 판단된다. 숙의와 심의는 심사숙고를 유도하는 토론 과정을 개념 속에 포괄하지 못하기 때문이다.

* * *

이 책은 필자가 그동안 수행한 논문을 포함하고 있다. 필자의 논문 "정치적 대표체계의 민주적 재구성 방안 모색"(2006)은 2장과 14장에서 부분적으로 다시 서술되었다. "국가정책결정 거버넌스와 공론조사"(2007)에 기초하여 8장을 서술하였고, "토의민주주의와 시민의회 : 브리티시 컬럼비아 사례를 중심으로"(2010)를 토대로 9장을 집필하였다. "민주주의를 위한 법원개혁과 시민참여"(2015)를 전면적으로 확대하고 수정하여 15장을 다시 집필하였다. 그 외 인용된 부분은 각주를 통해 밝힌다.

목차

제3부 토의민주주의의 경험

제1부

한국민주주의의 위기

01
모순이 중첩된 사회

1. 중첩된 모순과 이데올로기

1) 구조적으로 중첩된 모순[1]

한국은 1987년 민주화 항쟁으로 대통령 직선제와 소선거구 단순다수대표제의 국회의원 선출제도를 쟁취하였다. 당시에는 직선제와 소선거구제도가 국가를 민주화할 수 있는 가장 중요한 방법으로 생각되었고, 이 제도들이 안정화되면 민주주의가 정착되고 국민의 자유와 인권이 신장되어 한국 사회에 평등과 평화가 충만하리라고 믿었다. 그러나 현실은 기대와 달리 민주화 이전보다 한층 다양한 갈등과 모순이 사회를 옥죄고 있다. 지금 한국에는 아래와 같은 다양한 갈등들이 복합적·중층적으로 구조화되어 있지만 해결의 실마리는 보이지 않는다.

첫째, 이념갈등. 이승만 독재 정권의 통치 이데올로기였던 냉전반공주의가 '자유민주주의'로 포장된 채 한국사회 이데올로기 지형에서 여전

1 이하의 아홉 문단은 오현철(2008)의 일부를 수정하였음.

히 주류를 차지하고, 서구적 자유주의 이념이 그에 저항하며 첨예한 대립 양상을 보이고 있다. 이 갈등은 햇볕정책, 국가보안법 폐지, 미군기지 이전, 북방한계선(NLL), 전시작전권 이양 그리고 사드(THAAD)배치 등과 관련된 논란 속에서 지속적으로 확대 재생산되고 있다.

둘째, 가치갈등. 환경문제에서 표출되는 환경가치와 개발이익 사이의 갈등, 이에 대응하는 정부의 비민주적 의사결정 과정이 과도한 사회적 비용을 지불하게 한다. 방사능 폐기물 처리장을 경주에 건설하는데 거의 30년 세월이 소요되었고, 그 기간 동안 방폐장으로 지목된 지역에서는 많은 반대와 시위가 있었다. 최근 신고리 5·6호기 폐기를 둘러싼 공론조사 실시에서도 갈등이 반복되고 있다.

셋째, 지역갈등. 영남 정치세력이 만들어 활용하는 패권적 지역주의와 이에 대항하는 호남주민들의 집단정체성이 지속적으로 충돌하며 지역감정을 조장하고 재구성하고 있다. 영남지역 중심의 정치인들과 냉전반공주의 세력, 재벌이 결탁한 기득권 세력이 독재에 저항하던 자유주의 진영과 이를 지지하던 호남주민들을 오히려 지역주의 세력으로 매도하고 지역갈등의 원죄를 피해자들에게 떠넘기며 자신들의 책임을 희석시키고 있다.

넷째, 빈부갈등. 한국에서 국가와 시장은 고용, 성장, 소득 안정성, 교육, 직업훈련, 환경규제, 빈곤, 주택, 사회적 서비스 그리고 기본적인 개인의 안전 등의 문제를 해결하는데 거의 실패하였다. 그 결과 빈익빈 부익부 현상이 심화되었으며, 사회는 극단적으로 양극화 되었다. 자산계층의 소득은 꾸준히 증가하지만 중산층과 저소득층의 실질소득은 줄고 있다. 아직 빈부갈등이 사회에서 전면적으로 분출되지는 않았지만, 부동산 정책에 대한 무주택 서민들의 분노에서 볼 수 있듯이 장차 심각한 폭발 양상을 보일 수 있다.

다섯째, 노사갈등. 노동자들의 기본권인 노동권리를 인정하지 않는 사용자들의 봉건적 태도가 노사갈등을 고질적인 사회 병폐로 만들고 있다. 노동자의 사회적·정치적 권리를 억압하는 노동관련 법규와 이를 강제하는 행정부의 비민주적 태도에 사용자 편향적인 사법부의 친자본적 행태가 더해지면서 노사갈등은 더 깊은 적대적 모순 속으로 구조화되고 있다.

여섯째, 노노갈등. 대기업/중소기업 노동자의 갈등과 정규직/비정규직 노동자의 갈등은 전면적으로 표출되지 않았지만 장차 노동계급 내부에서의 계급투쟁과 전면적인 사회 분열을 야기할 폭발력을 내재하고 있다. 이 갈등의 원인은 근본적으로 역대 정부가 재벌에게 국가자원을 몰아주어 성장시킨 반면 중소기업에게 정책적 배려를 소홀히 하여 중소기업의 경쟁력이 낮기 때문이다. 생산성과 이윤율이 낮기 때문에 중소기업 노동자의 임금과 복지수준이 낮을 수 밖에 없다. 또한 IMF 극복과정에서 정부가 IMF와 사용자들의 요구는 전면 수용한 반면 노동계급의 요구를 배척하고 비용절감의 고통을 비정규직에게 떠넘겼기 때문이다. 또 정규직 노동자들이 같은 직장에서 동일한 노동을 하면서 임금과 복지 혜택에서 차별받는 비정규직 노동자들을 외면하기 때문이다. 이 갈등은 필연적으로 노동자들간의 적대감으로 발전했다.

일곱째, 세대갈등. 취업에 실패한 청년실업자들은 장기 실업자가 되거나 비정규직을 전전하고 있다. 비정규직으로 취업한 청년의 80%는 5년 후에도 비정규직에 머물게 된다는 통계는, 이미 정규직과 비정규직간에 이동이 불가능한 단절적 노동시장이 구조화되고 있음을 보여준다. 경제적 어려움 때문에 연애, 결혼, 출산을 포기하는 청년들을 더 좌절하게 만드는 것은 천정부지의 집값과 주거비다. 집을 소유한 기성세대들이 부동산 투기로 자산을 모으고 자산가치 상승의 혜택을 누리는 반면에, 새로 사회에 진출한 젊은 세대들은 부동산 값을 감당할 수 없어 생애 전 기간 동안 렌트푸어에서 벗어나기 어렵다.

여덟째, 권역갈등. 수도권과 지방의 불균등 발전으로 인해 경제적·사회적으로 비대해진 수도권과 빈사상태인 지방의 갈등이 잠재되어 있다. 교통·통신이 발달할수록 수도권으로의 집중이 심화되기 때문에, 지방의 인적·물적 자원을 수도권이 빨아들여 권역간 갈등을 심화시킬 것이다. 특히 절대적·상대적으로 산업 기반이 취약한 지역은 노동시장과 생활기반이 붕괴하여 지역주민의 삶이 황폐화될 우려가 있다.

복합적 갈등구조가 고착되면 국가와 민주주의의 정당성에 대한 불신을 증폭시켜 정치적 위기가 심화된다. 그러나 모순을 해결해야 할 정치사회가 오히려 이러한 모순을 심화시키고 있다. 지난 정부들은 사회적 균열구조를 치유하지 않았고, 정당들은 중층적 갈등을 해결할 적극적 정책을 만들지 않았다. 오히려 영남에 기반한 보수정당들은 이념적·정치적 이익을 위해 갈등을 심화시키는 정책을 추진하였고, 그에 저항하던 호남의 보수정당은 사태의 본질을 파악하지 못한 채 새로운 갈등을 유발하는 신자유주의 정책을 답습하였다. 그 결과 한국은 전 세대에 걸쳐 사회안전망 없이 위험한 삶을 살아야 하는 사회가 되었다. 이러한 한계는 한국정치의 구조적인 병폐에 원인이 있지만 근본적으로는 자유민주주의가 만든 대의민주주의의 모순에 기인한 측면도 있다. 대의민주주의도 다른 정치체제와 마찬가지로 결함이 많고 정당성을 결여하기 쉬운 제도이므로 보완해야 하지만, 한국의 정치권과 국민들은 대의민주주의 이외의 정치제도를 생각하지 않기 때문에 해결 방안을 찾기가 더욱 어렵다.

2) 모순을 구조화하는 이데올로기

한국의 권위주의 정부들이 내세운 '자유민주주의'는 정치적으로 냉전반공주의와 경제적으로 재벌성장 우선주의를 결합한 것으로써, 개인의 자유를 존중하는 본래의 뜻과 전혀 다른 기형적 이데올로기가 되었다. 서구에서 자유민주주의는 정치적으로 국가권력을 제한하고 개인의 자유와 인권을 최대한 보장하는 이념이다. 그러나 한국의 보수집단이 내세우는 자유민주주의는 국가권력을 권위적으로 확장하고 개인의 자유와 인권을 축소시켰다. 이승만 이후의 한국 자유민주주의는 권위적이고 인권침해적인 정부가 공공영역을 주도하고 시장 지배자인 소수재벌이 사적영역을 장악하여 정치적·사회적·경제적 모순을 야기하였다. 국가보안법을 빌미로 자행하는 인권침해와 노동자 파업에 대한 손해배상 판결도, 냉전적 관점과 소유권을 절대화하는 시각을 결합한 냉전반공주의 이데올로기에 편승한 법원의 맨얼굴을 보여준다.

1997년 IMF 주도로 시장 지배력을 극대화하는 신자유주의를 한국에 도입한 후, IMF를 초래한 재벌의 영향력이 오히려 더 커지는 역설적 결과를 가져왔다. 기득권층의 지배 이데올로기인 소유권 절대주의는 부유세, 종합부동산세 등의 소득 재분배 정책을 국가가 개인 소유권을 침해하는 것으로 간주한다. 이들은 재산권 침해를 이유로 복지정책을 반대한다. 노사갈등의 원인은 자본가가 기업을 공동의 재산인 법인法人으로 인식하지 않고 자신의 개인 소유물로 간주하는 봉건적 인식과, 노동자를 자율성을 지닌 인격체로 대접하지 않고 생산 라인의 교체 가능한 일부이거나 기업에 속한 부속물로 간주하는 도구적 관점에 원인에 있다.

지역주의도 역사적·정서적 이유보다 국가의 경제적·인적 자원분배를 둘러싼 갈등에 원인이 있다. 국가자원의 분배 과정에서 자신들의 집단적 이익을 우선시하는 영남지역의 집단이기주의가 주요 원인이다. 박정희 정부 이후 국가자원을 수도권과 영남지역에 집중 투자함으로써 이 지역의 경제가 우선적으로 성장하였고, 그 과실에 익숙해진 지역민들이 기득권을 고수하고 정당화하기 위해 역으로 지역주의를 이용하였다. 이들은 부당한 정치체제에 대한 시민적 저항을 지역감정으로 비난하였는데, 자신들의 정치적·경제적 특권을 유지하고 집단적 욕망을 감추기 위한 방편이었다.

2. 정치적 원인

시민사회와 시장의 갈등이 평화적으로 해소되지 못할 때 국가 차원에서 이성적·집단적으로 해결하는 방법이 정치과정이다. 그러나 한국에서는 갈등을 해결해야 할 정치과정이 오히려 갈등을 증폭시킨다. 정치과정이 구조적 갈등과 사회적 문제 해결에 실패하는 이유를 다음의 몇 가지로 생각할 수 있다.

현대 대의민주주의 정치과정은 선출된 대리인들이 국민들의 요구를 반영하는 정책을 만들고 다음 선거에서 유권자들이 그 결과를 심판한다. 그러나 한국의 역대 정부와 의회는 국민들의 요구를 정치체계에 충실하게 전하지 않았다. 대다수 국민들의 요구보다는 기득권층 이익에 특화된 정책(재벌 우선 경제 정책, 부동산 소유자의 이익을 보장하는 부동산 정책, 노동자 이익을 외면하는 노동정책 등)을 시행했다. 주요 정책을 결정하는 주체인 거대 정당, 관료, 재벌이 결탁한 지배블럭이 국민들보다 자신들의 이익을 우선하기 때문이다. 사법부도 대체로 이 지배블럭에 편승하여 스스로 기득권을 유지하고 확장하는데 힘썼다.

보수언론은 지배블럭이 원활하게 유지되도록 여론을 동원하고 이에 저항하는 세력에게 재갈을 물리거나 공공의 적으로 지목하고 공격하였다. 삼성전자 고위 임원에게 언론사 간부들이 개인적으로 또 회사 차원에서 청탁하는 문자메시지를 보낸 사실은 한국 언론이 지배블럭의 이익을 반영한다는 사실을 증명한다. 최근에는 언론 스스로가 선거 국면에 소위 킹메이커가 되어 지배 권력의 한 축을 차지하려 한다. 종교계, 교육계 등 다른 분야에서도 기득권 집단들이 지배블럭에 기생하거나 지지하거나 자발적 동원 세력이 된다. 언론과 종교계가 광주항쟁에서 광주시민을 학살한 전두환을 초청하여 장군님으로 떠받들며 찬양하던 권력추종의 만행을 반성한 적이 없다.

따라서 정부가 산출하는 거의 모든 정책들이 기득권층에게 편향된 결과를 보인다. 국가재원이 부족한데 재벌의 세금을 깎아주고, 전세금 때문에 고통을 겪는 미주택자보다 다주택보유자에게 유리한 부동산 정책을 펴며, 기업들이 넘치는 돈을 쌓아두어 내수시장이 붕괴되어도 노동자 임금인상이나 비정규직 해소를 위한 정책을 시행하지 않는다. 어떻게 선거 민주주의 국가에서 유권자의 다수를 차지하는 국민을 이토록 홀대하는 일이 계속될 수 있는가? 어떻게 민주주의를 배반하는 일이 민주주의 방식으로 반복될 수 있는가? 그 이유를 구체적으로 들여다보자.

1) 정당들의 적대정치

헌법 제1조 1항은 대한민국은 민주공화국이라고 규정하고 있다. 공화국이란 로마의 공화정에서 유래한 것으로, 로마에서는 군주정의 요소인 집정관, 귀족정의 요소인 원로원, 민주정의 요소인 민회가 함께 혼합정을 구성하고 서로 권력을 공유하며 견제와 균형을 이루어 어느 세력도 배제하지 않았다. 견제와 균형의 이념을 현대에 반영한 제도는 미국식 대통령제다. 미국 건국의 아버지들은 식민지 모국이었던 영국이 의회독재 국가라고 생각했고 이를 극복할 정치체제로 로마의 혼합정을 모방하고자 하였다. 미국의 대통령이 로마 혼합정의 집정관을, 상원은 원로원을, 하원은 민회의 권력을 대신하도록 고안되었다.

미국의 정치체계는 로마공화정의 혼합정이 추구한 권력 견제와 균형을 이룬 듯이 보였지만 아테네 민주주의와 로마 공화정과는 질적으로 전혀 다른 정치체로 구성되었다. 그리스 아테네의 민회와 로마 공화정의 민회는 시민들의 권력행사를 실질적으로 보장하였다. 시민들은 추첨으로 선발되어 민회에 참석하기 때문에 누구나 평등한 권한을 보유하고 행사하였다.

그러나 미국의 정치체계는 집정관(대통령), 원로원(상원), 민회(하원)를 모두 추첨이 아닌 선거로 구성하였다. 선거로 선출된 대표들은 아테네나 로마에서 민회에 참여했던 일반 시민이 아니라 귀족과 같은 선택된 존재들이었다. 그들은 스스로를 '자연적 귀족'으로 여기며 일반 시민보다 탁월한 자질을 가졌다는 점을 내세워 선출되고 권력을 자기들끼리만 나누었다.

반면에 '집단으로서의 시민'은 직접 정치과정에 참여할 기회를 박탈당했고 대리인들을 견제할 장치도 갖추지 못했다. 선거에서 대리인들을 교체할 수 있지만 그것은 개별화된 유권자 개인의 선택권에 불과할 뿐, 아테네와 로마의 시민들이 집단적으로 행사하던 권리와 질적으로 다른 제한된 참여에 불과하다. 아리스토텔레스의 말에 따르면 이러한 정체는 형식적으로는 혼합정이지만 실질적으로는 귀족정으로 운영된다. '집단으로서의 시민'이 정치과정에서 배제되자 대통령, 상원, 하원이 국민들의 이익보다 자신들의 이익을 먼저 추구하는 '주인-대리인의 딜레마'가 구조화되었다.

미국 제도를 수입하여 변형한 한국의 공화정은 미국 건국의 아버지들이 추구했던 권력의 견제와 균형과 거리가 멀어졌다. 87년 이후 30년이 지난 지금까지의 결과를 보면 명백히 실패했다. 한국에서 공화국이란 개념의 의미는 처음부터 흐릿하였고 군부독재 동안에 '시민에 의한 정치권력의 견제와 균형' 정신은 억압되고 은폐되었으며 87년 이후에도 회복되지 못했다.

87년에 쟁취한 대통령 직선제에 심취한 국민들이 선거 승리를 위해 정당을 중심으로 결집한 후 정당이 정치를 주도하게 되자 행정부와 국회의 관계도 미국의 공화정과 질적으로 다른 변형태가 되었다. 대통령 5년 단임제와 소선거구 단순다수대표제의 국회의원 선출방식을 결합한 현행 헌법은 대통령과 국회의 권력관계를 견제/균형으로 이끄는 것이 아니라 정당을 중심으로 한 여당/야당의 대결 구도로 변질시켰다. 미국 공화정이 추구했던 권력의 견제/균형이 한국의 87년 체제에서는 권력의 결탁/적대 관계로 변질되었다. 국회가 여대야소인 경우에는 '당정청 일체'라는 표현이 말해주듯이 정당을 매개로 행정부와 국회의 권력이 결탁되었고 소수 야당은 정부와 여당을 적대적으로 대했다. 여소야대 의회에서는 행정부와 국회가 극단적으로 적대적 관계를 형성했으며, 국무총리나 헌법재판소장 임명 동의안을 별 이유도 없이 부결시키는 갈등행위가 반복되었다. 야당은 여당의 거의 모든 법률안이나 정책을 비난하고 거부하고 부결시킬 수 있다.

이러한 한국 정치과정은 적대정치로 귀결된다. 적대정치란 정치과정을 지속적인 선거투쟁으로 전환시키는 정당간의 적대적 행위양식을 지칭하는데, 이 체제의 근본적인 문제점은 정당 중심의 결탁/적대 관계를 견제할 제도장치가 없다는 점이다. 대의민주주의에서 나타나는 적대정치는 선거정치의 내재적 결함이라고 할 수 있는데 특히 한국에서 정도가 심하다. 한국 정당들이 터를 잡은 정치 생태계는 선출직이라는 하나의 먹이를 놓고 싸우는 적대적 정당들의 전쟁터와 같다. 상대를 언제나 이겨야 하는 적대적 선거는 필연적으로 적대정치를 일상적인 현상으로 만든다. 적대정치는 냉정하고 합리적인 논의를 방해하고 타협을 배제하며, '정치적 양극화를 촉진시키고 정권 교체시에 정치적 불안을 초래한다.'(헤이우드 2010, 627)

정치가 두 개의 거대 보수정당에 의해 지배되고 정당간 적대정치가 극단화하면 이성적이고 민주적인 국가운영이 거의 불가능하게 된다. 형식적으로 한국의 정당들은 선거를 4년이나 5년에 한 번씩 치른다. 그러나 실제로는 선거 개표를 한 다음 날부터 바로 다음 선거를 위해 상대 정당과 전투를 시작한다. 야당은 여당의 모든 정책을 비난하고 여당은 정책 실패의 책임을 행정부가 아닌 야당에게 뒤집어씌운다. 적대정치에서 논리와 이성은 없고, 모욕주기와 적대감 부추기기와 적반하장이 난무한다.

정당정치가 가져온 왜곡된 결과를 교정할 수 있는 유력한 견제장치는 선거과정에서 국민들이 투표로 정당을 응징하는 것이지만 지역주의와 빨갱이 이데올로기, 북한과의 적대적 공생관계로 균열된 시민사회에서 선거기제는 제대로 작동될 수 없었다. 선거가 반복되면서 주권은 정당이 차지하였고 집단으로서의 국민은 주권을 박탈당하고 정치과정에서 철저하게 배제되었다.

한국 정당체제가 변화한다고 해도 '주인-대리인의 딜레마'가 근본적으로 해소되기는 어려워 보인다. 미국의 트럼트 대통령 당선이나, 프랑스와 오스트리아의 극우 정당이 득세하는 것은 현재의 대의민주주의가 공통적으로 처한 딜레마를 보여주고 있기 때문이다. 또 정당의 규율이 약하여 의원들이 자율성을 갖는 미국식 혼합정도 우리가 추구해야 할 모델이 아니다. 그곳은 로비스트들이 의원들을 매수하여 자본가와 기득권층의 이익을 옹호하는 금권정치가 난무하는 곳이기 때문이다.

장차 국민들의 요구에 충실한 정당들이 한국에 등장한다 하더라도 주인의 이해관계나 필요를 주인보다 더 잘 충족시킬 수 있는 대리인은 없다. 따라서 대안은 파편화되고 개별화된 유권자가 아니라 집단으로서의 시민이 정치에 참여하는 제도를 마련하는 것에 있으며, 그 실마리를 아테네와 초기 로마에서 권장되던 집단으로서의 시민의 참여와 덕성, 공공선의 추구에서 찾아야 한다. 특히 정당의 주장이나 결정이 상충되어 극단적 정쟁으로 치달을 때 정당보다 상위의 권력을 가진 주체가 심판할 필요가 있다.

한국 정당정치의 결함도 문제다. 특히 정당의 이데올로기·이익·계급·지역에 대한 편향성, 선출된 대표들의 자질 부족과 비전문성, 부패·몰염치·공익보다 사익을 우선시하는 부도덕성, 자신들이 만든 법률과 정책에 책임지지 않는 무책임성, 그리고 당론과 집단순응사고(groupthink)가 만드는 권력순응성은 정치를 자기파괴적으로 만든다.

편향성은 정당 이데올로기의 편파적 성향을 의미한다. 거대 보수정당들은 자본의 이익에 편향되어 있다. 노동자들의 권익을 신장시키기 보다 자본과 시장의 이익을 충실히 반영하는 정책을 일관되게 시행하였다. 민주정부 10년이라는 김대중·노무현 정부에서도 재벌은 더욱 확장한 반면 노동자들은 크게 위축되었다. 또 거대 보수정당들은 출신 지역에 편향되어 있다. 물론 영남지역 정당은 패권적이고, 호남지역 정당은 저항적 성격을 띠고 있어서 영남 정당이 더 큰 비난을 받아야 하지만 자기 지역에 편향된 사실은 변하지 않는다.

비전문성은 선출된 대리인들의 자질 부족에 기인한다. 의회에서 의원이 대정부 질문을 하거나 행정부 공무원을 대상으로 질의를 하는 모습에서 의원들의 전문성을 엿볼 수 있다. 질의하는 의원이 담당 공무원보다 전문성이 떨어지는데 의회가 행정부를 효과적으로 견제할 수 없다. 의원의 자질부족은 공천제도가 하나의 원인을 제공한다. 정당 지도부는 선거에서 다수를 당선시키는 것이 최우선 목표이므로 후보자 개인의 능력보다는 대중적 인지도나 호감도를 기준으로 후보를 선발한다.

부도덕성은 의원들의 개인적 부패, 몰염치, 범죄, 공익보다 사익을 우선시하는 관행 등을 의미한다. 한국 정치인들에게 탈세, 병역기피, 위장전입, 부동산 투기, 성추행은 이미 흔한 경력이 되었으며 의원의 직무수행에 부적합한 결격 사유로 간주되지도 않는 것 같다. 이들의 몰염치와 부도덕성은 정치적 · 경제적 · 사회적 부조리와 부패를 구조화한다.

무책임성은 의원이 의정활동 결과에 책임지지 않는 행태를 지적한다. 의원이 성실하게 의정활동을 하도록 견인하는 제도는 선거이다. 의정활동 결과가 불성실하거나 무능력한 의원을 선거를 통해 걸러낼 수 있다. 그러나 부적격 의원을 선거로 교체하는 기제는 한국에서 작동하지 않는다. 대부분의 선거는 후보자의 능력보다 정당 대 정당의 대결로 치루어지기 때문에 후보들은 자신의 능력 배양보다 공천획득에 더 힘을 쓴다. 공천을 받은 후보자는 능력이나 도덕성과 무관하게 출신지역과 소속정당의 상관성에 의해 당락이 결정되는 경우가 많다. 이렇게 당선된 후보들은 의원이 되어서도 책임있는 의정활동보다 정당 권력자들의 지시에 충실하게 된다.

권력순응성은 의원이 자신의 신념이나 합리적 의견보다 당론이나 집단순응사고(groupthink)를 따라 활동하는 것을 의미한다. 과거 군사독재 시절의 여당 의원들이나 그 뿌리에서 탄생한 정당의 의원들뿐만 아니라, 민주화 이후 야당에 합류한 시민운동 활동가들도 이러한 비판에서 벗어나기 어렵다. 이들은 정당에 합류하는 순간 헌법기구인 의원의 정체성과 활동 능력을 발전시키기보다 권위적·관료적 정당 시스템에 동화되었다. 그들의 변화는 한국 정당의 힘, 즉 공천권을 쥐고 의원을 수족처럼 부릴 수 있는 정당정치 체제의 체제 파괴적인 힘을 증명한다.

2) 토의 없는 국회

현재의 대의민주주의 체제는 입법부, 사법부, 행정부가 독자적인 권한을 갖고 상호 견제하는 삼권분립의 원리 아래 만들어졌다. 그러나 박정희 독재정치에서 유래된 기형적이고 제왕적인 대통령제의 폐해로 인해, 입법부가 청와대에 포획되어 행정부를 견제하지 못하는 삼권분립 체제로 고착되었다. 의회의 다수당이 대통령과 같은 당 소속인 여대야소일 경우에 여당은 행정부 견제라는 고유의 역할과 반대로 청와대에 복종하여 국회에서 날치기를 일삼고, 반대로 여소야대일 경우에는 야당이 시종일관 청와대를 대상으로 적대정치를 자행한다.

의회가 존재하는 목적은 선출된 대리인들의 이성적인 토론을 통해 합리적인 의사결정을 내리는 것이다. 이럴 경우 대의민주주의 의회는 고대 아테네의 민회보다 우수한 정치제도로 간주될 수 있다. 19세기의 밀 J.S. Mill은 토론에 의한 정부를 적극 옹호하였다. 그는 인간의 불완전성에 근거하여 토의를 정당화하였다. 개인이 범하는 오류를 최소화하기 위해서는 다양한 사람들이 토론을 한 후에 이성적인 결론을 도출해야 한다. 밀은 의회가 인간 인지능력의 결함을 교정할 수 있는 정치제도라고 생각했다. 그에 의하면 시민들과 비교할 때 대표들의 결정적인 우월성은 높은 지성이나 미덕 혹은 교육에 있는 것이 아니라, 자기-교정(self-correction)을 촉진하는 의회라는 장소 그 자체에 있었다(Elster 1998, 4-5).

그러나 한국의 국회는 이성적 토론장이 아니라 정당의 전쟁터다. 국회는 의원들의 토론에 의해 운영되는 것이 아니라 거대 정당 지도부의 대결이나 타협과 거래에 의해 지배된다. 정당 지도부가 차기 선거에서 공천을 빌미로 의원들을 지배하여 투표규율을 강요하기 때문에, 국회의 투표는 거의 모든 안건에서 정당별로 나뉜다. 야당은 정부 정책에 협조적일 때 여당이 정치적 결실을 독차지하여 정치적으로 성공하는 것을 우려하기 때문에 대부분의 안건에서 반대를 위한 반대를 한다. 처음부터 합리적 토론이 이루어지기 어려운 구조여서 토론 형식을 취해도 국민을 대상으로 자신의 입장을 드러내고 자기 정당을 지지하는 시민들의 행동에 정당성을 부여하고 그들을 정치적으로 동원하기 위한 것에 불과하다.

국회의 토론은 대의민주주의 제도를 건설했던 사람들의 바람과 달리 합리적인 정치과정으로 기능하지 못한다. 국가보안법에 대한 태도, 재벌과 시장에 대한 접근태도, 사학법에 대한 태도, 미국 쇠고기와 촛불집회 등, 극단화 가능성이 높은 이슈들에 대한 토론은 없고 대결이 지배한다. 의회와 정당이 최소한의 토론 기능조차 상실하고 오히려 권력장악을 위해 생활세계의 식민화와 시민사회의 집단극단화를 조장하고 있다(오현철 2007, 86). 이러한 적대정치 체제에서 정치 엘리트들 간의 의사결정 방법은 토론이 아니라 대결, 협상, 날치기에 귀결된다.

선거민주주의에 내재된 결함도 한국 정치의 폐해를 키우는데 일조한다. 대의민주주의는 모든 시민에게 투표권이 부여된다는 점에서 형식적으로 평등하지만, 유권자들은 후보자들을 평등하게 대접하지 않는다. 한국에서 유권자들은 후보자의 과거 경력을 중요시하는데 판사, 검사, 고위 관료, 기업 임원, 교수 같은 엘리트 출신들을 선호하고, 자신들과 비슷한 삶을 살아가는 보통 사람에게는 관심을 기울이지 않는다. 또 두드러진 이미지를 가진 남성 후보와 용모가 뛰어난 여성 후보가 더 큰 주목을 받기 때문에 거의 모든 후보가 정책개발보다 이미지 관리에 열중한다.

그리고 후보들은 선거 비용과 정치자금 마련을 위해 자신에게 재정적인 도움을 주는 사람들의 이익에 더 많은 관심을 기울이게 된다. '차떼기 정당'이란 비난이 말해주듯이 소속 의원의 정치윤리를 감시해야 할 정당조차도 불법 정치자금 수수에 앞장선다. 또 선거로 선출되는 의원들은 귀족과 같아서 보통 사람들의 고통에 둔감하고, 시민들의 요구를 정치과정에 정확하고 책임 있게 반영하지 못한다. 민주주의 발상지 아테네에서 민의를 반영하는 민회를 추첨으로 구성했던 이유가 있었다. 아테네에서도 중요한 직위는 선거를 통해 충원했지만, 시민들의 의사를 직접 반영해야 될 사안들은 시민들이 직접 참여하여 결정하는 것이 정당하다고 생각했기 때문이다. 이와 달리 선거로 선출되는 대리인의 한계는 분명하다. 그들은 귀족에 가깝기 때문에 시민들의 요구와 의지를 정확히 반영할 수 없다.

이로써 국회는 청와대의 지시를 받는 여당과 이에 반발하는 야당의 격투장이 되었고, 정치자금을 지원해주는 자본의 시녀로 전락하였다. 위와 같은 결함을 내재하고 있는 정당정치는 책임정치와 거리가 멀다. 정당이 수시로 사라지고 편의대로 창당하거나 합당하고 당원과 의원들도 당적을 수시로 옮기기 때문에 책임질 주체로서의 정당은 사실상 존재하지 않는다. '정당정치가 책임정치다'는 주장은 두 개의 거대 정당이 카르텔을 형성하여 다른 정당의 원내 진입 장벽을 높여 만든 권력 독과점을 정당화하는 거짓말이다.

한국의 정당들은 자신들의 국정운영 실패에 걸맞는 책임을 진 적이 단 한 번도 없고, 오히려 무책임 정치 행태를 보인다. IMF 사태에 스스로 책임진 정치인이나 정당은 없었다. 그 정당이 대통령 자리를 잃고 국회의원들 몇몇이 선거에서 낙선하기는 하였으나 그것만으로 책임을 다했다고 변명하기에는 국가적·국민적 상실이 너무 크다. 그 이후에도 그들은 진정으로 책임지는 정치를 보여준 적이 없다. 당 내부 사정도 크게 다르지 않다. 정당 내부의 무책임 정치를 명백하게 보여주는 사례는 대선후보 캠프가 당 공식기구 밖에서 대통령 선거를 지휘하는 현상에서 드러난다. 거대 정당에서는 이러한 정치행태가 일반화되어 정권이 교체되면 전임정부가 시행한 정책들을 손바닥 뒤집듯이 폐기한다.

3) 국민을 배반하는 행정부

행정부의 가장 큰 문제는 행정부 수반인 대통령의 독단적인 정책결정 관행이다. 대통령이 되고자 하는 사람은 국민들이 원하는 것을 선거공약으로 만들어 지지를 호소한다. 대통령이 된 후에도 비슷한 대국민 약속을 할 수 있다. 그러나 역대 대통령들은 자신이 공언한 공약을 지키지 않았거나 오히려 자신의 공약과 반대로 행동했다. 노무현 대통령은 대통령 선거와 총선거에서 '비정규직의 눈물을 씻어주겠다', '반미면 어떠냐', '아파트 분양원가 공개하겠다'는 공약을 제시했지만 지키지 않았다. 이명박 대통령은 미국 쇠고기 수입을 반대하는 촛불시위에 놀라 '한반도 대운하 안한다'고 약속했지만 편법으로 '4대강 살리기'를 하여 예산을 낭비하고 강을 죽이는 보를 쌓았다. 집권기간 동안 그의 언행을 보면 처음부터 거짓말을 한 것이라고 판단된다. 박근혜 대통령은 '기초연금 20만원'을 약속했지만 '줬다 뺏는 연금'이라 비판받은 교활한 조삼모사 정책으로 대신했다. 또 '인사대탕평'과 경제민주화는 처음부터 완전히 거짓말이었음이 드러났다.

대통령들은 자신의 약속은 지키지 않는 반면 국민의 반대에도 자신이 하고 싶은 것은 거세게 밀어붙이는 뚝심을 보여 주었다. 일방적이고 권위적인 정책을 집행할 때 망설이지 않았고, 야당과 시민의 반대는 안중에 없었다. 중앙정부 차원에서는 이라크 파병과 미국 쇠고기 수입, 한미 FTA 체결, 4대강 사업을, 지방정부에서는 서울시장의 경인 아라뱃길 개통과 경남도지사의 진주의료원 폐쇄가 대표적인 사례들이다. 지방정치에서는 사태가 더 심각하다. 지역 정당이 단체장과 의회를 동시에 지배하는 지역에서는 지방정부가 아무런 제도적 견제를 받지 않고 일방적으로 정책을 추진하는 경우가 많다. 지역별로 거의 영구 집권하는 지역 정당을 견제할 세력이 미미하기 때문이다. 이러한 막무가내식 통치행위의 배경에는 중앙과 지방을 막론하고 선출된 대표자가 모든 것을 혼자 결정하는 한국정치의 악습이 자리하고 있다.

이러한 악습을 방지하고 국민들의 요구가 반영되는 정치체제를 만들기 위해서는 선거 참여만큼이나, 정책결정 과정에 시민들이 직접 참여하는 제도가 필요하다. 정책결정에 시민들이 참여하면 정책의 정당성과 효율성이 높아져 장기적으로 사회적 갈등 수준이 낮아지므로, 시민들을 정책결정 과정에 적극적으로 참여시키고 그들에게 결정권을 부여하는 제도를 발전시킬 필요가 있다.

행정부의 두 번째 문제는 선출되지 않은 관료들이 국가정책을 좌우하는 현실이다. 87년 민주화 이전에 행정 관료는 군사독재 정부의 수족이었다. 그들은 장기집권하는 독재세력의 무소불위 권력에 충성하는 충복이었다. 민주화 이후 주기적으로 정권이 교체되어 자신들의 직업적 지위가 분명하게 법적으로 보장된다는 사실을 확인하고서, 이들은 5년짜리 단임 정권의 한계와 무능을 틈타 스스로 권력을 확장하였다. 민주화 이후에 선출된 대통령이나 집권 정당이 관료를 통제하지 못하고 오히려 끌려다니는 모습이 많이 목격되었다.

민주화 이후 행정부에서는 현직 관료가 권력과 전면적으로 결탁하거나, 전직 관료들이 주요 임명직을 장악하여 정부 정책을 주도하고 있다. 이들은 국민의 세금으로 충원된 공복임에도 불구하고 국민이 아니라 자신들의 이익을 먼저 챙기는 이익집단이 되었다. 이들이 이익을 확보하는 방법은 크게 두 가지다. 권력과 결탁하거나 권력에 의해 고위직에 임명되어 스스로 권력을 보유하는 것, 그리고 현직에 있을 때 재벌에 봉사하며 재벌 이익을 보장해주고 퇴직 후에 재벌로부터 보답을 받는 것이다.

이러한 행정부의 정책이 힘 없는 시민들의 편에 서지 않는 것은 너무나 당연할 것이다. 무한경쟁을 유도하는 노동정책과 교육정책을 살펴보자. 정부와 기업은 노동시장에서 질 좋은 일자리를 늘리는 데에 힘을 쓰는 것이 아니라, 반대로 비정규직을 양산하여 그들이 소수 양질의 일자리를 두고 예비 노동자들과 무한 경쟁을 하도록 유도한다. 노동시장에서 청년실업자와 장기실업자가 넘쳐나 실질 임금은 하락하며 이들의 구매력이 떨어진 내수시장은 침체하게 된다. 내수시장 활력이 떨어지면 내수 기업의 고용능력이 낮아져 다시 노동시장에서 경쟁격화와 실질임금 하락으로 내수시장이 더 침체되는 악순환이 구조화된다. 이 악순환의 덫에 걸린 약자들에게 처음부터 탈출구는 없다.

교육과정이 망국적인 무한경쟁의 늪에 빠진 이유도 노동시장에 양질의 일자리가 적기 때문이다. 개인이 노동시장의 악순환에서 탈출할 수 있는 유일한 길은 좋은 대학을 나와 공기업과 재벌기업에 입사하거나 공무원이 되는 방법뿐이다. 중소기업 노동자나 비정규직 노동자는 주위로부터 인정받지 못한 채 고단한 일생을 살게 된다. 한국인들이 초등학교에 입학하기 전부터 내몰리는 무한경쟁의 교육시장은 바로 자식들이 개미지옥 같은 노동시장에 매몰되지 않기를 바라는 부모의 몸부림 때문이다. 따라서 한국의 교육정책을 바로 세우기 위해서 입시제도를 바꾸는 것은 올바른 해결책이 아니다. 많은 노동자를 고용하는 중소기업의 경쟁력 강화를 위해 정부가 지원하고, 강화된 경쟁력으로 순익을 증대시킨 중소기업이 양질의 임금과 일자리를 제공하여 대학을 가지 않아도 인간다운 삶을 살게 하는 정책이 필요하다. 그때야 입시교육이 아닌 전인교육과 시민교육이 이루어질 수 있다. 그러나 정부와 재벌은 반대로 교육 경쟁을 노동자와 예비 노동자 통제에 이용하고 보수정당들은 이에 부합되는 경쟁적 입시 정책을 추진하고 있다.

행정부의 세 번째 문제는 고위관료와 자본이 결탁하여 국가 자원을 착복하는 것이다. 전현직 공무원들이 네크워크를 형성하여 자신들의 집단 이익을 위해 국가 자원을 착복하고 손실은 국민에게 떠넘긴다. 사회 문제가 되었던 많은 민자 도로나 민자 지하철 사업이 단적인 예이다. 이러한 사업들은 사업 시행자에게 과도한 이윤을 보장하고 부담은 국민의 혈세에서 충당하는 공통점이 있다. 어떻게 이러한 일이 가능하겠는가? 담당 공무원이 국민 이익의 입장에서 직무에 충실하다면 있을 수 없는 일이다. 세월호 참상으로 알려진 관피아 실태는 빙산의 일각에 지나지 않는다.

4) 신뢰받지 못하는 사법부

박정희 이래 제왕적인 대통령제에 길들여진 사법부는, 일부 법관들이 지배블럭에 편입되어 정치권과 자본에 유리한 판결을 함으로써 기득권 집단의 이익을 보호하는데 기여하고 있다. 사법부의 성격은 크게 보면 정치권력에게는 하위 파트너, 자본에게는 적극적인 보호자, 국민에게는 권위적 강제기구, 법관에게는 전관예우를 보장받을 수 있는 직장이라고 할 수 있다.

이승만, 박정희, 전두환 독재시기에 사법부는 정치권력의 하위 파트너 역할을 충실히 하였다. 이승만과 박정희 대통령에게 저항하는 사법파동이 있었으나 그것은 국민의 인권이나 자유를 위해서가 아니라 자신들의 신변보장이나 안위를 위한 것이었다. 법원은 독재정부가 기획한 정치재판에서 피고인들에게 사형을 판결함으로써 인권의 보루여야 할 책임을 배반하고 인권을 살해한 사법살인을 저질렀으며, 다수의 판결에서 독재의 조력자로서 높은 법대에 앉아 국민 위에 군림하였다.

자본의 보호자로서 사법부의 면모는 재벌 총수들에 대한 판결에서 분명하게 드러난다. OECD 국가 중에서 중대한 범죄를 범하는 CEO는 한국 재벌 총수들이 가장 많다. 그러나 한국 재벌들이 선고받는 형량은 범죄를 저지른 CEO들 중에서 가장 낮다. 재벌 관련 형사재판은 3-5의 판결이 법칙처럼 관철되어, 실형 3년과 함께 5년 집행유예를 선고하기 때문에 주요 재벌 가운데 실형을 사는 경우는 거의 없다. 법원은 약한 자에게는 추상같은 형벌을 가하지만 재벌같은 강자에게는 한없이 인자한 보호자였다.

국민들이 인식하고 있는 법원의 모습, '유전무죄 무전유죄', '황제노역', '전관예우'는 사법부의 굴곡된 모습을 그대로 드러낸다. '유전무죄 무전

유죄'는 위법행위를 판단하는 사법부의 편향된 가치관과 양심불량을, 황제노역은 부자들에게 법이 정하는 최대한의 특혜를 주는 굴절된 모습을, 전관예우는 올바른 법률 판단을 뒤로 하고 사욕을 챙기는 법관의 탐욕을 보여준다.

헌법재판소도 분명한 모순과 한계를 드러낸다. 헌법재판소는 크게 세 가지 문제점을 안고 있다. 첫째, 국가 권력과 정책의 방향을 좌우하는 판결을 내리지만 국민의 직접적인 감시와 비판을 받지 않는다. 9인의 헌법재판관은 일반적인 헌법소원뿐만 아니라 탄핵, 행정수도 이전, 정당해산처럼 국민들이 정치적으로 결정해야 할 사안까지 판결을 내린다. 그럼에도 이들의 활동과 판결은 비판과 견제를 받지 않는다.

둘째, 헌법재판관의 임명과 활동에는 민주적 정당성과 대표성이 부족하다. 국민이 직접 선출한 대통령과 의회의 활동을 무효화할 수 있는 권력을 보유하지만, 헌법재판소 존재의 당위성과 권한의 범위에 대해 국민의 이해를 구한 적이 없다. 행정수도 이전 판결처럼 국민으로부터 직접 선출되지 않는 재판관들이 국민이 직접 임명한 대통령과 의원의 '합법적' 활동을 기각하는 행위는 민주적 정당성을 인정받기 어렵다. 임명된 재판관이 선출된 대표의 활동을 임의로 구속하는 행위를 민주주의 국가가 허용해야 하는지 진지하게 논의해야 한다.

셋째, 다양성을 확보하지 못하는 인적 구성 문제도 심각하다. 헌법은 개정하기 어렵기 때문에 시대 변화에 적절한 새로운 해석이 늘 필요하므로 기존의 법적 관행이나 시각과는 다른 관점에 의해 지속적으로 보완되어야 한다. 지금처럼 변호사 자격증이 있는 사람에게만 헌법재판관직을 허용하면 사회의 다양성을 반영하지 못하고 단일 직업인으로만 구성되어 획일화된 가치관만 반영된다. 토론은 집단 내 의견 다양성이 보장될 때 활발하지만 헌법재판소 조직 구성은 근본적으로 이러한 요건을 충족시키지 못한다. 헌법재판소는 노무현 대통령의 탄핵심판과 행정수도 이전 문제에서 실질적으로 사법통치(Juristocracy) 기구가 되어 국가와 국민에게 근본적인 영향을 미치는 안건에서 시민의 의견을 배제한 정치적 의사결정 기구가 되었다. 한국의 법치주의는 '법'에 의한 통치가 아니라 소수 '법관'에 의한 통치로 전락하였다.

5) 분열된 시민사회

행정부, 입법부, 사법부 등 정치체계가 민주주의를 담보하지 못할 때 정치발전을 기대할 수 있는 마지막 보루는 시민사회다. 시민사회에서 시민들이 자발적인 참여를 통해 책무성 낮은 정당을 견인하여 정치발전을 추동해야 한다. 그러나 우리의 정치제도는 시민들의 정치참여를 투표에만 국한하고, 시민들이 효율적으로 정책결정 과정에 참여할 통로를 제공하지 않는다. 시민들이 집단적으로 정치에 참여할 길이 봉쇄된 까닭에 저항적 시민참여 역사는 그 의도와 달리 시민사회의 정치적 역량을 키우기보다 기득권 정치집단의 입지를 강화시켰다. 87년 6월 항쟁도 저항적 시민참여가 보수적 정치 집단의 입지를 강화한 사례가 되고 말았다.

시민사회는 이승만 정부 이래로 정당간 적대정치가 만든 이념의 균열선을 따라 양극화되고 있다. 진보적 시민 그룹은 민주주의의 형식화와 퇴보에 저항하였지만, 보수적 시민 그룹은 재벌, 언론, 학계, 종교계 주류집단의 직간접적 지원을 받으며 진보적 시민 활동을 반대하는 일에 몰두한다. 지지하는 정당이나 정치인을 중심으로 팬덤화하는 일부 시민들이 정치적 이슈마다 적대적 양상을 보인다. 김대중 정부와 노무현 정부 이후 3.1절, 4.19 기념일, 8.15 광복절 등에 보수와 진보진영이 주최하는 집회가 인접한 장소에서 동시에 열리는 일이 다반사가 되었다. 이명박 정부 시기에 한진중공업 김진숙의 크레인 농성을 지원하던 희망버스에 반대하는 시위대가 희망버스의 통행을 막거나, 부산에서 서울로 올라와 '상경투쟁'을 하였다. 2013년에는 파시스트 성향을 보이는 인터넷 사이트 '일간베스트'에서 광주항쟁 희생자들을 모욕하는 글이 게시되어 사회적 문제가 되기도 하였다. 2014년에는 세월호 진상조사를 요구하며 단식하는 사람들 옆에서 일베회원들이 그들 말로 폭식투쟁을 전개하며 인륜을 저버렸다.

위와 같은 경험들이 시민참여가 무조건 좋은 현상은 아니라는 사실을 일깨워주고 있다. 미국정치를 분석한 한 연구는 미국에서 시민참여가 확대될수록 일부 적극 참여자들의 극단적 주장이 정치를 좌우한다고 결론지었다. 오늘날의 공화당은 과거보다 이데올로기에 의해 더 많은 영향을 받으며 특히 종교적 우파가 전국 조직의 2/3를 통제하고 있다. 극단주의자들은 원칙을 더욱 강조하고, 합당해 보이는 타협을 거부하고, 다른 사람들은 명확하게 구분하지 않는 문제를 흑백으로 재단하고, 자신들에게 동의하지 않는 사람들을 적으로 간주한다. 극단적 주장은 참여의 본래 취지와 달리 시민들의 정치 혐오와 정부 불신 경향을 강화한다(Fiorina 1999, 412). 개인들도 적대적인 정치적 활동을 마다하지 않는다. 인터넷이나 SNS에서 개인간에 논쟁을 하고 상대를 비난하는 일도 빈번하게 일어나며 이들이 사용하는 언어에는 적대감이 배어 있다. 정치권이 사회에 균열을 만들고 시민사회와 개인들이 그 균열을 따라 적대정치를 복제하며 사회를 적대적으로 재구조화한다.

적대정치를 답습하는 개인들은 사회적 긴장을 한순간에 극단에 이르게 한다. 특히 권위적 보수정당의 적극 지지 계층은 국민이 국가와 정부에 정상적으로 요구하는 정치 활동도 자신이 지지하는 정치인과 정당에 대한 정치적 적대 행위로 간주하고 공격한다. 세월호 유가족을 공격하는 사람들의 언행 속에 적대적 증오가 담겨있다. 세월호 참사 재발 방지를 위해 유가족들이 요구하는 특별법에 대한 새누리당의 왜곡과 그에 호응하는 일부 시민들의 작태가 인내할 수준을 넘어서자 보수적인 대한변협이 특별 성명을 내기까지 하였다.

02
대의민주주의의 함정

한국의 중첩된 모순과 적대정치는 이승만 이래 군사독재 정치의 폐해와 후유증이 역사적으로 구조화된 결과이다. 그러나 이러한 적대정치는 대의민주주의의 선거 정치체제에 기반해 있고, 선거 정치체제는 적대정치를 조장할 가능성을 내포하고 있다. 그 이유는 대의민주주의 정치과정의 불평등성, 대의민주주의 이론의 비민주성, 대의민주주의 정치결과의 반사회성으로 제시할 수 있다.[1]

1. 대의민주주의 정치과정의 불평등성

대의민주주의 제도는 엘리트 중심의 효율성을 추구하는 한편 권력 견제를 일차적 목표로 삼고 있기 때문에 국민이 아닌 국가기구와 대리인들의 정치를 선호한다. 대의민주주의 운영원리를 규명하는 이론인 정당정

---

1 2장의 내용은 오현철(2006)의 일부분을 수정하였다.

치, 다원주의, 신다원주의, 조합주의, 결사체민주주의 등은 모두 대리인들에 의한 정치를 표방한다. 이들의 민주주의 이론에서 시민이 직접 정치 영역에 참여할 방법은 거의 없다. 관료화가 진전되고 제도가 경직될수록 일반인이 대의기구에 직접 자신의 의사를 전달하는 일은 더욱 불가능해진다. 그 결과 엘리트와 국민의 정치적 영향력은 불평등하게 고착된다.

대의민주주의 정치과정이 불평등을 낳는 근원적 원인은 선거제도에 있다. 몽테스키외는 "추첨에 의한 선발은 민주정의 특성이요, 선거에 의한 선발은 귀족정의 특성이다. 추첨은 누구의 감정도 상하게 하지 않는 선발 방법으로, 각각의 시민에게 조국을 위해 봉사하고자 하는 희망을 준다"(마넹 2004, 96)고 말했다. 아리스토텔레스, 몽테스키외, 루소, 해링턴(미국 건국의 아버지 중 한 사람)은 선거가 본질적으로 귀족적인 반면 추첨이 탁월한 민주적 선발 절차라는 데 인식을 같이했다. 그들은 선거의 귀족주의적 성격은 선거 자체의 속성 때문이라고 믿었다. 선거를 불평등하고 귀족적으로 만드는 요인은 크게 다음 세 가지다(마넹 2004, 172-182).

첫째, 유권자들은 후보들을 불평등하게 대우한다. 대의민주주의의 자유선거에서 유권자들은 후보자를 편파적으로 평가하는 경우가 많다. 둘째, 후보자는 무엇이든 다른 사람들과 구별되는 탁월성을 갖추어야 한다. 셋째, 후보자는 유권자들의 시선을 끄는 두드러진 이미지를 갖추어야 한다. 넷째, 후보자는 선거 비용에 민감하다. 후보들은 선거 비용을 위해 부유한 사람에게 호소하고 당선 후에는 후원해 준 사람들에게 특별한 관심을 기울인다. 위와 같은 조건들 때문에 선거는 아무나 출마할 수 없는 높은 진입장벽을 쌓고 있어서, '귀족적' 신분을 지닌 소수에게만 입장이 허용된다. 선거제도는 절차적으로 정당화되는 귀족정치를 낳지만 탁월한 사람을 선출한다는 보장도 없다. 선거 방법의 속성상 탁월한 능력의 소유자보다 이러저러한 이유로 이미 유명해지거나 권력 근처에 있던 사람들이 선출된다.

선거 승리가 정당정치의 최우선 목표가 되자 지도자의 이미지를 부각시키는 선거 전략이 중요시되고 이에 따라 언론 전문가, 여론 전문가, TV 아나운서, 코디네이터, 기자들이 선거 공론장을 지배하게 되었다. 이들이 주도하는 선거과정은 그 사회의 전형적인 모습을 반영하지 않는다. 선거를 치를수록 정부와 시민사회, 국민과 대표자 사이의 격차는 커지고 지배자와 피지배자가 행사하는 정치권력의 불평등은 확대된다. 그 결과 정당정치는 쇠퇴하고 전문가가 득세한다.

무능하거나 부적합한 대표자를 '다음 선거에서 낙선시키면 된다'는 이유로 선거가 유용하다는 주장은 진실을 호도한다. 다음 선거에서 또 다른 귀족이 선출될 뿐 유권자의 바람이 실현된다는 보장은 없다. 지배자의 얼굴만 바뀔 뿐 유권자는 공공 정책의 향방을 조정할 수 있는 권력을 제도적으로 보장받지 못한다. 그 결과 대의민주주의의 영원한 숙제 즉, 국민의 대리인인 대표자들이 국민의 이익보다 자신의 사적 이익을 우선시하는 '주인-대리인의 딜레마'가 반복적으로 강화되어 구조화된다.

2. 대의민주주의 이론의 비민주성

대의민주주의 주창자들은 이론적으로 몇 가지 가정을 전제하였다. 첫째, 규모가 큰 국민국가에서 직접민주주의를 실천하는 것은 불가능하다. 둘째, 대중들은 정치적 능력이 낮고, 정치에 무관심하며, 참여 자체가 수고스럽기 때문에 참여하지 않는다. 그러므로 선출된 전문가가 정치를 전담하는 정치적 노동 분업이 타당하다. 셋째, 대중의 분별력 없는 판단이

다수독재를 정당화하고 소수를 억압할 것이다.

위의 가정들을 검토해보자. 첫째, 국민국가에서는 직접민주주의가 불가능한가? 18세기에는 규모가 큰 국가에서 직접민주주의가 작동될 수 없다는 것이 일반적인 믿음이었다. 미국 독립운동가였던 패트릭 헨리는 "독재를 하지 않고서는 한 정부가 이처럼 광대한 지역을 통치할 수 없다"(피시킨 2003, 53)고 말했고 미국 건국의 아버지인 존 아담스와 알렉산더 해밀턴 역시 광범위한 지역의 통치를 위해서 군주제가 불가피하다고 생각하였다. 이들 이전에 몽테스키외도 공화국은 작은 영토만 소유하는 것이 당연하고 그렇지 않은 경우에는 오래 지속될 수 없다고 하였다. 과거 아테네 민주주의는 도시국가에서 시행되었고 루소도 공화국은 소도시에 적합하다고 생각했다. 마르크스처럼 대의민주주의를 근본적으로 비판했던 사람도 국민국가 단위의 직접민주주의를 구상하지는 못했다.

국민국가에서 직접민주주의가 불가능하다고 생각했던 중요한 이유 중의 하나는, 교통·통신 수단이 발달하지 않은 상황에서 현실적인 방법이 없었기 때문이었다. 지금도 많은 사람들이 이러한 관점을 유지하고 있다. 그러나 오늘날에는 전자적 의사소통수단이 발달하여 국민들의 의견을 실시간으로 확인할 수 있기 때문에, 지리적·공간적 이유로 직접민주주의를 거부하는 것은 변명에 불과하다. 오히려 "규모가 큰 정부는 민주주의를 새롭게 할 수 있는 충분한 가능성과 여지가 있다."(피시킨 2003, 54) 국민국가가 넓은 지역을 포괄하고 있어서 도시국가와 달리 음모, 편견, 충동에 의해 공익에 반하는 결정을 내리도록 국민을 호도하기 어렵기 때문이다. 제도적 조건이 충족된다면 국민국가는 작은 공동체에서 발생하는 비합리적인 사유를 극복할 수 있다.

둘째, 대의민주주의 주창자들은 대중의 정치능력을 불신했다. 그들은 대중에게는 광적인 열정과 무지라는 굴레를 씌우고 엘리트에게는 전문성과 신중함을 부여하여 엘리트 통치가 합리적이라고 정당화했다. 미국 건국 당시에 매디슨은 대의민주주의가 광대한 국가의 통치 불가능성 때문에 만들어진 것이 아니며 고대 민주정보다 우수한 것이라고 생각했다. 그는 일반인들이 열정에 의해 감성적으로 판단하지만 대의민주주의 의회는 이성적 토론을 통해 우월한 결과를 도출한다고 주장했다.

미국 독립에 기여한 시에예스는 엘리트의 자질과 능력이라는 미시적 조건 대신 사회구조 변화에 주목하여 대의민주주의를 옹호했다. 그는 근대 상업사회에서 대중은 경제활동에 압도되기 때문에 이들을 대신해 엘리트가 국가를 운영하는 정치체제가 바람직하다고 생각했다. 상업사회에서 시민들은 공공 업무에 지속적으로 참여할 시간이 없으므로, 노동분업 원칙을 정치 영역에도 적용해야 한다는 논리다. 그도 대의민주주의 정치를 아테네 민주주의보다 바람직한 정부 형태로 간주했다(마넹 2004, 15).

밀은 입법자들의 능력이 일반인보다 우월하다고 믿고 직접민주주의보다 대의민주주의를 선호했다. 그는 입법자들의 자율성을 보호하고 지적 능력이 더 뛰어난 사람들에게 더 큰 권력을 부여하고자 정치적 평등 이념을 버리고, 교육을 많이 받은 사람에게 보통사람보다 투표권을 더 많이 부여하는 복수투표제를 제안했다. 그에 의하면 "지식의 가치를 알고 있다면 투표자는 의사를 선택할 때와 비슷한 태도로 입법자를 선택할 것이다."(피시킨 2003, 88)

그러나 위와 같은 대의민주주의 옹호 논리와 달리 분화되고 전문화된 현대 사회에서는 대리인들이 국민들보다 깊은 전문성을 갖추고 있다고 단언하기 어렵다. 대리인들이 평균적인 국민들보다 더 전문적 지식을 가질 수 있겠지만, 민간 전문가들보다 더 뛰어나다고 평가할 수 없다. 정책

결정 과정에 선출된 대리인들만 참여한다면 시민사회에 충만한 전문성을 사장시킨다. 현대의 선거 과정은 전문성을 갖춘 사람들의 의회 진입을 보장해주지 못한다. 정당이 선거과정의 주체이기 때문에 입후보자들은 정당 내 권력자에 의해 선별되고, 선거 과정에서 다양한 편견에 의해 낙오되며, 당선 후 의회에 진입해도 당론과 다른 자신의 의견을 주장하기 어렵다. 의회가 전문성을 반영하는 곳이라는 생각은 19세기 유물에 지나지 않는다.

의회에서의 토론이 대중들의 '즉흥적인' 판단보다 우월하다는 주장은 의회에서 '합리적'인 '토론'이 이루어질 때에만 정당화된다. 그러나 현대의 의회는 더 이상 토론의 광장이 아니며 정당들은 엄격한 투표 규율로 의원들을 지배한다. 의회 내의 투표 결과는 토론 유무와 관계 없이 사실상 모든 안건에 있어서 정당 소속 의원들의 수와 일치한다(오현철 2006, 153-154).

최근의 경험조사에 의하면 의회정치가 발달한 국가인 영국, 독일, 스위스, 미국에서도 매디슨의 소망은 달성되지 못했다. 의회에서 정당들은 정책을 논증하거나 상대 정당을 존중하지 않는다. 특히 야당은 정부에 협조적 태도를 보일 때 여당이 정치적 성과를 독차지할 것을 우려한다. 이러한 환경 때문에 의회의 공개 토론은 부적절하게 유도되고 당면한 문제 해결에도 도움을 주지 못한다. 특히 국가적으로 추구되어야 하는 핵심적 가치와 목표에서 정당간의 의견 차가 극단화될 가능성이 높고, 이러한 이슈들에서 정당간 적대적 관계도 높게 나타났다. 의원들은 자신의 합리적인 의견으로 의회에 공헌하는 것이 아니라 정당간 투표에서 1표를 더하는 것으로써 지난 선거 때 자신을 공천해 준 정당에 보답한다.

셋째, 근대 대의민주주의 주창자들은 위로는 왕을 무력화시키고 아래로는 대중의 참여를 제한하였다. 그들은 인민들이 갖고 있던 절대군주의 폭정에 대한 공포를 '인민에 의한 전제정치'라는 허구적인 두려움으로 전환시켜 인민들에게 주입시키고 그 허구를 바탕으로 대의민주주의를 디자인했다. 다수결주의에 대한 비판, 여론에 대한 비판, 대중정치에 대한 모든 비판에는 대중의 정치참여에 대한 깊은 불신과 공포가 숨겨져 있다. 이들은 권력을 엘리트들에게 분립시켜 제한할 때에만 자유를 수호할 수 있다고 생각하며, 가장 권위있는 절대 권력인 인민주권을 국민이 직접 행사하는 것을 가장 위험한 것으로 간주하였다. 그러나 역사 속의 폭정은 대부분의 경우에 대중이 자의적으로 권력을 행사했기 때문이 아니라, 엘리트들이 대중을 선동하고 그 힘으로 대의기구를 접수함으로써 완성되고 정당화되었다. 20세기 대부분의 쿠데타도 이 과정을 거친 후에 마지막으로 형식적인 국민의 동의를 끌어내었다. 다수의 전제정치란 역사적으로 존재하지 않았던 허구이며 엘리트들이 유포시킨 이데올로기적 슬로건이었다. 오히려 다수당의 지배를 의문시하지 않는 대의민주주의 제도가 정치집단 내 다수자의 독재를 고착화하고 사회적 소수에게 현재적·잠재적 불이익을 강요한다. 다수당이 지배하는 의회가 다수당의 독재를 제도화하고 절대화한다.

3. 대의민주주의 정치결과의 반사회성

현대 사회에서는 이익집단들의 협상만으로는 해결할 수 없는 많은 가치들이 충돌하며 정치과정을 교착시킨다. 의료정책, 복지개혁, 차별철폐조치, 소수자 우대조치, 환경보호, 대리모, 안락사 등의 도덕적 충돌이 산재해 있다(Macedo 1999, 5). 그러나 이기적 인간관에 입각한 대의민주주의는 정치적 의제를 도덕적으로 고려하지 않기 때문에, 정치 과정에 타자에 대한 적극적인 배려나 연대의 동기가 자리잡지 못한다.

이기적 인간들의 개인적 선택을 중시하는 홉스적 정치체제는 이익경쟁 때문에 사회를 분열시킨다. 자유주의 정치관으로는 극한 경쟁과 사회분열을 막을 수 없으며 사회통합을 유도할 수 없다. 최근에 등장한 퍼트남의 사회자본론은 사회통합을 위해 정치 영역 밖에서 관용, 사회자본, 신뢰 등을 요구한다(Putnam 2001). 그러나 대의정치의 폐해를 정치제도 밖의 시민사회에서 신뢰증진을 통해 보완하려는 퍼트남은, 그가 신뢰를 만드는 원천으로 생각한 결사체들이 실은 정치제도의 산물이었음을 간과했다. 스카치 폴은 경험조사를 통해 결사체들이 융성하였기 때문에 민주적인 정부와 정치제도가 발달한 것이 아니라, 반대로 민주정부와 정치제도가 발전하면서 자발적 결사체들이 성장하였음을 보여주었다(Skocpol 1999, 33). 정치제도가 민주적이어야 시민사회의 결사체들이 발전하는 것이다. 성숙한 시민사회가 존재하지 않기 때문에 대의민주주의가 위기에 처한다는 퍼트남의 사회자본론의 진단은 본말이 전도된 것이었다.

스카치폴에 의하면 정치체제를 바로 세워야 신뢰회복이 가능한데, 현실을 보면 대의민주주의의 정당들은 사회에 존재하는 균열을 따라 국민들을 분리하고 동원할뿐만 아니라 잠재적인 균열을 선거에 이용하기 때문에 오히려 사회통합을 해치는 존재이다. 선거승리를 최고의 목표로 추진하는 대의정치에서, 정치인들은 사회적 균열을 치유해야 할 정치적 과제가 아닌 선거에서 활용할 소재로 생각한다. 정치인들은 자신이 이용할 수 있는 균열을 인식하고, 이미 존재하는 하나의 분열을 실행시키거나 다른 균열로 대체할 수 있다(마넹 2004, 270). 정치인들이 사회에 잠재하는 분할선을 제시할 때 그 신호에 시민들이 습관적으로 조건반사하면 사회균열은 구조화된다. 이러한 사회분열 결과는 다시 사회갈등을 구조화하며, 누적되고 심화된 사회적 갈등은 개인들의 신뢰로 회복될 수 없는 구조적 치료를 필요로 한다. 그것은 대의정치를 넘어선 영역에서야 찾을 수 있다.

03
'강한 민주주의'가 대안인가?

현대 대의민주주의에서는 정당에게 사회의 다양한 이익을 집약하고 대표하는 기능이 위임되었다. 그러나 한 두 정당의 패키지화된 공약으로는 이익과 가치가 다원화된 국민들의 요구를 동시에 만족시킬 수 없다. 다원화된 사회에서 정당의 이익집약과 대표 기능은 근본적으로 제한된다. 그렇다면 모든 공적 결정을 한 두 개의 정당에게 맡기기보다 시민들이 직접 의사결정하는 것이 타당하며, 정책결정 단계에서부터 시민들의 집단적 참여가 필요하다. '인민의, 인민에 의한, 인민을 위한 민주주의'는 시민들의 자유롭고 평등한 이성적 토론을 보장하는 공정한 절차가 보장될 때 충족된다. 바아버Benjanim Barber는 '강한 민주주의'에서 시민들을 정책결정 과정에 적극적으로 참여시키고 그들에게 결정권을 부여하는 제도를 만들고 발전시켜야 한다고 주장하였다.

그는 자유주의 이념에 기반한 민주주의를 약한(thin) 민주주의로 비판하고, 참여와 연대 및 시민의식에 기초한 강한(strong) 민주주의를 추구한다. 그에 의하면 인간은 공동생활을 구성하는 의사결정에 참여해야 개인이 될 수 있다. 공동생활 이전에 이미 만인에게 개인 자격을 부여하는 자유주의의 자연권 개념은 이론사 측면에서는 의미 있지만 내용은 허구에 불과하다. 공동체보다 사적 이익만을 보호하는 자유주의가 오히려 사람들의 개인적 자유를 구속하고 정치참여의 자율성을 잃게 만들었다. 우리는 선천적으로 자유롭게 태어난 것이 아니라 정치적·사회적 조건에 의해 자유롭게 된다.

정치적 의사결정 방법으로 투표를 중시하는 약한 민주주의와 달리 강한 민주주의는 자율성을 촉진하는 대화, 의사결정, 참여과정을 중시한다. 강한 민주주의는 역사적·공동체적 도덕을 강조하는 공동체주의와 달리 자유주의의 도덕적 개인주의를 수용하여 '자유로운 도덕적 행위자 개인' 개념을 지지한다. 그리고 '동질적 사회' 개념과 '일원론적(unitary)' 민주주의를 거부하여 공동체주의의 함정에서 벗어난다.

1. '약한 민주주의'

앞에서 한국정치의 이념적 모순은 냉전반공주의와 경제제일주의가 자유민주주의를 압도하기 때문이라고 설명하였다. 그렇다면 한국식 자유민주주의를 버리고 서구식 자유민주주의를 발전시키면 한국사회의 모순을 극복할 수 있을까? 바아버에 의하면 그 길은 바람직하지 않다. 그가 약한 민주주의로 비판하는 자유민주주의는 근본적으로 정치를 무력화하기 때문에 오히려 개인의 자유조차 보호하지 못한다.

자유민주주의가 전제하는 인간의 본성, 지식, 정치 개념은 자유주의에 충실하지만 민주적이지 않다. 자유주의가 중시하는 사적 목적이 추구될 때, 국가의 민주적 가치들은 타산적이고 잠정적이고 조건적인 수단으로 전락한다. 자유민주주의에는 세 가지 경향이 복합적이고 역설적으로 구성되어 있기 때문에, 시민덕성과 참여에 관한 확고한 이론이 생성될 수 없다. 그 세 가지는 무정부주의적 경향, 현실주의적 경향, 최소주의적 경향이다(바아버 1992, 33-44).

첫째, 자유민주주의의 무정부적 경향은 시민의 정치참여를 두려워하는 태도에서 드러난다. 자유민주주의 이론은 인간의 본성을 시민적 존재로 간주하지 않으며 인간에 대한 관점이 무정부적이기 때문에 참여에 비판적이다. 자유민주주의는 대중의 참여를 불신하고 시민참여를 경계한다. 다수결주의, 여론, 대중정치 등에 대한 자유민주주의의 비판 속에는 대중의 정치참여에 대한 깊은 불신이 담겨져 있다.

둘째, 자유민주주의의 현실주의적 경향은 국가를 사적 이익 추구의 도구로 간주한다. 이들은 사적 이익을 추구하는 과정에서 국가가 도움이 될 때에만 그 정당성을 인정한다. 정치는 사적 이익을 공동으로 보장하는 것에 불과하다. 홉스에게 있어 개인들이 각자의 이익만을 추구하는 자연상태는 '만인의 만인에 대한 투쟁상태'였다. 그 곳에서 개인들은 이성적 능력이 있는 짐승들에 불과하기 때문에 무한권력인 리바이어던을 창조한다. 자유주의적 현실주의는 지적이고 이성적인 대리인이나, 태어날 때부터 공동체의 덕성을 지닌 이성적 시민들이 아니라 공포로 통치하는 대리인에 의해 통치된다.

셋째, 자유민주주의의 최소주의는 국가개입을 억제한다. 그들은 인민 다수의 권력을 가장 위험한 것으로 간주하고 다수결주의를 경계하며 대중의 정치참여를 적대시한다. 그러나 최소주의는 갈등을 적극적으로 해소할 수 없고 단지 소극적으로 용인할 뿐이어서 자유민주주의의 정치는 동물원 관리(Zookeeping)로 전락한다. 정치는 물질적 행복과 신체적

안전만을 추구하는 짐승같은 개인들에게 봉사한다. 보수주의자 버크E. Burke는 자유민주주의의 자유/권력의 딜레마를 다음과 같이 비판하였다. "정치권력 없이 자유가 보장될 수 없지만 정치권력은 자유를 말살한다. 최고권력이 우리의 자유를 관리하는데 도대체 누가 그 관리자를 관리할 것인가?"(바아버 1992, 51) 버크는 홉스가 이론화한 공포의 지배와 자유주의가 추구하는 냉혹한 타산성의 정부를 모두 염려하였다.

바아버에 의하면 자유민주주의는 근본적으로 개인주의 논리이며 원자론이다. 인간은 고독한 존재라는 전제에 기반하고 있기 때문에, 자유민주주의가 가정하는 사회에서 인간은 고독할 수밖에 없다. 인간은 타인으로부터 분리된 소외된 존재여서 '고독한 이방인으로 태어나, 조심스러운 이방인으로 살다 고독하게 죽는다.' 홉스의 자연인은 다른 사람을 위한 존재가 전혀 아니며, 신자유주의자 노직R. Nozick의 자유인은 자신의 권리만을 추구하며 약하고 가난하고 처절한 입장에 있는 사람들에게조차 아무 것도 내놓지 않는다. 현대의 개인화된 소비자는 자신의 권리를 요구하고, 자신의 관심사를 계약하고, 자신의 이익에 투표할 뿐 다른 사람을 위한 존재가 아니다(바아버 1992, 123).

자유주의 이론은 인간이 평등하게 창조되었다고 주장하지만 실제로는 자유와 안전 보장을 더 우월한 가치로 여긴다. 자유주의를 좀 더 평등하게 교정하고자 했던 롤즈의 이론에서도 평등보다 자유가 언제나 우선시된다. 그러나 자유주의의 결정적인 오류는 정치가 올바르게 이루어지는 곳에서만 확보될 수 있는 자유, 평등, 권리를 거꾸로 정치의 전제 조건으로 간주한다는 점이다(바아버 1992, 147). 현실에서는 모든 자유가 보장되지 않고 모두가 평등하지도 않고 동등한 권리를 향유하지도 않기 때문에 그러한 가치들을 쟁취하기 위해 정치과정에서 투쟁해야 하지만, 자유주의는 이러한 가치들이 구현된 곳에서 정치가 출발할 수 있다고 주장한다.

인간을 이기적이고 고독한 존재로 바라보는 자유민주주의는 대중을 무시하고 민주주의를 불신하는 '약한 민주주의'를 만든다. 민주주의를 권장하는게 아니라 민주주의의 과잉을 두려워하여 엘리트를 앞세운다. 이 이론에서 모두가 참여하는 공적 생활은 불가능하고 바람직하지도 않다. 자유주의 이론가들은 언제나 민중을 불신하고 의심했다.

자유주의는 인간의 선한 본성을 고양시킬 수 있는 시민성 이론도 없다. 홉스 이후로 자유주의는 개인을 다른 개인과 시민 관계로 연결 짓는 시민성 공간을 생각하지 않았다. 홉스가 생각했던 자연상태에서는 무정부상태와 절대독재의 리바이어던 사이에 시민성이 발현되는 중간지대가 없다. 자유주의는 공동체주의와의 이론적 대결 과정에서 자유주의 이론이 시민성 이론을 내포하고 있다고 주장하지만 실제로는 시민성을 고양시키려는 이론적·실천적 노력을 하지 않고 여전히 그러한 시도를 거부한다.

자유주의는 태생적으로 여론을 두려워하였다. 여론이라는 시민들의 공적 판단이 없는 곳에서는 개인적 판단이 유행하고, 공동체가 행동하지 않으면 시장이 최종적으로 결정한다. 시장이 공동체의 판단보다도 공정하고 평등하다는 자유주의 관점이 우월한 곳에서는 갈등해소 임무가 사적 영역으로 미루어진다. 자유주의가 자유 다음으로 가장 중요하게 생각하는 상호작용 동기는 물질적 이익이기 때문에, 자유민주주의는 사유재산 사상에 크게 의존한다. 사유재산이 우선시되는 사상에서 자유민주주의는 재산을 포함한 개인 권리 보호수단에 불과하여, 국가계획이나 공공소유 혹은 평등을 인정하지 않는다. 그래서 필연적으로 자유주의 정권들의 병리현상 즉 "높은 범죄율, 공적인 거짓, 사적·공적 사기, 체계적 불평등, 경제혼란, 착취, 비열함, 영리주의, 개인우선주의, 종족주의, 중앙정부에서 뿐만 아니라 이웃간 공적 생활의 위축 등"(바아버 1992, 176)이 나타난다.

2. '강한 민주주의'

1) 강한 민주주의의 정치적 기반

바아버가 제시하는 강한 민주주의는 현대적 참여민주주의이다. 그 곳에서 시민들은 이해관계가 아니라 시민교육에 의해 결속되며 이타주의나 선한 본성 같은 개인의 심성이 아니라 공동목표를 추구하고 상호작용하는 시민들의 자치공동체에 의존한다. 또 경쟁적이면서도 상호 중첩되는 이해관계를 지닌 사람들이 상호이익과 공동체 이익을 위해 공동으로 협력하는 정치체제를 추구한다.

바아버는 갈등이 존재하지만 그것을 해결할 독립적 판단근거를 정치과정 밖에서 찾을 수 없는 상태를 '정치적 상황'으로 간주한다. 갈등이나 모순을 해결할 수 있는 확실한 지식이나 참된 과학이나 절대적 선이 있다면 정치는 필요하지 않다. 사회적 갈등에 대한 사회적·집단적 대응이 필요하지만 객관적이고 독립된 판단근거 없이 공공선택을 해야 할 때 정치가 필요하다. 정치는 사적 이해관계의 경쟁과 갈등을 해결할 진리가 존재하지 않는 영역과 합의가 멈춘 곳에서 시작된다.

자유민주주의가 정치를 갈등 해소나 '완화'시키는 것으로 이해하는 반면, 강한 민주주의는 '발견의 정치'를 통해 갈등을 '변형'시키려 하고 개인 선호와 의견이 공적 심사숙고와 판단을 거쳐 정당성을 획득하도록 유도한다. 선호와 의견은 이 과정에서 "단순히 정당화되는 것이 아니라 변형되어 나타난다."(바아버 1992, 212) 약한 민주주의는 '타협과 교환의 정치'

를 장려하고 강한 민주주의의 '변형의 정치'를 추구한다. 전자는 선거에서 승리한 의견에 정당성을 부여하지만, 후자는 사람들이 문제를 보는 시각과 선택조건을 수정하도록 이끈다. 변형 이전의 선호가 즉자적이고 즉흥적이거나 개인적·사회적 편견에 의해 조성된 것이었다면, 변형 이후의 선호는 이성의 결과물이다.

강한 민주주의의 기반은 정치적 지식과 대화, 시민성이다. 바아버가 말하는 정치적 지식과 대화는 대의민주주의에서 요구하는 것과 근본적으로 다르다. 대의민주주의는 정치를 전문가 활동으로 만들지만, 강한 민주주의는 아마추어의 정치로써 모든 사람이 전문가들의 중재 없이 다른 사람과 마주한다(바아버 1992, 232). 그는 정치적 지식에 대해 기존과 다른 접근 방식을 취한다. 철학적 지식은 이전의 관찰(경험론)이나 사유(관념론)에서 파생되고 그에 의존한다. 반면에 정치세계는 우리가 지금 만들어가는 것이므로 철학으로부터 독립적인 세계에 속하며 언제나 일시적이고 잠정적일 수밖에 없다.

정치적 지식은 철학적 지식이 추구하는 자율적이고 추상적인 근거에서 독립해야 한다. 정치적 지식은 추상적인 상황이 아니라 구체적인 삶에 근거한 실천적 지식이기 때문이다. 정치는 철학자들의 지식이 아니라 아테네의 민회처럼 일반인들의 대화와 토론에 의해 수행되어야 한다. 강한 민주주의의 핵심은 정치적 대화(political talk)에 있다. 대화는 단순한 말하기(speech)가 아니라 언어나 언어적 상징으로 표현되는 인간들의 상호작용이다. 강한 민주주의의 대화는 말하기만큼이나 귀기울여 듣는 것, 받아들이는 것, 감정이입하는 것도 포함하는 인지적이고 정서적인 작용을 한다.

강한 민주주의 또 다른 정치적 기반인 시민성은 현대 대의민주주의가 갖추지 못한 가치이다. 대의민주주의에서 시민은 이론적으로 정부를 구성하는 최고의 계약 당사자이며 정부의 책임자이지만 실제로는 정부의 피지배자이며 수혜자에 머문다. 시민은 정부와의 관계에 의해서만 시민이 되고, 시민과 다른 시민과의 관계는 사적일 뿐 '시민적인 것'이 없다. 시민관계가 개인화되면서 대의민주주의는 정치적·사회적 관계에서 거의 모든 시민성을 빼앗아 시민성의 아노미 상태를 만들었다. 그 결과 미국은 '개인 권리 측면에서는 요새이지만, 공적 행위 측면에서는 묘지가 되었다.'(바아버 1992, 325)

강한 민주주의가 시민정신을 촉진하는 방법은 시민교육, 지도력, 종교, 애국심 등이며 이를 통해 개인을 공동의 시각을 접하고 공동작업에 참여하는 시민으로 변화시키려 한다. 강한 민주주의의 공동체는 시민들에게 정치적 권한과 책임을 부여한다. '시민에 의한 지배가 잘 이루어지려면 우선 시민들 자신이 지배할 필요가 있다. 책임감을 이행하려면 그들에게 책임이 주어져야 한다.'(바아버 1992, 348)

2) 강한 민주주의의 제도화

시민참여와 자치를 중시하는 강한 민주주의는 개인을 공동 대화와 공동 판단, 공동 결정, 공동 행위에 연계시키는 제도를 필요로 한다. 이 제도들은 아래의 요건들을 충족시켜야 한다.

첫째, 현실적이고 작동 가능한 것이어야 한다.

둘째, 대의민주주의를 보완하고 그와 양립할 수 있어야 한다.

셋째, 소수자의 권리를 보호하고, 비합리주의, 선입견, 획일성, 편협성 등을 극복할 수 있어야 한다.

넷째, 제도와 정치의 규모, 기술, 복합성, 지역주의의 역설 등을 구체적으로 다루어야 한다.

다섯째, 대의민주주의, 단순 투표, 관료와 전문가 지배에 대안을 제시하여 시민의 통치를 가능하게 해야 한다.

바아버는 위의 요건들을 충족시키는 제도들을 다음과 같이 예시한다(바아버 1992, 389-425).

① 전국에 지역의회(neighborhood assemblies) 구축. 모든 민주주의는 지역의 자유정신에 의존하며, 모든 민주혁명은 지역에서의 참여가 확산된 결과였다. 타운미팅, 코뮌, 혁명평의회, 통신위원회, 소비에트가 대표적인 사례들이다. 오늘날에도 지역의회는 여전히 중요하므로 전국에 지역의회를 반드시 설치해야 한다.

② 원거리 영상 타운미팅. 시민참여는 직접적이여야 하며 의사소통은 지역과 국가 수준에서 모두 이루어져야 한다. 통신 기술의 발달로 국가 수준의 미팅도 가능하다. 만약 타운미팅이 시민의 직접참여가 아닌 대의민주주의로 운영될 경우에는 추첨으로 대표자들을 선출한다.

③ 시민교육과 균등한 정보 접근기회. 시민교육이 없다면 민주적 선택은 개인의 선입견을 표현하고 집적하는 것에 불과하게 된다. 시민교육을 위해 시민들이 정보검색 체계에 동등하게 접근하도록 국가가 재정을 보조해야 한다.

④ 보완제도. 지역 공직을 추첨으로 선출할 필요가 있다. 추첨으로 선발된 시민들이 소도시와 자치구의 대다수 공직을 교대 근무할 수 있다.

추첨제는 전문 인력에 대한 수요가 적고 책임이 크지 않은 위원회와 형사·민사재판에 적용할 수 있다. 경범죄, 가정불화, 교통법규 위반, 사소한 언쟁 등 가벼운 사안에서 중재 활동을 하며 참여적으로 해결하면, 공동체 구성원들을 교육시키는 동시에 공동체를 재판과정에 연계시켜 더욱 효율적으로 만든다.

⑤ 국민(주민)발안과 국민(주민)투표, 국민입법(national legislation) 그리고 다선택투표. 국민(주민)발안과 국민(주민)투표는 대중 참여와 정부 책무성을 증가시키고, 시민교육의 장이 되며, 대중적 대화를 효과적인 것으로 만들 수 있다. 다선택 투표는 국민투표에서 전통적인 '예/아니오'대신 다양한 선택들을 제공하기 위한 것이다. 다선택투표의 선택지는 다음과 같이 구성될 수 있다.

ㄱ. 원칙적으로 예 - 이 제안을 강하게 지지한다.
ㄴ. 원칙적으로 예 - 그러나 최우선적인 것은 아니다.
ㄷ. 원칙적으로 아니오 - 이 제안을 강하게 반대한다.
ㄹ. 이 제안에는 아니오 - 그러나 원칙적으로 이 제안을 반대하지는 않는다.
ㅁ. 당분간은 아니오 - 반드시 반대하지는 않지만 연기를 주장한다.

다선택 투표는 예/아니오만 묻는 투표지에 비해 시민들의 다양한 의견분포를 드러내 준다. 정책 시행자들은 찬반을 물을 때보다 더 많은 주의를 기울이고, 시민들은 자신들의 의견을 스스로 검토하여 개인적 욕구보다 공적인 이유에서 투표하도록 자극받는다. 다선택투표는 일종의 시민교육이 되어, 시민들이 스스로를 공적 존재로 생각하고 대안적 미래를 선택하게 유도한다.

⑥ 전자투표. 시민들의 토론을 활성화하기 위해 전자투표를 도입한다. 여론조사와 같은 즉석 투표는 심사숙고나 논쟁, 합리적 정보가 없는 상태에서 이루어지기 때문에 민주주의의 죽음을 불러온다. 민주주의는 개인들의 의견을 단순히 투표수로 취합하는 제도가 아니며, 공적 사안에 관심을 가진 시민들의 공동 판단을 요구한다. 전자투표는 동료들과 공론장 속에서 동료 시민들을 생각하는 환경에서 수행되어야 한다.

⑦ 추첨에 의한 선출. 고대 아테네의 추첨 제도는 오늘날 배심원 제도에 그 모습이 남아있다. 추첨은 전체 시민 대신 소수 시민이 활동하므로 국민국가의 규모문제를 해결하고, 시민참여라는 민주적 본질을 계승하여 대의민주주의의 폐해를 극복한다. 추첨은 공적 결정에 미치는 자본의 부정적 효과를 중화시키고, 공적 책임을 시민들에게 균등하게 분산시키며, 정책 결정과 시행에 많은 시민들을 참여하게 한다. 추첨방식을 지역의회와 전문지식이 요구되지 않는 지방공직에서부터 적용할 수 있다.

⑧ 작업장 민주주의. 협동조합의 노동자소유 운영방식(worker-owned operation)은 인간적인 관리와 평등주의 정신으로 시민정신을 함양시키므로 협동조합 활성화를 정부가 유도해야 한다. 노동자와 관리자가 공동으로 결정내리는 것, 이윤을 나누어 가지는 것, 주식보유 선택권을 주는 것 등도 경제적 평등주의에 기여하고 시민정신을 육성하므로 권장되고 보호받아야 한다.

⑨ 물리적 공적 작업 공간으로서의 이웃. 강한 민주주의는 시민정신의 공간적 근거지를 제공하는 건축과 디자인이 필요하다. 시민들이 모이는 장소는 즐거움, 우정, 대화, 활동의 장소여야 한다. 전통 사회의 이웃들이 현대보다 더 사회적이고 더 많은 대화를 하고 더 안전해서 더 공적 존재였던 이유는, 그들에게는 함께 생활하는 공간이 있었기 때문이다. 강한 민주주의적 공동체가 대도시나 교외에서 번창하기 위해서는 새로운 형태의 물리적 거처, 사람들이 모일 수 있는 공간이 필요하다.

지금까지 살펴본 바아버의 강한 민주주의는 선거정치의 모순을 극복하는 대안적 민주주의 이론의 가능성을 보여준다. 그는 편견을 취합하는 투표가 아니라 편견을 합리적 의견으로 바꾸는 전환의 정치를 강조하고 시민의 공적 대화를 통한 정치적 의사결정을 중요시하였다. 이는 시민들의 결정이 모두에게 수용될 수 있으며 정당하고 효율적이라고 믿는 점에서 민주주의 기본 원리에 충실하다. 대의민주주의의 폐해를 극복하기 위해서는 편견을 투표로 취합하는 '선호취합'이 아니라 각자의 편견을 이성적인 토론으로 수정한 '선호전환' 결과가 의사결정의 토대가 되어야 한다. 정치과정에서 시민들의 선호전환이 필요하다는 것을 인식하고 적합한 제도를 제안한 바아버의 주장을 수정하면 타당한 해답을 찾을 수도 있다. 이를 위해 정치체계와 시민사회에서 의사소통에 기반한 토의정치가 이루어져야 한다. 또한 일반 시민 중에서 추첨으로 선발하는 이성적 토론 기구를 통해 정치적 의사결정을 내려야 한다. 이러한 의도를 반영하여 새로운 민주주의 제도화를 제시하는 이론이 토의민주주의론이다.

제2부

토의민주주의의 이론

04 토의민주주의의 기원

바아버는 자유주의 이론의 한계와 모순을 보여주고 시민이 참여하는 정치가 필요함을 역설하였다. 그러나 그는 정치적 대화에서 합리적 대화의 가능성을 과도하게 거부하는데, 철학자나 정치가의 이성적 논리를 '이성이라는 틀 속에 대중들의 말하기 방식을 가두는 언어우생학의 잔재'로 간주한다. 그는 정치적 말하기에서 전문가 행태의 폐해를 적절하게 지적하고, 모든 사람이 전문가의 중재없이 모든 다른 사람과 마주해야 한다고 주장한다. 이 주장은 충분히 설득력이 있지만 전문가들을 사회적으로 활용하는 방법을 고려하지 않고 일방적으로 배척하는 시각은 적절하지 않다. 인식론적으로는 모든 의견을 고려하고 토의하는 방법이 가장 타당하기 때문이다. 또한 그가 시민성 육성의 조건으로 제시한 시민교육, 지도력, 종교, 애국심도 바람직하지 않은 결과를 가져올 수 있다. 토의하기 전에 시민들에게 요구하는 가치들은, 가치 기준의 단순화를 가져오거나 일원론적 공동체주의 혹은 집단주의의 파괴적 힘을 배양할 수 있기 때문이다. 대의민주주의의 폐해를 교정하면서 강한 민주주의의 단점도 제거할 수 있는 길은 토의민주주의다.

1. 아테네 민주주의의 유산

토의민주주의는 최근의 발명품이 아니라 고대의 지혜를 되살린 것이다. 토의민주주의론은 시민들이 토의한 결과를 권력 행사에 연결하는데, 토의와 권력은 아테네 민주주의를 작동시키는 근본 원리였으며 아테네 민주주의의 이념과 제도로 발전하였다.

오늘날 아테네 민주주의가 남긴 가장 빛나는 유산은 배심원재판에 남아 있다. 배심제도는 민주주의와 사법정의라는 두 개념으로부터 유래되었는데 재판절차에 민주주의 가치를 불어 넣고, 권력으로부터 사회통념을 보호하고, 국민에게 법률교육을 행한다(비드마르 2007, 25). 과거에 배심원들은 순회판사가 알 수 없는 사실관계를 파악하고 법적 형식논리에 빠질 수 있는 재판에 공동체의 가치관을 불어 넣었다. 배심재판은 정치적 사건뿐만 아니라 일반 사건에서도 국가권력, 사회 지배세력, 판사의 편견에 대항하는 마지막 보루였다. 그 결과 배심재판은 공정성과 정의를 대변하는 제도로 인식되었다.

영국에서 배심제도는 민중들이 전제군주에 저항하고 투쟁하여 획득한 인권 보호의 마지막 방패였다. 영국왕에게 배심제도는 눈의 가시 같았다. 영국의 전제군주들은 먼저 의회를 지배하려 하였고, 다음으로 배심재판을 폐지하거나 축소하려고 하였다. 군주가 배심재판을 싫어하는 만큼 시민에게 배심재판은 헌법기구 이상의 가치를 지녔다. 초기에 양심을 지키고 유죄평결을 거부한 배심원들은 육체적 고통을 당하거나 토지와 재산을 몰수당하기도 하였는데, 1670년의 부쉘Bushell사건은 배심원 제도 확립에 획기적인 전환점이 되었다. 집회선동 혐의로 기소된 두 명의 퀘이커 교도에게 12명의 배심원 전원이 유죄평결을 거부하였고, 이 배심원들은 2박 3일 동안 음식, 물, 불, 변기도 없이 감금되었다. 이들은 또 벌금을 납부할 때까지 징역형에 처해졌지만 4명의 배심원이 인신보호영장에 근거해 구금에 이의를 제기하자 항소법원의 형사수석재판장이 사실판단에 대한 유일한 주재자로서의 배심원의 지위를 확립하는 기념비적 결정을 내리고 4명의 배심원을 석방하였다. 이후 배심원은 양심에 따라 평결을 내릴 권리를 갖고 평결을 이유로 처벌받지 않게 되었다(Lloyd-Bostock 2007, 104-105).

식민지 미국인에게 배심재판은 영국의 압제에 저항하는 수단이었다. 미국인들은 '배심재판 받을 권리를 빼앗은 영국의 행위'를 독립해야 할 이유 중 하나로 독립선언문에 명시하였다. 미국 연방대법원은 배심재판을 지지하며 다음과 같이 판결하였다. "피고인에게 자신의 동료 시민인 배심원으로부터 재판받을 권리를 부여하는 것은 부패하거나 공명심이 지나친 검사, 그리고 권력에 순응하거나 편견이나 괴벽에 빠진 법관에 대항하는 더 없이 소중한 안전장치다. 만약 피고인이 더 많은 교육을 받았지만 피고인에게 덜 동정적인 법관 1인의 판단보다 배심원의 상식적 판단을 선호한다면, 그는 배심재판을 받을 수 있어야 한다."(King 2007, 169-170)

미국인들은 사법권과 과욕을 부리는 의회를 견제하고 균형을 이루기 위해 형사 및 민사소송에서 배심재판은 필수적이라고 믿었다. '왕이 임명한 고위직의 직업법관에게 전적으로 의존한다면 그들의 결정은 자신들의 지위와 위엄 쪽으로 기울어지는 일이 종종 있을 것이다. 인간 본성에 비추어 볼 때 소수의 직업법관들이 항상 다수의 이익과 선을 주의 깊

게 살필 것이라고 기대할 수 없다.'(Landsman 2007, 586)

배심제도가 추구하는 목표는 피고인들이 동료 시민의 집단적 토론을 통해 사건의 실제적 진실을 발견하고 판결의 공정성을 확보하는 것이다. 재판과 직업적 연관이 없기 때문에 권력 남용이나 제도 오용의 동기가 없는 일반 시민의 배심원재판이 공정하고 진실에 더 가까운 결론에 도달한다. 형사 제제를 가하는 권력도 너무나 위험하기 때문에 공무원에게만 맡겨서는 안 되며 배심재판으로 통제해야 한다. 또 의무적 민사배심재판은 상인계급이 법원을 지배하는 것을 방지하는 보호장치이며 기본적 자유권을 위협하는 행위에 대항하는 역할을 하였다(Bogart 2007, 621). 민사배심제도도 강력한 권한을 갖는 직업법관이나 정부관료들이 빠질 수 있는 비민주적 성향에 대한 견제장치인 것이다.

배심재판은 법률의 부족함을 시민이 메워주는 역할도 한다. 증거에 의해 명백하게 유죄가 입증된 경우에도 실정법을 넘어 무죄평결을 내리는 배심원 권한을 '배심원에 의한 무효화(jury nullification)'라고 한다. 배심원에 의한 무효화란 재판에서는 무죄판결을, 기소배심에서는 불기소 결정을 의미한다. 배심원들이 관련 법률이 부당하다고 느끼거나, 법 자체가 부당하지는 않지만 해당 사건의 피고에게 적용하기에는 무리가 있거나 혹은 적용할 수 없다고 느끼는 경우에 배심원에 의한 무효화를 결정한다. 이 결정은 법률미비 상황이거나 법률이 비현실적이거나 시대에 맞지 않는 비인간적·비양심적인 경우에 그 법률의 집행을 거부하는 시민의 양심을 대변한다. 이러한 이유로 '배심원의 실정법 적용 거부를 배심제도가 존재하는 이유 그 자체'로 받아들이는 학자도 있다(King 2007, 182-3).

영국에서 배심원에 의한 무효화 판결의 역사적인 사건은 조지 3세와 정부를 비난하는 출판물을 발행한 급진주의자들에게 유죄평결을 거부한 것이었다. 18세기에서 19세기까지는 절도죄 피고인에게 교수형이 선고되는 것을 피하기 위해 배심원이 장물의 가치를 과소평가하는 경향이 있었다. 최근의 대표적인 사례는 클라이브 폰팅Clive Ponting 사건이다. 영국 국방성 고위관료였던 폰팅은 기밀문서를 하원의원에게 건네주었는데, 이 문서에는 포클랜드 전쟁 중 침몰한 아르헨티나 전함에 관해 정부각료가 의회에서 허위진술한 내용이 담겨 있었다. 폰팅은 자신에게는 공무상비밀법의 준수보다 공공에게 알려야 하는 더 큰 의무가 있다고 주장하였고 배심원은 그에게 무죄평결을 내렸다. 과거 미국에서는 노예제도에 반대한 배심원들이 가혹한 도망노예법 적용을 거부하여 무죄평결을 내렸고, 베트남전쟁 기간에는 징집 기피자들에게 무죄평결을 내렸다. 오늘날에는 경찰의 부주의나 권한남용, 장기간의 법정형, 자살방조혐의, 약물소지, 소형무기의 사용과 관련된 사건에서 배심원에 의한 무효화를 판결하는 경향이 있다(Lloyd-Bostock 2007, 106-107). 스코틀랜드에서 배심원은 피고인이 유죄라는 사실을 알면서도 법이 관용을 베풀 필요가 있다고 생각하는 경우 증명실패 평결을 이용한다. 피고에 대한 처벌이 무의미하다는 이유로 증명실패 평결을 내리기도 한다. 이것은 배심원이 직접적·공개적으로 법에 맞서지 않고 실정법을 초월하여 판단을 내릴 수 있는 우회적 방법이다(Duff 2007, 430).

배심제도는 오늘날에도 정치권력에 의한 법치주의 왜곡, 부자들에 의한 법질서 훼손, 법해석을 빙자한 법관들의 통치에 저항하는 최후의 수단이다. 한국에서 배심원재판이 전면화되면, '배심원에 의한 무효화'는 국회가 부조리한 법을 개정하거나 폐기하지 않은 경우, 법률의 정당성이 의심되지만 헌법재판에서 합헌 판정을 받은 경우, 법 자체는 타당하지만 해당 사건에 적용하는 것이 정당하지 않은 경우 등에서 주권자인 국민이 최종적으로 법을 해석하고 적용하는 방법으로 활용될 수 있다. 국회의 시대착오적이거나 권위적이거나 태만과 직무유기에 의해 부당한 법이 존속되는 경우에, 행정부가 자의적인 법집행을 통해 시민의 권리를 침해하는 경우에, 사법부가 형식논리에 따라 부조리한 법을 기계적으로 적용하거나 사법부 스스로 부당한 법률 행위를 하는 경우에, 배심원에 의한 무효화는 시민들이 직접 국가의 부당한 행위를 교정하는 마지막 보루가 될 것이다. 보통 사람들이 의사결정하는 배심원재판 원리가 토의민주주의 원리의 모태가 되었다.

2. 하버마스의 양면적 토의정치

1) 의사소통행위론

배심원재판을 제외하면 아테네 민주주의의 정신은 오래 전에 잊혀졌으며, 오히려 20세기에는 공적 토의에 부정적인 이론들이 지배적이었다. 특히 슘페터의 엘리트 이론은 시민의 참여보다 정부의 안정성을 중시하였고, 시민의 약점을 정보부족, 열정의 포로, 조작 대상으로 확신하였다. 다운즈Anthony Downs는 시민을 수동적 소비자로 간주하고 정치과정을 공동선 탐색보다 정당간의 권력투쟁으로 간주하였다. 달Robert Dahl의 다원주의 모델은 이익집단간의 경쟁을 민주주의의 근본 조건으로 천명한다.

토의민주주의 이념은 위와 같은 대의정치 이론들이 지배하던 정치체제에 대한 저항에서 싹텄다. 1980년대에 베세트Joseph Bessette가 헌법의 엘리트주의적 (혹은 "귀족주의적") 해석에 비판을 가하면서 토의민주주의 이념이 등장했다(Bohman & Rehg 2002, xii). 그리고 최근 하버마스에 의해 토의민주주의 이념이 전면적으로 부활하였다. 그의 이론의 핵심은 '정치적 선택이 정당화되기 위해서는, 그 선택이 자유롭고 평등하며 합리적인 행위자들이 목적에 대해 토의한 결과여야만 한다'는 것이다. 이후로 현대 토의민주주의 이론가들은 동등한 투표나 엘리트들의 결정보다는 집단적 판단에 시민들이 평등하고 효과적으로 참여해야 한다는 점을 강조하고 있다(Warren 2002, 175-176).

대의민주주의의 한계를 극복하기 위해서는 시민참여 민주주의를 지향하면서 공동체 전체의 이익을 촉진하는 정치제도가 필요하다. 그 제도는 동시에 바아버가 중시했던 전통적 도덕이나 종교, 애국심 같은 맹목적이거나 적대감을 낳을 수 있는 감성적 동기가 아닌 이성적 동기에 의해 추동되어야 한다. 공동체적 감성과 가치는 무비판적으로 수용되어서는 안되며 토의를 통해 정당성을 입증받아야 한다. 전통적 가치와 동기가 개인의 자유를 침해하고 집단주의적 억압을 강제할 수 있기 때문이다. 하버마스는 이러한 요구에 부응하는 이론적 전환점을 제시하였다. 하버마스는 우리에게 묻는다. 객관적 진리는 무엇인가? 정의는 무엇인가? 누가 정치행위의 정당성을 결정해야 하는가? 이러한 질문에 답을 구할 때 우리는 전문가의 의견을 따라야 하는가?

하버마스에 의하면 바람직한 사회질서는 개인들의 투표가 한두 개의 선호로 집약되는 "합리적 선택의 우연한 만남"(하버마스 2000, 535)에 의해서는 이루어질 수 없다. 투표과정에는 논리와 도덕이 상호작용할 계기가 없기 때문에 투표가 만드는 다수란 개인들의 선택을 표로 취합한 것에 불과하다. 대의민주주의는 처음부터 투표를 유일한 의사결정 방법으로 간주하기 때문에 바아버가 비판한 것처럼 바람직한 사회질서를 지향할 수 없다. 사회 질서와 규범은 시민들의 의사소통과 동의를 통해서만 정당하게 구성될 수 있다.

하버마스가 추구하는 이상적인 민주주의는 시민들의 공개적이고 공적인 토론 결과가 시장과 관료제를 통제하는 것이다. 국가 기구, 정당, 이익집단, 압력단체는 시장과 관료제를 적절히 통제할 수 없다. 대의민주주의의 제도들이 아니라 시민들의 잠정적이고 중첩적인 의사소통이 사회를 통제해야 한다. "시민들의 삶에 중요한 영향을 미치는 결정은 시민들의 참여와 결정"(하버마스 2000, 561)을 따르도록 대의민주주의 권력구조에 변화를 주어야 한다.

하버마스의 의사소통행위론은 고대 플라톤과 아리스토텔레스로부터 이어져 온 인식에 관한 생각을 근본적으로 뒤집는다. 플라톤은 사물이나 세상에 대한 근본적 지식인 이데아idea를 깨달은 지혜있는 철학자가 정치를 주도해야 한다고 생각했다. 철학자의 지혜를 최고의 가치로 생각하는 그의 마음 속에 보통 사람들의 정치적 발언권은 처음부터 존재하지 않았다. 이와 달리 아리스토텔레스는 지혜란 다양한 사물과 사회를 관찰하고 비교하여 이끌어 내는 지식이라는 경험론을 체계화하였다. 그는 철학자의 지혜와 시민의 경험적 지식이 결합될 때 더 좋은 지식을 얻을 수 있다고 주장하였다(손병석 2000, 147). 그는 일반 시민들이 갖고 있는 지식의 중요성을 인정한 민주적 관점을 일찍부터 보여 주었다.

하버마스는 이들과 달리 지식을 획득하는 과정은 '객관적으로 존재하는 진리'를 지혜로운 사람이 발견하는 것이 아니라, 하나의 지식을 여러 사람들이 해석하고 논의하는 과정에서 '잠정적으로 진리에 가깝다고 인정받는 것'이라고 주장한다. 그의 주장은 이미 존재하는 이데아를 발견해야 한다는 플라톤과 다르고, 때로 시민들의 실천적 지식의 종합이 철학자의 지식보다 나을 수 있다는 아리스토텔레스와도 다른 것으로써, 전문가의 지혜와 시민의 토의적 지성이 결합될 때 진리에 가까운 결론이 도출된다는 것이다. 또 전문가의 지식을 도외시한 바아버와도 다르다.

이러한 관점은 과학철학에서 '패러다임 전환'이라는 개념으로 오래 전에 주장되었다. 과학철학의 패러다임은 하나의 과학적 주장에 대해 다수 동료 과학자들이 해석한 후 동의할 때 진리에 가까운 지식으로 인정된다는 개념이다. 하버마스는 패러다임 개념을 사회철학에 활용한 것이라고 할 수 있다. 하버마스에 의하면 사회과학적 지식은 판단하는 내(주관세계)가 사물과 세상에 대한 지식(객관세계)을 다른 동료 시민들과의 상호작용을 통해 동의를 구하는 행위(사회세계)의 결과이다. 그 과정에서 각각의 세계에 요구되는 진실성, 진리성, 정당성을 충족시켜야 하며, 상호작용하는 사람들이 토의 내용을 이해할 수 있어야 한다는 이해가능성을 충족시켜야 한다.

따라서 어떠한 철학자나 전문가도 자신의 주장이 진리임을 강변할 수 없다. 법률가, 경제학자, 자본가 혹은 도덕철학자의 주장도 마찬가지다. 진리에 가깝다는 의미의 '진리성'은 시민들이 진리 주장에 대해 해석하고 토의한 후 동의할 때 부여되는 가치다. 모든 주장은 시민들이 논의할 주제의 출발점이거나 하나의 해석 기준을 제공해 줄 뿐이며, 특정 주장에 진리성을 부여하는 주체는 철학자가 아니라 대중이다. 이러한 관점은 아리스토텔레스의 생각보다 진일보한 것인데, 시민 지식의 단순한 총합보다 시민들의 토의 결과를 중시하기 때문이다.

우리는 진리성을 발견하는 과정에서 전문가의 도움을 받을 수 있지만 그들이 인도하는 데로 의심없이 따라가서는 안된다. 우리 삶을 우리가 결정하는 것처럼 우리 사회가 지향해야 할 최종 목적과 방법도 우리 자신이 판단하고 결정해야 한다. 나아가 하버마스는 시민들의 판단이 타당하고 진리에 더 가까운 결과를 얻어 낸다는 점을 철학적으로 설명하고 있다. 민주주의가 시민들의 의사소통을 통해 정치적 의견과 의지를 형성하는 것이라는 하버마스의 설명은, 엘리트 민주주의가 사이비 권위주의 이론임을 폭로한다.

진리란 누가 발견하거나 발명하는 것이 아니라 관련 당사자들이 해석하고 동의하는 것이라는 하버마스의 주장은 자유주의와 자본주의를 비판함과 동시에 전통적 도덕을 공동체의 가치기준으로 제시하는 공동체주의를 넘어선다. 공동체주의에 의하면 모든 공동체는 각각의 도덕이 있다. 그러나 도덕들이 상충되면 어찌해야 하는가? 그럴 경우 사회과학적 진리와 정치적 정의는 어느 도덕을 따라야 하는가? 누가 그것을 결정할 수 있는가? 이런 문제에 직면할 때 하버마스는 철학자가 아닌 일반 시민들을 사회과학과 정치 영역의 진리 판정 주체로 설정한다. 우리가 문제의 당사자이고, 우리의 삶에 대한 논의 과정에서 그 문제 해결 방안이 나올 것이며, 우리가 그것에 대해 가장 잘 알기 때문이다.

2) 양면적 토의정치(two-track deliberative politics)

하버마스에게 있어 민주주의 과정은 시민들이 민주적으로 '의견을 형성'하고 의회가 그것을 실천하는 '의지를 형성'함으로써, 시민과 의회의 의사소통을 가능케 하는 절차와 관련된다. 민주주의 절차는 "모든 관련자들이 합리적 담화(discourse)에 참여하여 동의할 수 있는 규범적 규제와 행동방식만 정당하다"(하버마스 2000, 545)는 조건을 준수해야 하고 제도권력은 시민들의 의사소통권력에 복종해야 한다. 법이 의회에서 합법적으로 법제화되었다는 사실만으로는 정당성을 획득할 수 없다. 모든 법은 국민들이 논의하여 지지를 표시한 경우에만 정당한 것으로 인정된다. 국민의 지지를 얻지 못하는 법은 정당성을 상실한 강제력에 불과하다.

정부의 정책결정이나 헌법재판소의 판결을 곧바로 정당한 것으로 인정해서도 안 된다. 정당성은 시민들의 의사소통과 동의에 의해서만 확보된다. 따라서 민주주의를 제도화하는 핵심 요건은 국회나 법원보다 시민사회의 공론장에 있다. 공론장에서 시민들의 토의로 형성된 공적의견의 대표성은 여론조사나 단순한 투표 결과와 근본적으로 다른 정당성을 갖는다. 특히 정치적 공론장은 사회적 문제에 민감한 센서를 가진 경고체계이고, 정치체계가 가공해야 할 이슈들을 모으고 확대하는 공명판이다. 정치적 공론장은 "문제를 지각하고 확인할 뿐 아니라 설득력 있고 영향력 있게 주제화하고 가능한 해결책을 제공하고, 또 그 문제를 극화시켜 의회에 수용되어 처리되게 만들어야 한다."(하버마스 2000, 557)

현대 세계의 핵심 쟁점들 즉 핵무기 경쟁, 유전자 연구 같은 과학실험이 안고 있는 위험, 환경파괴가 가져오는 위험, 제3세계의 빈곤 악화와 세계경제질서의 문제, 이민 등의 쟁점에 대해서 국가기구, 거대조직, 사회적 기능체계의 대변자들이 먼저 쟁점으로 제기한 것들은 없다. 지식인, 관련 시민들, 급진적 전문가들, 자원 '변호사들' 등에 의해 시작되었다. 이러한 경험적 증거들이 의회를 향한 시민사회의 의사소통적 압력이 필요하다는 사실을 증명한다.

시민사회에서 모든 안건이 자유롭게 논의되어야 하지만, 논의된 안건들은 공적 공간에서 펼쳐진 '인정투쟁' 이후에야 비로소 정치 제도에 수용되고, 의회에서 토의된 후 법안으로 제안되고 구속력 있는 결정으로 가공된다. 시민사회 공론장에서는 타협할 필요가 없다. '타협이나 교섭은 정당이나 의회가 할 일이고, 공론장에서는 찬성과 반대 의견을 거의 합의점이 없는 수준까지 선명하게 밀고 가는 것이 중요하다. 그 후에 정당, 의회, 정부가 시민사회 공론 가운데서 타협하고 교섭하는 것이 바람직하다.'(하버마스 2000, 599)

하버마스에 의하면 토의민주주의가 의사소통 이성을 발현시켜 모든 사람들의 이익을 존중하며 공익을 창출한다. 토의민주주의는 현실에서 부딪치는 이익갈등을 보편적인 도덕의 관점에서 조화시키거나 '해결'하는 정치과정이기 때문이다. 특히 오늘날에 정치체계와 시민사회가 분리되는 대의민주주의의 한계가 구조화되기 때문에 토의민주주의가 절실하게 필요하다.

양면적 토의정치가 시민사회의 공론장에 정치적으로 중요한 의미를 부여하였지만, 제도화된 공론장의 핵심이 여전히 의회에 머물러 있다는 한계를 보인다. 정치적 의지를 결정하는 영역은 시민사회의 공론장이 아니라 의회와 정부이기 때문이다. 양면적 토의정치가 하버마스의 바람처럼 대의민주주의보다 차원 높은 민주주의 실천을 가능하게 하는가? 시민들이 법을 존중하며 자율적으로 의사소통적 이성에 따라 의견형성과 의지형성을 상호교류하는 일은 언제든지 가능한가? 경쟁이 격화되고 경제적 삶이 지배하는 현대사회에서 시민들이 이기적인 욕망을 버리고 의사소통 이성에 따라 민주적으로 행동하려는 동기가 있을까? 적대정치 환경에서는 이러한 토의정치가 발현되기 어렵다.

05
토의민주주의의 특성과 제도화 효과

1. 투표민주주의와 토의민주주의의 차이

오늘날 논의되고 있는 토의민주주의론은 하버마스의 양면적 토의정치 이론과 구별된다. 토의민주주의는 하버마스와 달리 시민들에게 실질적으로 정치권력을 부여하려 한다. 하버마스는 시민사회 토의에 큰 의미를 부여하지만 의회와 정치체계가 최종 결정권을 행사해야 함을 강조했다. 그의 관점은 결과적으로 의회의 이성적 토론과 표결을 강조하는 의회민주주의론과 크게 다르지 않다. 그는 철학적으로 새로운 길을 개척했으나 실천적으로 대의민주주의에서 벗어나지 못했다. 토의민주주의론의 최근 흐름은 하버마스와 달리 의회가 아닌 시민들이 참여하는 토의 포럼에 최종 결정 권한을 위임하도록 요구한다.

토의민주주의의 핵심주장은 '정치적 선택이 정당화되기 위해서는 그 선택이 자유롭고 평등하며 합리적인 행위자들이 토의한 결과여야 한다'는 것이다. 정치적 의사결정의 정당화 방법으로 투표에서 다수를 득표하는 것만으로는 부족하다. 다수득표 결과는 제시된 안건을 수동적으로 수용하거나 자기 이익에만 매몰된 선택일 수 있다. 대신 토의민주주의는 사회전체에 영향을 미치는 결정은 그것에 의해 영향받는 모든 사람들이 참여하고 토의하여 결정할 것을 요구한다. 이론적 차원에서는 법률이든 정책이든 그것에 의해 영향받는 모든 사람들이 함께 모여 토의한 결과만 정당하다고 할 수 있다.

토의민주주의는 개인들의 선호를 단순히 취합하기보다 이성적 토의 후에 자신의 선호를 바꾸는 '선호전환'을 추구한다. 민주주의를 투표에 국한시키는 것은 민주주의 자체를 '선호취합'의 문제로 바라보는 것이다(Cunningham 2002, 164-165). 공공정책에 대한 시민들의 의견이 일치하지 않을 때, 공동선 실현 방법에 대한 의견차이가 있을 때, 공동의 목적 그 자체에 대한 도덕적 판단에서 의견이 불일치할 때도 투표가 아니라 토의가 필요하다(Gutmann and Thompson 1996, 40-41).

토의민주주의 이론이 등장하기 이전에 시민들의 정치참여를 설명하는 몇 가지 관점이 있었다(Norris 2002, 19-29). 첫째, 사회근대화 이론에 의하면 생활수준의 향상, 서비스 부문의 성장, 교육기회의 확대와 같은 사회적 경향들이 정치참여에 영향을 미치며, 이로써 시민정치의 새로운 유형이 등장했다. 교회, 정당, 이익집단과 같은 전통적 위계 조직들에 대한 충성과 지지가 약해진 반면, 직접행동, 신사회운동, 항의집단을 통해 정책결정 과정에 대한 참여 요구가 증대되고 있다. 시민주도적인 참여와 정책지향적 정치참여(시민행동단체, 공동체참여, 직접민주주의 방법 포함)는 증가하고 있으며, 대의민주주의의 제도에 대한 새로운 도전들을 만들고 있다.

둘째, 제도적 설명은 국가별로 투표율이 다른 이유를 국가의 구조 즉 선거법, 정당체계, 헌법 구조 등의 차이로 설명하고 정치제도의 중요성을 강조하며 참여 양식의 변화도 참정권 확대와 선거 관련법 개혁과 같은 요소로 설명한다. 이 이론에 의하면 민주화 수준, 정치적 권리와 시민적 자유의 존재뿐만 아니라, 다수대표제/비례대표제, 정당체계에서 경쟁과 분화의 수준, 이익집단 체계에서 다원주의와 코포라티즘의 수준도 중요한 역할을 한다.

셋째, 조직이론은 전통적 동원 조직인 정당, 노조, 교회, 자발적 결사체 등의 조직과 매스미디어나 사회 네트워크의 역할을 강조한다. 모든 종류의 자발적 결사체, 공동체 조직, 대면기회를 제공하는 사적 조직들이 풍부하고 조밀한 시민 네트워크를 만드는데 공헌하고 공동체 유대와 사회자본을 강화한다. 매스컴의 활용도 주요한 변수인데 TV 뉴스를 시청하고, 신문을 구독하고, 인터넷 서핑을 하고, 캠페인에 관심을 두는 사람은 한층 더 식견있고, 정부를 신뢰하며 좀 더 참여적이다.

넷째, 시민 자발성 모델은 누가 참여하는가를 설명하기 위하여 자원(교육수준과 사회경제적 지위 등)에 있어서의 사회적 불평등과 동기(정치적 이해관계, 정보, 신용)를 강조한다. 동일한 사회적 맥락 속에 있는 사람들이더라도 참여에 있어서는 개인적 편차가 있는데 높은 교육수준, 높은 소득수준, 높은 직업수준에 있는 사람들이 좀 더 참여적이다. 동기도 주요한 역할을 하여 애국심, 의무감과 같은 감정적인 시민의식이나 특정 이익을 향한 욕구도 참여를 이끌어내는 중요한 동기이다.

토의민주주의론은 위와 같은 정치적 행동주의와 전혀 다른 정치적 참여 제도들을 생산한다. 위의 이론들이 자발적으로 참여하는 사회적·제도적·개인적 동기를 설명한다면 토의민주주의는 시민들에게 결과가 변화할 가능성을 보여줌으로써 참여를 독려한다. 토의민주주의는 반드시 토의적 참여를 요구하는데, 이성적 토론을 통해 기존의 편견을 극복하고 합리적 대안을 선택하는 선호전환 효과를 추구하기 때문이다. 그리고 토의 과정에서는 오직 "더 나은 논증의 힘 외에는 어떠한 강제도 없다."(하버마스 2000)

2. 토의민주주의의 다양한 관점들

토의민주주의의 핵심 주장은 논자에 따라 강조점이 다르지만 이념형 수준에서는 법률이든 정책이든 그것에 의해 영향을 받는 모든 사람들이 함께 모여 토의한 결과만 정당하다는 것이다. 즉 '정치적 선택이 정당화되기 위해서는, 그 선택이 자유롭고 평등하며 합리적인 행위자들이 목적에 대해 토의한 결과여야만 한다'는데 대부분의 논자들이 동의한다.

토의민주주의 이론에 철학적 토대를 제공한 하버마스의 토의민주주의론은 실정법의 정당성에 대한 근원적 질문에서 출발한다. 그에 의하면 실정법의 정당성은 언제나 '합리적이라고 추정되는 의견형성과 의지형성의 절차'로부터만 도출될 수 있으며 민주주의 절차도 이로부터 추론된다. "모든 관련자들이 합리적 담화(discourse)의 참여자로서 동의할 수 있는 규범적 규제와 행동방식만 정당성을 주장할 수 있다."(하버마스 2000, 545) 그는 제도권력이 의사소통권력에 복종하고 시민들이 동의하는 한에서만 권력을 행사해야 함을 강조한다.

롤즈는 토의민주주의를 '질서정연한 입헌민주주의(a well-ordered constitutional democracy)'로 간주한다. 롤즈 이론의 독특성은 토의를 인도하는 공적이성(public reason) 개념에 있다. 하버마스가 거의 모든 문제에 대한 자유로운 토의를 주장하는 반면에, 롤즈는 공적이성 개념으로 토의민주주의가 논의할 주제를 제한한다. 공적이성은 시민사회와 대학이나 교회 그리고 많은 단체의 비공적 이성을 배제한다. 공적이성은 모든 정치적 문제에 적용되지 않고 "헌법의 본질적 요건들"과 "기본적 정의의 문제들"에만 국한된다(Rawls 1993, 265). 그리고 '공식적인 회의, 의회의 연단에서 발표할 때 의회 의원들, 공무와 공적 결정을 내릴 때의 행정 집행자'에 적용된다. 특히 '사법심사제가 있는 입헌민주주의의 대법원'에 가장 잘 적용된다. 법원은 재판관들이 헌법이나 법률과 판례에 대한 자신들의 이해에 근거하여 판결하고 정당화할 필요가 있기 때문에 공적이성의 표본이 된다(Rawls 1993, 267). 롤즈의 토의민주주의는 미연방대법원 판사들의 심사숙고에 제한된다는 비판을 면하기 어려웠다.

코헨은 하버마스와 롤즈의 장점을 함께 취한다. 코헨은 토의의 제도화를 강조하여 의회 밖의 토의를 강조하는 하버마스를 보완한다. 다른 한편 토의의 영역을 사법부의 역할에 국한한 롤즈를 넘어 다른 국가기구와 다양한 결사체로 확장한다. 그는 토의민주주의를 구성원들이 결사체 문제를 공적 토론을 통해 통제하는(governed) 것으로 간주하고, 특히 정당의 역할을 강조하였다(Cohen 2002, 67).

벤하비브Seyla Benhabib는 토의 과정 그 자체를 강조한다. 즉, 논거를 제시하고 공적인 토론장에서 말하는 과정 그 자체가 '무엇이 다른 사람들에게 좋은 근거로 간주되는지 생각하게 한다.' 그리고 개인의 일관된 선호는 토의를 하기 전에 형성될 수 없고 토의를 통해서만 구성될 수 있다. '다른 사람과 의견을 교환하고 토의하는 과정 속에서만 갈등을 잘 인식하고 일관된 선호가 중요하다는 생각을 하게 된다.'(Benhabib 1996, 71-72)

굳만과 톰슨Amy Gutmann & Dennis Thompson에게 있어 토의민주주의의 목적은 시민과 정치인들에게 '도덕적 불일치와 함께 사는 것'을 허용하는 것이다(Cunningham 2002, 164-165). 토의민주주의론에 비판적인 프레이저Nancy Fraser와 영Iris Young은 부자, 남성, 지배적 문화를 대변하는 사람들이 과잉대표되는 입법 포럼의 토의를 비판한다. 이들은 공동선을 찾는 장으로써의 공론장이 약자들의 경험 표현을 억제하고 배제한다는 점에 강력한 문제제기를 한다(Cunningham 2002, 182).

토의민주주의에 대한 관점이 위와 같이 다양하지만 대부분의 이론가들은 입법부, 사법부, 대중매체, 작업장, 삶의 공간, 직능단체, 노동조합, 문화제도, 사회운동 등이 모두 토론장이라는 점에서 의견을 같이 한다(Cunningham 2002, 168). 또한 토의민주주의 정치적 이념으로 아래의 사항을 공유한다(Freeman 2000, 382).

토의민주주의는

ㄱ. 공동선을 조성하는 방법을 찾는다.

ㄴ. 이 과정에서 정보를 바탕으로 진지하게 판단한다.

ㄷ. 이를 위해 집단적으로 토의하고 투표한다.

ㄹ. 정치행위자들은 서로를 자유롭고 평등한 참여자인 민주적 시민으로 간주한다.

ㅁ. 헌법적 권리와 다양한 사회적 제도들이 공적 삶에 시민이 참여하는 것을 가능케 한다.

ㅂ. 시민들은 스스로 자신의 선(the good)을 결정하므로 개인적으로 자유롭다. 이러한 선 개념들은 정치적 목적과 무관하게 명시적으로 정당한 것으로 간주된다.

ㅅ. 자유로운 시민들은 선에 대해 다양한 생각을 갖고 있으며, 그것들은 헌법에 의해 기본권으로 보호된다.

ㅇ. 이 다양성 때문에 시민들은 공적인 정치 토의에서 공적 이성만을 활용할 것과, 특정한 도덕적, 종교적, 철학적 관점에 기초한 특수한 이성이나 공적 이성과 양립 불가능한 이성에 근거한 논증을 하지 말아야 한다는 것을 의무로 승

인한다.

ㅈ. 시민의 이성은 공동 이익과 관련되고 그것을 증진시킬 때 공적으로 된다.

ㅊ. 시민의 공동 이익 가운데 최우선적인 것은 자유, 독립 그리고 평등한 시민적 신분이다.

위와 같은 토의민주주의의 이념이 구체적으로 정치과정에 적용될 때, 그것은 '자유로운 정치적 토론, 입법과정에서 공개된 토의, 공동선의 추구'(Freeman 2000, 373)로 요약될 수 있다.[1]

그리고 토의민주주의를 '토의적 동의'에 국한해서는 안 된다. 정치는 상대를 테이블에 앉히고 얘기를 듣도록 하는 것이 전체 과정의 3/4을 차지하므로 이를 위해 파업, 시위, 상징적 위해, 시민불복종을 한다. 따라서 처음부터 '토의적 동의'를 주장하면, 대부분의 정치적 이슈들이 처음부터 배제된다. 또 토의민주주의는 동의를 얻기 어려운 상황에서도 토의가 진전을 만들어낼 수 있음을 보여주기 때문이다(Warren 2002, 182-183).

3. 시민의 결정이 전문가 판단보다 우월한 근거[2]

토의가 '민주적 정당성'과 '토의적 정당성'을 담보할 경우에만 의사결정에 가장 적합한 형태가 될 것이다. 민주적 정당성이란 토의 절차가 민주주의 원리에 부합해야 함을, 토의적 정당성은 토의 결과를 평가하는

1 ㅇ. 항은 롤즈의 주장에 경도된 무리한 요건이어서 동의하기 어렵지만 그것을 제외한다면 대부분의 항목에 대부분의 학자들이 동의할 수 있다.

2 강대현·오현철(2013)의 일부를 수정하였다.

기준이 인식론적 차원에서 정당해야 함을 주장한다. 인식론적 정당성이란 토의 결과가 '올바른지' 증명할 것을 요구한다. 전문가의 토의 결과를 일반 시민의 토의 결과보다 중시하는 관점들은 인식론적으로 '올바름 이론(correctness theory)'에 가깝다. 올바름 이론은 전문가들이 제시하는 '옳은 지식'이 정당한 결과를 만들며, '옳은 지식'이 없는 시민들의 의견에 인식론적 정당성을 부여할 수 없다고 주장한다.

에스트런트Estlund(2002)는 이러한 '옳음' 이론이 플라톤의 이데아나 루소의 일반의지처럼 인식론적 가치에 과도하게 의존한다고 비판한다. 첫째, 우리에게는 특정 관점의 올바름을 판단할 수 있는 인식론적 기준이 없다. 플라톤이 내세우는 궁극적인 지혜를 갖춘 철학자이며 정치가인 철인왕을 알아볼 방법이 없다. 철인왕이 존재해도 그가 제시하는 절대적 지식인 이데아가 옳은지 판단할 기준이 없다. 판단 기준이 없으므로 현실에서는 철인왕이나 이데아에 대한 '믿음'이 진리를 대신할 위험이 있다.

둘째, 루소의 일반의지는 플라톤과 반대로 '철학자 한 명의 의견보다 모든 시민들이 동의하는 의견이나 판단이 올바르다'는 점을 주장한다. 플라톤은 보통 사람들의 판단을 신뢰하지 않았기 때문에, 철인왕의 이데아와 루소의 일반의지는 정반대의 인식론적 기원을 갖는다. 플라톤이 지식의 엘리트주의 편에 있다면 루소는 지식의 인민주의 편에 있다. 플라톤과 루소의 상반된 옳음의 기준 가운데 타당한 것을 판단할 객관적 기준이 없다.

셋째, 올바른 관점은 '하나'뿐이라는 주장도 비현실적이다. 현대 사회에서 사회문제에 대해 단 하나의 옳음만이 있다는 플라톤이나 루소의 주장은 경험적으로 인정받기 어렵다. 사회적·정치적 문제와 관련하여 우리가 접할 수 있는 전문성은 아무리 적게 잡아도 그 문제와 관련된 이익집단 수보다 많다. 이익집단들은 자신들의 관점에서 '올바른' 지식을 제시하고, 관료와 시민단체들도 자신들의 전문성을 반영한 관점을 주장한다. 다양한 전문성 중에서 올바른 의견을 판별하는 기준이 없기 때문에, 전문가들은 토론에서 각자의 의견을 끝까지 주장하고 합의는 이루어지지 않는다. 그러면 최종 판단은 표를 쫓는 정치인들의 몫이 되고 시민사회의 토론은 의미 없는 것이 된다.

올바름 이론의 한계를 극복하는 방법은 전문가들의 전문성과 시민의 일상성을 결합하여 정치적 판단의 도덕적·인식론적 타당성을 높이는 토의에 있다. 토의민주주의에서 토의의 장점을 구체적으로 살펴보면 다음과 같다. 첫째, 완전하게 타당한 결론이 존재하는 문제는 정치적 이슈가 되지 않는다. 제시된 해결방안의 타당성이 의심스러운 경우에 정치적 이슈가 된다. 정치적 문제는 규범적이고 표현적인 문제들이 뒤섞여 있기 때문에 과학과 달리 사실과 지식에 기반한 권위가 쉽게 획득되지 않는다. 그러므로 정치영역에서는 전문가가 권위를 가질 수 없고 전문가에게만 의지해서는 인식론적 타당성을 획득할 수 없다(Warren 2002, 193).

둘째, 토의는 정보의 집적을 돕는다. 고립된 개인의 관점으로는 복잡한 사회적 문제를 포괄하기 어렵지만, 다양한 사람들이 참여한 토의 포럼은 확장된 정보풀(pool)을 제공해주어 판단에 유리하다. 토의에 자료를 제공하는 전문가들의 지식도 정보풀을 확장하여 시민들의 판단을 돕는다. 따라서 토의민주주의는 전문가를 배제하려던 바아버와 달리 전문가와 시민의 지식을 적극 활용하는 토의 포럼을 중시한다.

셋째, 전문가들의 특수한 지식(special knowledge)보다 보통사람들의 일상적 지식(lay knowledge)이 의사결정에 더 적합할 수 있다. 전문가들의 지식은 협소한 시야에 매몰되는 경향이 있어 사물과 현상의 총체적 측면을 바라보기 어렵다. 전문가들의 터널 시야를 확장하는 방법은 일반 시민이 자신들의 경험 지식을 활용하여 전문가들의 의견 중에서 타당한 것을 선택하는 것이다. 아리스토텔레스를 따라 복수의 전문성 중에서 시민들이 검토하고 토의하여 합당한 것을 지지하는 것이다. 아리스토텔레스는 '구두가 내 발의 어느 부분을 찌르는지 제일 잘 아는 사람은 구두장이가 아니라 바로 나'라는 비유를 들어 설명하였다. 구두장이들이 전문성을 발휘하여 신발을 만들지만 많은 신발 중에서 나에게 맞는 것을 가장 정확하게 알 수 있는 사람은 바로 나 자신이다.

넷째, 전문가들은 직업적 이해관계 때문에 도덕성을 결여할 수 있다. 관료나 이익집단 전문가들이 자신의 전문성을 공공선 증진에 사용한다는 보장은 없다. 오히려 사적 이익을 관철시키기 위해 지식과 정보를 활용할 수 있다. 정치인이나 관료들에게 공적 의사결정에 요구되는 도덕성을 갖추도록 요구하는 것은 효과가 없으므로 이들이 부도덕하거나 비도덕적인 결정을 할 수 없도록 공개 토의를 통해 도덕성을 제도적으로 확보해야 한다. 적절하게 공개된 포럼에서라면 전문가도 시민도 사익보다 공익을 우선시하고 비도덕적인 욕구를 배제한 채 의사결정하기 때문이다.

다섯째, 전문가 개인의 문제가 있을 수 있다. 전문가는 자신의 영향력을 유지하고 확장하려 한다. 권력을 행사하는 전문가는 자신들의 권력유지를 위해 자신의 전문성을 특권화한다. 한글창제와 반포를 거부한 조선의 관료정치 집단은 백성들을 위해 한글을 전파하기보다 한글의 공문서 사용을 거부함으로써 한자 독해능력이 뛰어난 자신들의 특권적 지위와 권력을 고수하였다. 전문가들은 스스로의 전문성을 과대평가하기도 한다. 자신들의 지식은 과장하고 일반인들의 지혜는 무시하는 경향이 있다. 그들은 전문성이란 정책결정 과정의 모든 것이 아니라 출발점에 불과하다는 사실을 인정하지 않는다.

마지막으로 전문가 집단은 고유한 편향성을 가질 수 있다. 같은 분야의 전문가들이 함께 모여 행동할 때 한 방향으로만 사고하는 경향이 있다. 이를 집단사고(group-think)라고 하는데 집합지성(collective wisdom)에 반대되는 개념이다. 다양한 의견을 가진 사람들이 함께 논의하면 의견풀(pool)이 확장되어 집합지성이 만들어지고 이성적인 결론이 도출된다. 반대로 유사한 사고방식을 가진 집단은 사유의 다양성을 잃고 편향적으로 생각하는 집단사고를 낳는다. 1963년 쿠바 핵미사일 위기 시에 백악관 회의에 참석한 미군 장성들은 집단사고에 빠져 모두 전쟁불사를 외쳤다. 케네디 대통령은 소련을 설득하는 것보다 더 큰 노력을 쏟은 후에야 이들의 마음을 돌릴 수 있었다.

4. 제도화 조건과 효과

1) 토의민주주의 제도화 조건

토의민주주의의 목표는 관점에 따라 두 갈래로 나뉜다. 첫째는 시민사회와 의회의 토의 그 자체를 목적으로 생각하는 관점이다. 두 번째는 시민들의 토의를 의사결정 방법으로 활용하여 정치적 문제에서 투표나 개인의 선택이 아니라 가능한 모든 사람의 '토론에 의한 결정'을 요구한다. 이 관점은 정당성 판단 기준을 대의민주주의가 추구하는 '이익균형이 아니라 그것에 영향을 받는 모든 사람들의 자유롭고 공개된 토의에서 확립되는 합리적 수용가능성에서 구한다.'(Greiff 2000, 401-402)

토의적 의사결정이 제도화되기 위해서는 몇 가지 요건이 사전에 충족되어야 한다. '대중적 참여의 폭이 광범위하고, 참여 과정에서 적절한 정보를 제공받고, 참여 방식이 토의적'이어야 한다(Weeks 2000, 360-363). 구체적으로 살펴보면 다음과 같다. 첫째, 시민이 폭넓게 참여해야 한다. 공청회, 자문회의, 위원회, 테스크 포스 등 전통적인 포럼에는 이해관계자들이 주로 참여한다. 이와 달리 토의민주주의는 다수 시민의 광범위한 참여와 일반 대중을 대신할 수 있는 집단(성, 인종, 지역, 계급, 연령 등)의 대표성 있는 사람들의 참여를 요구한다. 폭이 넓지만 대표성없는 시민들이 참여한다면 공동체 구성원들의 선호를 엄밀하게 반영하지 못한다. 반대로 대표성은 있지만 참여의 폭이 좁다면 확장된 시민참여라는 목적을 달성하지 못한다.

둘째, 정보에 근거한 공적 판단(public judgement)이 필요하다. 여론은 일반적으로 빈약하고, 피상적이며, 지속적이지 못한 정보에 의존하기 때문에 신뢰할만한 정책판단 근거를 제공하지 못한다. 토의민주주의는 여론과 달리 정보에 근거한 일관되고 안정적인 공적 판단을 가능케 한다. 토의민주주의 포럼은 시민들이 문제 구성 요소들의 상관관계, 대안정책, 문제와 대안의 연관 결과를 이해하고 판단하도록 돕기 때문이다.

셋째, 충분한 토의 기회를 제공해야 한다. 토의 과정은 창조적 지성과 규범적 평가가 수반되는 구성적 활동이어야 한다. 시민들에게 이슈에 대한 선택지를 제시하고, 문제의 특성과 결과에 대한 정보를 제공하며, 합리적 토론을 촉진하고, 성찰적 판단을 이끌어 내야 한다.

위의 요건들은 지방 도시 예산문제 같은 작은 행정 문제부터 해외파병 같은 중앙정부의 정치적 결정에 이르기까지, 토의를 필요로 하는 모든 사안에 적용된다. 토의 결과 합의에 이르지 못할 경우에는 다수결 투표가 이루어진다. 이 투표 결과는 사적 선호를 취합하는 대의민주주의 투표와 달리 토의 결과가 만든 집단적 판단의 결과이다. 장기적 관점에서 토의

민주주의 제도가 안정적으로 발전하려면 더 근본적인 요인들 즉 시민사회의 발전, 공론장 활성화, 시민들간의 합리적 연대 등이 필요하다. 이러한 요건들은 토의민주주의가 실천되는 곳에서 더 빠르고 강하게 정착될 것이다.

2) 토의민주주의 제도의 효과

토의민주주의는 대의민주주의가 이룰 수 없는 다양한 효과를 달성할 수 있다. 아래에서 구체적으로 정치적, 윤리적 기능을 살펴본다.[3]

(1) 정치적 효과

토의민주주의는 다음과 같은 긍정적인 효과를 만들 수 있다. 첫째, 개인들에게 의사소통적 영향을 미친다. 토의민주주의는 토의 과정에서 개인들이 서로간의 선호, 의견, 이해, 윤리적 태도, 타인의 입장에 대한 정보와 평가에 영향을 미친다. 토의 과정에서 이러한 효과들이 발생하며 민주주의 발전에 좋은 영향을 미친다.

둘째, 탈전통적 정당성 창출에 기여한다. 대의민주주의는 국가가 주로 시장의 요청에 민감하게 반응하기 때문에 정당성을 잃어가고 있다. 이에 대응하여 민족주의, 지역주의, 애국심, 종교적 계율, 윤리적·인종적 가치에 기대는 공동체주의 혹은 극단주의가 등장하였다. 그러나 감성에 호소하는 정치적 흐름은 정치체계가 정당성을 회복하는 적합한 방식이 아니므로, 토의민주주의로 이성적·토의적 정당성을 확보하는 것이 바람직하다.

---

3 오현철(2004)의 일부를 수정하였다.

셋째, 정체성 정치와 도덕적 갈등 해소에 도움이 된다. 모든 사회에는 다양한 도덕적 문제들—분배 정책, 사회정의 문제들, 동성결혼 합법화, 성적 선호에 대한 공적인 인정, 낙태, 공교육에서 종교의 역할, 환경윤리, 사형제도, 인권외교 정책 등—이 내재해 있다. 자유주의와 공화주의는 이러한 논쟁적 문제들을 해결하는데 실패하였다. 투표나 협상을 강조하는 자유주의는 도덕적 갈등을 표 대결이나 거래로 치환하여 문제 해결에 무능하고, 투표 패배자들이 다수결정에 복종해야 하는 이유를 설명하지도 못한다. 공동체주의나 공화주의 이론이 기반하는 전통적 도덕이나 시민적 덕성은 다원화된 가치가 공존하는 현대 사회의 윤리적 갈등을 해소하는데 실패했다. 사회에서 근본적인 도덕적 충돌이 빚어질 때 윤리적으로 강제할 수 있는 유일한 수단은 자유주의의 투표나 공동체주의의 전통윤리가 아니라 민주적 토의뿐이다.

넷째, 통치 가능성을 높인다. 토의민주주의는 시민들의 선호를 변화시키고, 토의 결과에 정당성을 부여하고, 상이한 도덕적 정체성을 가진 사람들이 서로를 존중하게 함으로써 갈등을 해결하는 능력을 높인다. 토의 이후에도 사람들이 자신들의 도덕적 신념을 쉽게 바꾸지 않지만 그럼에도 토의는 유용한 효과를 낳는다. 토의 결과가 다른 사람의 도덕적 입장을 이해하도록 이끌 수 있고, 상대방에 대한 인정과 존중을 낳을 수 있기 때문이다. 토의를 한 후에는 참여자들이 상이한 도덕적 관점을 견지하면서 동일한 정책을 지지하기도 한다. 토의민주주의가 유도하는 이러한 변화가 사회의 통치 가능성을 높이고, 고양된 통치 가능성은 민주주의를 강화한다.

다섯째, 의사결정 절차를 민주화한다. 토의민주주의의 절차는 자유주의의 절차와 다르다. 자유주의는 논의되는 주제를 제한한다. 신자유주의는 시장의 힘을 절대화하고 민주주의의 권능과 결정권을 제한하였고, 반대로 공동체주의는 전통과 도덕에 우선권을 부여한다. 이와 달리 토의민주주의는 토의 이전에 합당한 것과 합당하지 않은 것을 결정해 버리는 전前정치적 결정과 수단을 인정하지 않는다. 법의 형식적 합법성, 소유권, 시장 질서, 공동체의 도덕 중 어느 것도 토의 이전에 선험적으로 정당성을 인정받을 수 없다. 토의민주주의는 논의하는 주제를 제한하지 않는 대신, 토의과정에서 정치권력과 화폐의 역할을 제한하여 토의 절차를 민주화한다.

(2) 윤리적 효과

공동체주의나 공화주의는 시민들이 정치활동에 임하기 전에 먼저 시민의 덕성을 갖출 것을 요구한다. 올바른 시민성에 기초한 참여가 좋은 정치를 유도한다는 이유에서다. 이와 달리 토의민주주의는 정치적 토론에 임하는 조건을 요구하지 않는다. 분화된 현대 사회에서 전체 사회를 도덕적으로 통합하는 것은 불가능하기 때문이다. 도덕적 통합을 권고하는 사회는 개인들이 신념, 개성, 취향에 따라 사회를 다양화하고 분화하는 것을 억압한다. 때로 도덕적 통합이 가능하더라도 그렇게 통합된 사회는 본질적으로 억압적이며 도덕적 불일치를 사회질서에 대한 위협으로 간주하여 배척한다. 시민의 도덕적 덕성을 하나의 세계관으로 환원해서는 안되므로 시민덕성을 정치참여의 전제조건으로 삼을 수 없다.

토의민주주의는 도덕적 일치나 통합을 요구하는 공동체주의와 달리 도덕적 충돌을 수용하고 그 충돌이 공론장에서 논의되도록 허용한다. 도덕성 그 자체는 인권이나 재산 등 삶의 영위에 필수적인 가치들을 보호하지 못한다. 특정 사안을 정치적으로 정당화하는 것은 도덕적으로 정당화하는 것과 다른 차원을 갖기 때문에, 토의민주주의는 두 차원이 서로 다름을 인정하고 정치적 토의에서 도덕성을 분리하여 대응한다.

토의민주주의에 의하면 시민도덕이나 시민성은 시민이 토의에 참여하여 다른 사람과 대등한 시민으로 토의하는 과정과 결과에 의해 획득된다. 토의 이후에 획득하는 덕성을 토의 이전에 갖추도록 요구하는 공동체주의는 불가능한 것을 전제하는 것이다. 따라서 공동체주의처럼 시민성이나 도덕성을 이미 주어진 가치인 것으로 전제하고 그를 기준으로 시민의 정치적 활동을 제약할 것이 아니라, 공동체에 내재된 도덕성이라고 주장되는 가치도 토의에 회부하여 그 정당성을 확인해야 한다.

06

토의민주주의 이론에 대한 비판과 반론

토의민주주의를 비판하는 논거들이 다양하지만 이 장에서는 주요한 이론적 비판인 '집단극단화(group polarization)'와 '차이의 정치'에 대해 분석한다. 이 비판은 토의민주주의가 집단극단화를 조장하고 차이를 억압할 것이라고 주장한다. 집단극단화는 토론 전보다 토론 후에 토론집단 구성원들의 의견이 더 극단적으로 움직이는 경향을 의미한다. 집단극단화 사례는 배심원단, 정당, 의회, 인종집단, 극단주의 단체, 테러리스트, 범죄집단, 학생 결사체, 교수회, 작업장 등에서 다양하게 관찰된다. 썬스타인Sunstein의 연구에 의하면 집단극단화는 통계적 일관성을 보인다(Sunstein 2003). 집단극단화가 토의 포럼에서 일반적으로 관찰되는 현상이라면 토의민주주의의 정당성은 근본적으로 위협받는다. 다른 한편 차이의 정치는 토의가 감성에 대해 이성을, 여성에 대해 남성을 우대하는 방식으로 차이를 억압하고 토론을 획일화할 것이라는 비판이다. 두 비판을 검토한 후에 토의민주주의가 '다수 독재'를 정당화할 것이라는 또 다른 비판을 반박한다.

1. 집단극단화

집단극단화 경향은 오랜 시간을 고립된 지역에서 살며 비슷한 심성을 갖게 된 사람들의 '고립된 토의(enclave deliberation)'에서 두드러지게 나타난다. 고립된 토의는 사회적 안정성을 잠재적으로 위협하고 사회적 분절화와 폭력을 야기하기도 하지만, 다른 한편으로는 사회적 불의와 불합리성에 대한 예방수단이 되기도 한다. 고립된 토의를 변호하는 주장에 의하면 이질적인 사람들로 구성된 토의 포럼에서 여성, 아프리카계 미국인, 저학력층 등 신분이 낮거나 처지가 좋지 않은 사람들의 관점은 주목받지 못한다. 이러한 경우에 사람들이 소외계층의 의견에 귀기울이도록 강제하는 거의 유일한 방법은 고립된 토의이다. 때로 고립된 토의가 없다면 사람들이 반대의 목소리를 들을 수 없기 때문에 사회가 더 극단으로 움직일 수 있다. 고립된 토의는 부당하게 억압당한 관점들을 발전시키는 동시에 부당한 극단주의를 발달시키는 이중의 온상 역할을 하는 것이다.

1) 집단극단화 요인

집단극단화는 전 세계의 다양한 실험에서 공통적으로 발견되며 토의집단 내에서 가장 강고한 패턴을 보인다. 집단 전체의 결정이 집단 내 평균적인 개인이 갖고 있는 의견보다 더 극단적인 경우가 많다. 온건한 페미니스트 여성들은 토론 후에 좀 더 강한 페미니스트가 된다. 프랑스 시민들은 토론 후에 미국의 경제원조에 더 비판적인 태도를 보인다. 아프리카계 미국인들의 열악한 처지에 백인 인종주의가 책임이 있는지 묻는 질문에서, 토론을 마친 백인들은 인종적 편견이 있는 항목을 적게 선택한다.

집단극단화 원인을 설명하는 가설은 둘로 나눌 수 있다. 첫째, 사회적 비교 가설이다. 사람들은 다른 사람들이 자신을 호의적으로 인식하기를 바란다. 토론에 참여한 사람은 다른 사람들의 생각과 믿음을 들은 후, 그룹 내에서 지배적인 의견에 맞추어 자신의 생각을 수정한다. 그 결과 집단과 구성원들의 의견이 극단으로 이동한다. 둘째, 설득력 있는 논증 가설이다. 개인은 집단 내에서 설득력 있어 보이는 논증을 따라간다. 어느 경우이든 집단극단화를 이해하는 열쇠는 제한된 논쟁 풀이다.

집단극단화는 민주주의에 다양한 경로로 영향을 미친다. 첫째, 집단 내 구성원들이 정체성을 공유할 때 개인의 의견은 극단적 방향으로 움직이게 된다. 정체성이나 연대감과 같은 정서적 요소는 집단극단화에 중요한 역할을 한다. 토론집단 구성원들이 정서적으로 긴밀히 연계되어 있다면 그 집단에서 수용되는 의견에 반대하기 어렵다. 공동운명이라는 느낌이나 집단간 유사성도 집단극단화를 고조시킨다. 라이벌 "외부집단(outgroup)"이 출현할 때도 집단극단화가 작동한다. 또 상당한 수준의 연대감을 갖는 집단의 구성원이라고 스스로 생각하는 것도 중요하다. '우리가 남이가!'라는 말에 동조한다면 스스로를 그 집단의 구성원으로 간주하는 것이다. 이 같은 경우에 집단극단화는 좀 더 고조되며 극단적으로 흐르기 쉽다. 토의에 참여하고 있는 집단이 구성원의 멤버십을 강조할 때 집단극단화가 고조된다.

둘째, 특정 집단이 주기적으로 토론을 반복할 때 극단화가 더욱 진행되는 '극단화 게임(polarization games)'현상을 보인다. 유전자 조작 식품, 최저임금, WTO에 관해 주기적으로 만나서 토론하는 집단에서 토의 결과가 점점 더 극단적인 방향으로 흐르는 현상이 목격되었다. "가혹한 변경(severity shift)"과 수사적 비대칭(rhetorical asymmetry) 현상에서도 집단극단화가 관찰된다. 배심원들에 의한 징벌적 배상 판정은 현금배상에 있어 놀라운 패턴을 유지한다. 일반적으로 배심원 토의로 결정되는 배상금 액수는 중도적 투표자가 제시하는 금액보다 높아지는데 이것을 '가혹한 변경'이라고 부른다. 가혹한 변경은 고액 배상금을 선호하는 사람들이 주도하는 수사적 비대칭 결과이다. 미국 문화에서는 고액 배상금을 요구하는 사람의 말이 더 설득력있는 것처럼 보인다. "우리는 이러한 행위를 저지할 필요가 있다", "우리는 강력한 신호를 보낼 필요가 있다", "우리는 그들이 주목하게 할 필요가 있다"는 말들이 상대적으로 더 큰 무게감을 갖는다. 수사적 비대칭은 민주주의 제도에도 영향을 미칠 수 있다. 의회에서 마약 범죄자들의 강력한 처벌을 요구하는 측이 온건한 처벌을 주장하는 측보다 수사적으로 유리한 입장에 있다. 또 낮은 세금을 선호하는 입장, 장학금 수혜자들에게 더 많은 지원을 주장하는 입장, 환경보호에 많은 기금을 주자는 입장이 수사적으로 유리한 입장에 있다 (Sunstein 2003, 86-87).

2) 집단극단화 행위자

집단극단화를 주도하는 주요 행위자는 종교집단, 앙트레프레너entrepreneurs와 같은 외부집단이고, 이들이 활용하는 주요 매체는 매스컴과 인터넷이다. 구성원들의 종교적 신념을 강화하려는 종교집단 구성원들의 정치 행위는 폭포 효과와 집단극단화에 의해 영향받는다. 마틴 루터 킹 목사의 암살, 시민권 논란 같은 설문조사는 사람들의 긍정적·부정적 태도를 고조시켜 각 인종 집단의 의견을 집단극단화하는 경향을 보인다. 동유럽에서 공산주의에 대항하던 사람들, 남아프리카공화국에서 아파르트헤이트에 저항하던 사람들, 테러 지도자들은 모두 정치적 행동가들이다. 이들처럼 사회적 개혁을 추구하는 사람들은 시민들 속에서 토론을 주도하는데 이 때의 토론은 신념과 관심을 강화하는 경향이 있다. 이와 같은 사회 개혁가들은 일종의 창조적 파괴자인 앙트레프레너이다(Sunstein 2003, 88).

격리된 외부집단(outgroups)에서 집단극단화가 특별히 강하게 나타난다. 집단 구성원들이 서로를 동일시하고 다른 집단과 비교되는 자신들만의 특성을 규정할 수 있을 때 극단화 경향이 고조된다. 외부집단이 다른 집단과의 토론에서 자의든 타의든 배제됨으로써 극단적으로 집단화되기도 한다. 증오 연설과 집단 내 토론도 집단의식을 고양시킨다. 한국에서는 외부집단이 집단극단화된 사례로 '일베'를 들 수 있다. 일베 구성원들은 내부 의사소통을 지속하고 있으며 스스로 정체성과 존재의미를 규정하고 다른 집단과 구별하고자 한다. 그들의 패륜적 언어와 행위는 격리된 외부집단이 극단화되는 경우를 극명하게 보여준다.

물론 외부집단의 장점도 있다. 이전까지 억압되었던 문제들을 폭로하고 개인적인 문제로 여겨졌던 것들을 사회적 산물로 인식하게 해준다(Sunstein 2003, 89). 또한 집단간 원한이 있는 경우, 인종적 · 국제적 항쟁, 전쟁의 경우에도 집단극단화는 언제나 작동한다. 미국에서 백인과 아프리카계 미국인들간의 날카로운 간극, 이스라엘과 팔레스타인의 집단극단화, 반테러법을 둘러싼 미국 내의 집단극단화 등이 예이다.

이 과정에서 매스컴은 집단극단화를 부추기는 기폭제가 되기도 한다. 매스컴과 인터넷에서 큰 목소리를 가진 사람들의 주장만 반복되고 이들 주장과 다른 관점은 노출되기 어려운 의견의 분열 현상이 나타난다. 사람들이 포괄적인 주제를 다루는 언론을 외면하고 자신의 취향을 반영하는 매체에 접근하는 경향이 있는데, 인터넷은 자신이 선호하지 않는 이슈와 주장을 피하는 필터링 기능을 제공하여 이러한 경향을 촉진한다.

과거에도 백인 신문과 흑인 신문간의 간극을 따라 “공론장의 인종적 계층화(racial stratification)”가 존재했지만, 인터넷은 이러한 현상을 더욱 조장한다(Sunstein 2003, 89).

집단극단화는 분열적 의사소통 시장(Sunstein 2001)이 심각한 사회적 문제를 일으킬 수 있음을 보여준다. 한국도 보수언론이 장악한 의사소통 시장과 진보적 언론이 차지하는 의사소통 시장이 분열되어 있으며 각각의 독자들이 그 시장 내에서 집단적 정체성을 공유하고 있다. 이들의 집단성은 각 언론 기사에 올라오는 독자들의 댓글에서 확인할 수 있다. 그리고 인터넷에서 집단 정체성을 공유한 사람들이 자기들끼리 논의를 계속하면 그들의 관점은 더 극단화된다. ‘일간베스트’가 스스로 집단 정체성을 공유하는 과정에서 인터넷 공론장이 결정적인 매개체가 되었다.

3) 이질성의 수용

극단화나 이질성이 언제나 나쁜 것은 아니다. 이질적인 집단의 토의가 그 자체로 해로운 것도 아니다. 노예폐지 운동은 극단화될수록 좋다. 징벌적 배상제도에 있어서 혹독한 판결이 좋은 결과를 낳을 수도 있다. 극단화 자체를 불명예로 치부해서는 안되며, 극단적 주장의 내용이 무엇인지에 따라 판단해야 한다. 사회적으로 억압되었지만 타당하고 옳은 관점들이 등장하도록 극단화가 일어나는 장소를 보장해 줄 필요가 있다(Sunstein 2003, 93).

그러므로 극단화의 폐해를 방지하기 위해 고립된 토의와 억압된 목소리에 귀기울여야 한다. 고립된 집단의 토의는 사회에 중요한 의미를 줄 수 있다. 고립된 토의는 사회에서 침묵하거나 억압되던 입장과 생각을 발전시키는 장점이 있어서 사회적으로 바람직한 많은 운동들이 이러한 과정을 통해 발전했다. 공론장이 다양성을 유지하기 위해서는 그 속에 적절한 이질성을 포함시켜 고립된 관점과 포괄적 관점을 동시에 포함하는 토론포럼을 구성해야 한다. 이질적인 집단은 그 관점을 접하면서 사람들이 더 많은 논증을 활용하기 때문에 좋은 판단에 유용한 관점을 제공할 수 있다. 사람들이 합당한 경쟁자의 비판적인 평가를 활용할 수 없을 정도로 하나의 관점만 허용되어서는 안되며, 사회전체가 집단극단화되는 것을 방지하기 위해서도 적절한 이질성이 필수적이다(Sunstein 2003, 96).

2. 차이의 정치(Politics of difference)

'차이의 정치'는 인종, 민족, 성, 종교, 연령, 장애 등의 이유로 역사적으로 억압되어 온 사람들이 자신들의 정당성을 인정받으려는 사회·정치적 활동이다. 차이정치론은 서구의 근대적 이성이 백인 남성 중심의 동질성을 전 세계에 강요하고 있음을 비판하고 이질성을 옹호한다. 이들은 토의민주주의가 위험한 단일성을 추구한다고 비판한다. 이들은 현대정치과정이 과거의 강압적 지배방식을 버리고 세련된 이성적 언어로 사람들을 길들인다고 의심한다. 이 관점에 의하면 토의민주주의란 엘리트들이 이성적 담론을 통해 사회를 지배하는 통치방식이며, 소수자들에게 억압적 자기통제를 강요하는 규율권력이 된다. 따라서 차이정치론은 '소수자들에 대한 사회적 차별을 제거하여 토의 포럼에 동등하게 참여하는 것을 토의민주주의의 선결 과제'로 제시한다(이영재 2004, 126).

1) 차이와 토의

차이정치론에 의하면 토의민주주의의 이성적 토론 정치는 공동의 목적과 동일성을 토론의 출발점으로 전제하는데, 백인 중심적·남성 중심적인 주장들이 대화를 이끌게 되어 사회적 약자와 소수집단을 배제한다. 영I. Young은 토의민주주의 모델이 남성적 이성(reason)을 일방적으로 강조하여 남성 중심의 단일성(unity)을 가정하고 차이를 배제한다고 비판한다. 영에 의하면 '토의민주주의에서는 문화적 편견을 담은 주장이 민주적 논의를 제한하는 경향이 있고, 토의의 출발점으로 공동의 목적을 추구하는 단일성을 전제하기 때문에 배제적 결과들을 낳게 될 것이다.'(Young 1996, 122) 사회는 단일하지 않고 집단적으로 분화된 사람들로 구성되므로, 갈등 중인 사람들 속에서 한 당파의 언어로만 토론이 진행되면 그 언어로 표현되지 못하는 다른 당파의 고통은 무시된다. 토의민주주의가 사회에서 특권적 지위를 누리는 백인 남성들의 언어행위를 특권화해서는 안되며, 다른 인종과 저소득층과 여성들의 관점과 고통을 반영해야 한다.

영은 토의민주주의를 기각하고 대안으로 의사소통(communicative) 민주주의를 제안한다. 의사소통 민주주의는 이성 중심의 철학과 달리 차이를 극복 대상으로 간주하지 않는다. 오히려 차이를 의견일치에 이르기 위한 수단으로 이해하고, 인사하기(greeting), 레토릭rhetoric, 이야기하기(storytelling)를 민주적 소통의 확장된 방법으로 간주한다(Young 1996, 120). 이 관점에서는 차이가 다양한 집단들 간 민주적 의사소통의 자원이 된다(Bohman & Rehg 2002, xxv). 썬스타인이 고립된 집단의 이질성을 논쟁풀 확대를 위한 토의의 자원으로 간주한 것과 비슷한 맥락에서, 차이는 다양성 조건을 충족시키는 자원인 것이다.

경험 연구에 의하면 토의 포럼에서는 사회적 지위가 높은 사람들이 의사소통을 주도하고 영향력이 크다. 또 사회적 규범이 만드는 위계질서가 참여자의 역할에 영향을 준다. 지위가 낮은 사람들은 자신의 능력에 자신감을 갖지 못하고 보복을 두려워한다. 혼성 집단 토론에서 여성과 문화적 소수자의 의견은 무시되기 쉽지만, 성 규범이 평등한 곳에서는 성적 차이가 집단토론에 영향을 미치지 않는다(Christenson & Abbott 2000, 273).

미국 배심원제도를 연구한 샌더스는 고등교육을 받은 백인이 배심원 토론을 지배한다는 사실을 발견하였다. 백인에 대한 우호적 편견과 특권은 합리적 토론 과정에서조차 은밀하게 작동된다. 이러한 편견 때문에 토의 자체가 소수의 행동을 억제하는 효과를 갖는다(Sanders 1997, 356). 미국의 배심원 토의에서 고등교육을 받은 백인이 토론을 지배한다. 백인에 대한 편견과 특권 때문에 배심원 토의가 인종적, 성적, 경제적, 정치적 소수자의 행동을 억제하며, 심지어 흑인 배심원들도 다른 흑인보다 백인 남성과 대화하는 경우가 훨씬 더 많다. 형식적으로 소수자들에게 평등한 토론 기회가 주어져도 그들은 백인과 동등하게 토론하지 못한다. 사회 내에 구조화된 인종편견에서 벗어나지 못하기 때문이다. 이러한 환경에서 공적 이성을 강조하면 부유하고 힘센 사람들의 이익을 보편화하게 되어 결과적으로 불평등한 토의 구조를 재강화하게 된다. 이러한 이유로 샌더스는 이성적 토의보다 고백(testimony)이 더 평등하다고 주장한다(Sanders 1997, 372). 고백은 영의 대안 가운데 '이야기하기'와 유사하다.

푸코Foucault가 합리성이나 이성 철학을 비판할 때 염두에 두었던 것은 주체들을 정부통제에 순응하도록 만드는 통치성(governmentality) 개념이었다. 현대정치는 강압을 통해서가 아니라 피지배층을 순응하는 주체로 만들어 통치한다. 차이의정치 이론가들에 의하면 토의민주주의는 통치성의 마지막 무대가 된다. 일반성의 이름으로 권력을 획득한 개념과 사상이 토의를 매개로 주체들에게 강요된다. 이러한 관점에서 힌데스Hindess(2000)는 현대 민주주의를 인민을 길들이는 메커니즘으로 파악한다. 토의는 억압적 자기통제를 촉진하며, 민주주의는 규율권력으로 작동한다(Dryzek 2002, 63).

필립Anne Phillips(1995)은 같은 의미에서 '현전의 정치(politics of presence)' 개념을 사용하여 억압당한 사람들이 자유민주주의 제도들 특히 의회 앞에 나서야 함을 강조한다. 이들은 의회 내에 여성 쿼터를 요구하는데 여성은 다양한 정체성(노동계급, 중산층, 흑인, 백인 등)을 담지하고 있기 때문이다. 이 관점은 자유주의적 자본주의 질서에 대한 급진적인 저항 대신에 차이를 더 확산하도록 자본주의 질서를 개혁할 것을 요구한다. 프레이저Nancy Fraser는 하위 그룹의 자유와 평등이 보장되는 경우에는 토의민주주의를 지지하지만, 부자와 남성 중심의 지배적 인물과 문화가 과잉대표되는 정치체제를 급진적으로 재구성할 것을 요구한다(Fraser 1997, 81). 또 공론장이 공동선 개념에 매몰되면 약자들의 경험을 표출하기 어려워질 것을 우려한다(Young 1996, 126).

차이정치론의 비판에 맞서 벤하비브는 토의민주주의가 하위 집단이 요구하는 불편부당성과 공정함을 추구한다는 점에서 영의 의사소통 민주주의와 다르지 않고, 토의/의사소통 개념의 구분은 표면적인 것에 불과하다고 반박한다(Benhabib 1996, 82). 영의 '말하기 방식'을 전면적으로 수용하더라도 토의 포럼에서 의사소통이 진행되기 위해서는 참여자들이 동의하는 기준이 필요하다. 동의된 기준이 없다면 배제된 사람들이 의사소통 과정에서 불이익을 당했을 때 호소할 원칙도 사라지기 때문이다.

토의민주주의 이론가들이 영의 레토릭에 반대하는 이유는 그 자체가 오히려 선동, 조작, 기만, 아첨을 유발할 수 있기 때문이다. 영이 토의민주주의를 비판한 동일한 논리를 영의 의사소통행위 방식에도 적용할 수 있다. 선동가들이 가장 뛰어난 레토릭을 구사할 수 있다. 광고 전문가가 가장 뛰어난 인사꾼(greeter)일 수 있다(Dryzek 2002, 67). 또 인사하기, 레토릭, 이야기하기가 일상생활의 소통 방식들이지만, 민주주의 제도와 입법의 공식 언어가 될 수 없다. 법과 제도가 정당성을 획득하기 위해서는, 시민들이 함께 받아들인 언어 안에서 자신들의 행위와 정책의 정당성을 밝혀야 한다. 시민들이 모두 받아들일 수 있는 언어는 의미가 모호하거나 다중적이지 않아야 하며, 소수집단뿐만 아니라 구성원 모두가 이해할 수 있어야 한다. 그 언어는 개인의 사적 언어가 아닌 합리적인 것이어야 한다. 합리적 언어는 공정함을 지켜야 하는데, 공정함에 대한 규범적 원리가 없다면 법의 지배라는 이상이 유지될 수도 없으며 공동선을 지향하는 토의도 있을 수 없다. 그럴 경우에 가장 큰 피해를 입는 사람들은 바로 차이의 정치를 주장하는 소수자들이다.

2) 차이를 가로지르기

차이의 정치론에서 차이의 승인을 요구하는 이유가 토의나 논쟁이 아닌 다른 종류의 의사소통을 추구하는 문제라면, 토의민주주의가 그 의사소통 방식을 수용하면 쟁점은 자연스럽게 사라진다. 프레이저나 영이 제시하는 대안적 의사소통 방식은 토의민주주의에서 요구하는 '논증'과 배타적이지 않으며 실제 토의 과정에서 얼마든지 공존할 수 있다. 다만 강압이나 강압의 위협을 포함하는 언어나, 특수성을 일반성과 연결시키지 못하는 언어행위는 배제되어야 한다. 특정 집단 내에서만 이해되는 특수성을 일반화하여 설명하지 못하면 다른 사람들의 이해와 동의를 구할 수 없기 때문이다.

차이정치론의 말하기 방식도 언제나 합당한 것은 아니므로 토의 포럼에서 배제될 수 있다. 예를 들면 이야기하기가 강압이 될 수도 있다. 동호인 단체나 테러조직의 구성원들은 서로를 동일시하며 친밀성을 강화한다. 이 집단들은 자신들 기준으로 올바른 이야기하기를 요구하고, 그 기준에서 옳지 않은 이야기들을 처벌할 위험이 있다. 이 경우 이야기는 억압과 함께 시작되기 쉬운데, 근본주의적 종교사회에서 흔히 발견된다. 다른 한편 순수하게 개인적인 이야기라면 토의 참여자들이 경청해야 할 사회적·정치적 이유가 없다. 말하는 사람의 처지를 경험하지 않은 사람들도 공감하는 이야기만 공적 의제가 되므로, 다른 사람들이 이해할 수 있는 보편적 기준에 호소해야 한다. 그리고 인사하기도 강압적일 수 있다. 상대의 손을 아프게 하는 악수나, 상대를 위협하는 인사 방식인 마오리 환영식도 그렇다. 프리메이슨의 비밀 악수는 의도적으로 다른 사람들이 알아채지 못하게 한다. 레토릭도 강압적일 수 있다. 레토릭이 인종적·민족적 정체성에 기반할 때 정서적 위험을 더욱 고조시킨다. 선동가, 감정적 조작자, 나찌의 선동이 대표적이다.

물론 토의민주주의의 논증도 완벽하지 않다. 논증에서 한쪽이 상대를 위협할 수 있으면 그 논증은 명령과 같은 것이 되고, 양쪽이 다 위협받는다면 그 상황은 거래에 이르기 쉽다. 모든 사람이 타당성을 주장하고 반박할 수 있는 평등이 보장되지 않으면 차이정치론의 우려가 현실화될 수 있다. 그러나 토의민주주의에서 주장하는 논증의 장점은 고백, 인사하기, 레토릭의 실패뿐만 아니라 논증이 강압적일 때에도 그 사실을 폭로할 수 있다는 것이다. 논증은 검열에 저항하여 논증으로 검열의 봉쇄를 뚫을 수 있다. 인사하기가 공격적일 때 그 공격성을 논증하고, 레토릭이 외부집단에 대한 감정을 자극할 때 그 배제의 결과를 지적하는 논증으로 격파할 수 있다. 의사소통이 실패했을 경우에도 언제나 논증이 중심 역할을 한다. 다른 소통방식이 언제나 반드시 필요한 것이 아니지만 논증은 모든 의사소통 방식의 실패를 지적하고 교정하기 위해 언제나 필요하다(Dryzek 2002, 71).

이처럼 토의민주주의는 다양한 의사소통 형식을 조건적으로 허용함으로써 차이 이슈를 포용할 수 있다. 차이가 없다면 애초에 토론할 이유가 없기 때문에 차이는 토의의 출발점이라는 점에서, 토의민주주의가 차이를 억압할 이유가 없다(Phillips 1995, 151). 차이를 포괄하는 확장된 토의 개념은 비억압적 방식으로 의사소통을 허용하는 점에서 다른 어느 말하기 방식보다 우수하다.

지금까지 논의는 우려와 달리 차이의 정치론 비판에 의해 토의민주주의의 타당성이 훼손되지 않는다는 점을 확인해 준다. 오히려 토의민주주의는 차이의 정치가 추구하는 정치적·사회적 목적을 성취하도록 돕는 민주적 방법이다. 토의민주주의는 차이를 억압하지 않으며 오히려 토의민주주의를 통해 차이의 정치라는 목표를 달성할 수 있다. 소수자 권리문제에서 토의민주주의는 소수자를 보호하기 위한 선결조건이 된다. 토의 없이 투표로 의사결정하는 대의민주주의에서는 소수자의 처지를 호소할 적합한 방법이 없기 때문이다(Cunningham 2002, 178). 토의민주주의는 소수자들에게 자신들의 입장을 호소할 수 있는 기회를, 다수자들에게는 소수자의 의견을 듣고 기존의 편견이나 선입견을 반성적으로 성찰할 수 있는 기회를 준다. 벤하비브는 이 논증을 일반화하여 토의민주주의를 자유주의적 권리들을 방어할 뿐만 아니라 그 권리들을 생성하는 자기 건설적 과정으로 생각한다. 민주적 토의 과정에서 개인과 소수자들은 자유롭게 동의하거나 철회할 수 있으므로, 토의민주주의 실천이 일관되게 이루어지면 다수가 소수를 억압할 가능성은 없다(Benhabib 1996, 78-79, 93, n.41).

집단극단화는 토의 포럼의 필연적인 귀결점이 아니며 토의 방식을 개선하여 방지할 수 있다. 먼저 간략히 설명하면 토의 포럼을 배심원단과 다르게 디자인하면 된다. 토의 참여자들을 지역, 성, 계급, 종교, 인종 등 사회의 모든 영역에서 사람들에게 개방하여 특정 집단 구성원이 일방적인 다수를 차지하지 못하게 하고, 토의 포럼에 제공되는 정보풀을 최대한 크게 만들어 특정한 편견이 포럼을 지배하지 못하게 한다. 또 토의를 진행하는 조정자(moderator)나 촉진자(facilitator)를 배치하여 빅마우스 big mouth가 토론을 지배하지 못하게 방지하는 동시에 모든 참여자들이 발언을 하도록 유도한다.

제3부

토의민주주의의 경험

07
토의민주주의와 '작은공중'

1. 작은공중의 의미

토의민주주의 관점은 소수 엘리트가 의사결정권을 독점하는 권력구조를 비판하고 시민들이 평등하게 참여하는 집단적 토론으로 의사결정할 것을 요구한다. 하지만 국민 전체가 참여하는 토의 공간을 마련하는 것은 불가능하다. 또 모든 시민들이 자발적으로 토의하는 것이 이상적이지만 시민사회에서 토의는 많은 문제를 내포한다. 시민사회의 거대 공론장에서는 대중매체의 일방적인 정보가 대중들에게 과도한 영향을 미치고, 빅마우스가 토의를 지배하기 쉬우며, 참여자들이 지역·성별·연령·계급 등 사회경제적 편차(social economic bias)를 극복하기 어렵다. 국가 단위의 전체 시민사회에서 모든 사람들이 평등하고 이성적으로 토론하는 하버마스의 '이상적 대화 상황'은 성취되기 어렵다. 민주적 대표성과 결과의 정당성을 충족시키는 토의 포럼을 하버마스 생각처럼 전체 시민이 참여하는 포럼으로 구성할 수 없다. 하버마스는 이성적 토의에 필요한 시간·공간과 그 결과의 상관관계인 '토의적 경제(deliberative economy)'를 고려하지 않았다(Davies 2005, 601).

대의정치의 대안으로 직접민주주의 방식을 추진하는 경우에는 시민들의 폭넓은 '참여'에서 민주주의의 정당성을 구한다. 반면에 토의민주주의 방식은 시민들의 치열한 '논쟁'을 강조한다. 두 방식은 서로 상반된 원리에 기반하고 있으며, 시민의 폭넓은 참여와 깊이있는 토의는 양립되기 어렵다. 국민국가에서 전체 시민이 한 자리에 모여 깊이있는 토의를 할 수 있는 방법이 없기 때문이다. 이것이 토의기구의 규모에 관한 '토의적 경제'의 문제이다. 하버마스가 소망했던 "이상적 대화 상황"이나 "진정한 토의"는 전체 시민사회가 아닌 소규모 토의 포럼에서만 가능하다.

질적 수준이 높은 '진정한 토의'가 소규모 토의에서만 가능한 이유는, 토의 과정에서 중요하게 작용하는 참여자간의 상호작용이 소규모 토의 포럼에서만 작동하기 때문이다. 토의민주주의 실현을 위해서는 토의 포럼이 민주적 대표성을 담보하면서 높은 수준의 토의를 달성할 수 있는 소규모 포럼을 구성해야 한다. 이 때 '민주적' 가치와 '토의적' 가치를 충족시키도록 포럼이 디자인되어야 한다. 민주적 가치는 '결정에 의해 영향받는 모든 이들 혹은 그 대표자들이 참여하여 집합적으로 의사결정하는 것'을, 토의적 가치는 '참여자들이 논증을 통해 의사결정을 내려야 한다는 점에 동의하는 것'을 의미한다(Elster 1998, 8).

위와 같은 이유로 최근에 심층적 토의가 가능한 동시에 민주적 대표성을 보유하는 토의 포럼인 작은공중(mini public)에 이론적·실천적 관심이 모아지고 있다. 작은공중이란 "깊이 있는 토의를 할 수 있을 정도로 작지만 진정으로 민주적 대표성을 보유하는 토의 포럼"(오현철 2009, 259)을 의미한다. 이 개념을 최초로 제안한 달R. Dahl은 작은공중을 다음과 같이 디자인하였다. '국가가 전체 국민 중 천 명 정도를 임의로 선출하여 작은공중을 만든다. 이들에게 주어지는 임무는 하나의 쟁점을 일 년 정도 숙고하여 결정한 바를 발표하는 것이다. 중요 쟁점에 하나씩 여러 개의 작은공중들이 동시에 존재할 수 있으며, 중앙, 주, 지방정부에 하나씩 존재할 수 있다. 작은공중 구성원들은 원거리 통신으로 서로 '만나'거나 학자와 전문가들로 이루어진 자문위원회와 행정 참모들의 조력을 얻을 수 있다.'(달 2006, 631) 달이 제시한 토의 포럼은 엘리트와 일반 시민들 사이에 존재하는 지식의 차이를 줄이기 위해서 정보를 갖춘 '관심 있는 시민들'로 구성된다. 그는 이 소규모 토의 포럼이 정보에 근거해 판단한 것은 민중(demos)의 판단을 대신한다고 간주한다.

작은공중은 임의로 선발된 사람들로 구성되기 때문에 비당파적이고 공적인 관점을 지닌 주체라는 점에서 기존의 이익집단과 다르다. 또 민족이나 시민사회 전체를 대상으로 하는 거대 주체가 아니라 다양성을 기반으로 구성되는 주체라는 점에서도 새롭다. 시민사회 전체를 대상으로하는 의사소통이나 하버마스의 '주체 없는 의사소통'[1]보다 작은공중의 토의 결과에 주목해야 할 실천적 이유들이 있다. 첫째, 시민들의 토의

---

1 하버마스는 토의민주주의를 실천할 정치사회적 주체로서 자유주의의 '개인'이나 다원주의의 '이익집단', 사회주의의 '계급', 공화주의와 공동체주의의 '시민'과 다른 주체를 제시한다. 그것은 대중들의 "주체 없는 의사소통(subjectless communication)"(HPS 451)으로써, 하버마스가 말하는 주권이란 곧 의사소통의 흐름을 의미한다. 특정한 개인이나 국민 전체가 아니라 시민간 의사소통의 흐름이 주권이다. 주권은 국가수반이라는 대통령이나 민의의 전당이라는 국회나 법의 수호자라는 법원에 있는 것이 아니며 국민의 의견이 곧 주권이라는 뜻이다. 그는 말하는 '사람'이 누구인지가 중요한 것이 아니라 시민들 사이의 자유롭고 평등한 '의사소통'이 가장 중요한 권력의 원천이라고 말하고 있다. '주체 없는 의사소통'은 전체 시민들의 평등하고 이성적인 의사소통과 그 결과물을 의미한다. '주체 없는 의사소통'의 공적이며 이성적인 토론 결과는 이론적으로 시민사회 구성원 전체가 토론하여 얻은 결과와 동일한 것으로 간주된다.

포럼 중에서 작은공중이 가장 발전 가능성이 높다. 토의를 활성화하고 토의의 질을 높이려는 시도들 중 공론장 활성화를 위해 결사체 능력을 제고하는 것, 언론매체의 구조를 개혁하는 것, 선거제도 혁신과 같은 거대 프로젝트들보다 작은공중이 훨씬 효율적이다. 둘째, 전체 대중의 의사소통 공간을 개선하기보다 여러 작은공중을 확산하는 것이 거대 공론장을 개선하는 효과적인 방법이다. 셋째, 거대 공론장 개선을 위해서도 효과적인 제도 디자인 방법을 알아야 하는데, 작은공중을 관찰하면 그와 관련된 지식을 얻을 수 있다(Fung 2003, 338-339).

지금까지 많은 사례들을 통해 작은공중은 토의민주주의를 실천하는 주요한 방법으로 증명되었으며, 다양한 작은공중 프로그램들이 전 세계적으로 활성화되고 있다. 전통적인 시민배심원, 합의회의 뿐만 아니라 공론조사(deliberative polling), 캐나다 브리티시 컬럼비아주의 시민의회(Citizen's Assembly), 아일랜드의 헌법개정을 위한 시민의회, 브라질 뽀르뚜 알레그리시의 참여예산제, 인도 케랄라주의 주민계획, 시민정상회의, 시카고의 공동체 치안회의, 미국이 말한다(AmericaSpeaks), 국가이슈회의 등 다양한 이슈에 대응하는 다양한 방식이 등장하여 성과를 내고 있다. 이 포럼들은 기존의 정치와 민주주의 패턴을 혁신할 수 있는 잠재력을 지니고 있는 것으로 평가받고 있다.

소규모 토의 포럼으로서의 작은공중은 자유주의의 개인과 이익집단, 루소와 공동체주의의 전체 시민, 마르크스의 계급과 다른 새로운 정치 주체로 활동하고 있다. 작은공중은 자유주의적인 이기적 개인들로 이루어진 집단이 아니며, 계급이나 이익집단을 추구하는 동질적 선호집단도 아니고, 루소나 공화주의자가 호소하는 동질적 시민 전체도 아니다. 작은공중은 다양성과 차이를 인정하며 상호작용하는 이성적 시민들의 일시적 모임이며 공적·이성적 판단자 역할을 한다.

2. 구성 방법

일반적으로 토의 포럼 참여자를 선발하는 방법은 선거, 의도적 선발, 자발적 지원, 무작위 추첨의 네 가지로 나눌 수 있다(Davies 2005, 602-604). 이를 구체적으로 검토해 보면 다음과 같은 특징과 문제점이 나타난다.

첫째, 선거는 다수 득표자가 소수 의견을 무시하는 단점이 있다. 선거의 특성상 평범한 사람들보다 특별한 사람들이 선출되기 때문에, 선발된 집단이 일반 시민들을 인구통계학적으로 대표하기 어렵다. 따라서 선거에 의한 선발 방법은 정책 결과에 영향을 받는 모든 사람들이 토의에 참여해야 한다는 토의민주주의의 민주성 원칙에 위배된다.

둘째, 의도적 선발은 참여자를 샘플링하는 방법으로, 기업에서 주로 사용하는 이해관계자 모형이다. 이 방법의 단점은 선발된 사람이 자신이 속한 집단의 정체성이나 이익을 대변한다는 보장이 없다는 것이다. 예를 들어 노동자 대표로 선발된 사람이 재벌기업 노동자 입장만을 옹호하는 경우에, 다양한 노동자들의 이익을 대변하려던 선발 의도를 충족시키지 못한다.

셋째, 자발적 지원은 특정 이익집단이나 계층에 포획된 사람들이 토의 포럼에 다수 참여할 수 있으며, 사회의 중하층이나 소수자의 참여를 유도할 요인이 없기 때문에 선발된 집단이 사회경제적 편향성을 보인다. 대부분 서구 국가에서 시민운동에 참여하는 사람들은 주로 중산층의 고학력자다. 이들은 참여 의지, 시간, 비용 면에서 저소득층과 저학력자에 비해 많은 자원을 갖고 있다. 미국의 경우, 시민단체에 참여하는 사람 중 13%만이 저학력층이고 고학력층은 그 세 배가 넘었다(주성수 2006, 19). 반대로 뽀르뚜 알레그리의 참여예산제나 인도 케랄라의 주민계획 프로그램의 권능강화 참여거버넌스는 자원자에 의존하지 않고 다양한 방법으로 민중들의 참여를 유도하여 이들의 대표성을 높였다.

넷째, 무작위 추첨에 의한 선발은 토의민주주의 토의 포럼 충원에 자주 활용되는 방법이다. 특히 성, 나이, 계급, 계층, 지역, 인종과 같은 사회적·인구통계학적 지표를 적용하여 층화무작위추첨(stratified random sample)[2]으로 선발하는 방법이 많은 지지를 받고 있다. 최근에 층화무작위추첨으로 구성되는 '작은공중'이 민주적 정당성을 담보하는 대표적인 토의 포럼으로 각광받고 있다.

3. 작은공중 유형

작은공중에 대한 개념 정의는 드라이젝Dryzek과 펑Fung이 제안한 방법에 따라 둘로 나뉠 수 있다. 드라이젝은 추첨으로 선발되고 자문역할에 국한된 토의기구만을 작은공중으로 인정한다. 추첨은 주로 무작위 추첨 방법을 활용하여 참여자의 인적구성이 모집단의 특성에 근접하게 된다. 추첨으로 구성되는 작은공중은 참여자들의 민주적 대표성이 높다. 이 작은공중 구성원은 통계적 대표일 뿐만 아니라 선발된 대표다. 이 경우 작은공중은 '사회적 다양성과 관점의 복수성이 작은공중 내에 실질적으로 구현'되는 소우주 모델이다.

---

2 이에 대해서는 8장 공론조사를 설명할 때 자세히 다룬다.

반면에 펑은 확장된 작은공중 개념을 사용하여 자발적 지원으로 충원되는 시민포럼도 인정한다. 사회적 하위 집단이 자발적으로 참여하여 이들의 이익과 관점이 과잉 대표되는 토의기구도 작은공중에 포함한다. 작은공중이 자발적 참여자로 구성되면 기층 민중들의 대표성을 강화하고 광범위한 시민참여를 제도적으로 유도하고 사회정의 실현을 추구할 수 있다. 따라서 뽀르뚜 알레그리의 참여예산제 처럼 자발적으로 참여하고 당파성에 따라 선발되는 시민들이 공공정책을 직접 결정하는 참여 유형도 작은공중 개념에 포함한다.

이 책에서는 드라이젝과 펑의 기준을 모두 수용한다. 현실에서 활용되고 있는 대표적인 작은공중은 참여 방법(자원·추첨)과 법적·제도적 권한 유무에 따라 네 가지 유형으로 구분될 수 있다. 법적·제도적 권한 유무는 정부가 작은공중의 결정을 수용하는 과정이 법적·제도적으로 확정되어 있는지에 따라 구분한다. 공론조사는 순수하게 자문을 구하기 위한 제도이기 때문에 권한이 부여되지 않는다. 캐나다 브리티시 컬럼비아주의 시민의회는 입법권한이 법적으로 부여되었고, 권능강화 참여거버넌스(empowered participatory governance, EPG) 사례인 참여예산제는 권력담당자의 정치적 결단에 의해 권한이 부여되었다. 한국에서는 지방 정부의 조례로 인정되고 있다. 미국의 공동체대화(community dialogue)는 법적·제도적 권한은 없지만 정치적으로 인정되고 있다.

표 7-1. 작은공중의 네 가지 유형

		법적·제도적 권한	
		없음	있음
참여 방법	추첨	공론조사	시민의회
	자원	공동체대화	참여예산제

지금까지 전 세계적으로 다양한 종류의 작은공중 사례들이 일반 시민 속에서 이성적이고 합리적인 대표를 선발할 수 있음을 증명하였다. 선발된 시민들이 선거에 의존하는 대의민주주의의 한계를 넘어 이성적이고 합리적인 의견을 도출할 수 있음도 보여주었다. 이하에서는 위의 표에서 제시한 네 가지 작은공중 유형을 검토한다.

08
시민의식을 바꾸는 공론조사

1. 여론조사와 공론조사

정부가 정책결정을 위해 국민(주민)의 의견을 수렴할 때 지금까지는 주로 여론조사를 활용했다. 여론조사는 편리하지만 안정적이고 이성적인 판단보다 일시적이고 정서적인 생각을 대변하기 쉽다는 단점이 있다. 시민들의 이성적인 의견을 파악하려 할 때 여론조사 대신 시민배심원, 합의회의 등 토의적 시민참여 제도를 활용하고 있으나 참여자들의 대표성에 문제가 있었다. 토의와 대표성 문제를 해결하기 위해 시민의 사회정치적 참여 기회를 적극적으로 제공하고, 참여자의 대표성과 정당성을 높이며, 이성적이고 합리적인 결과를 도출하여 정책 집행에 따르는 사회적 갈등을 예방하고, 정책에 대한 시민사회의 수용성을 높이는 방법이 탐구되었다.

다른 한편 국민(주민)투표는 주도하는 사람들에게 유리한 결과를 낳는 경향이 있으며, 강력한 이익집단이 원하는 방향으로 결론을 유도하거나 조작할 수 있다. 국민(주민)투표가 편향된 결과를 가져오는 사례로는 유신헌법 찬반투표가 대표적이다. 유신헌법에 대한 국민투표는 권력이 국민들의 공포심을 극대화한 상태에서 유권자들을 심리적으로 강압한 투표였다. 그 결과는 이성적인 판단보다는 공포에 의한 비합리적 결정이었다. 국민발안이나 국민소환도 기존 거대 정당이나 대규모 대중 동원이 가능한 부자들에게 유리한 결과를 가져다준다. 영화배우 아놀드 슈왈츠제네거가 2003년 미국 캘리포니아 주지사 선거에 출마할 수 있었던 이유는, 캘리포니아 부자들이 세금인상을 추진하던 현직 민주당 주지사 소환운동을 후원하였기에 가능했다.

주민발안과 주민투표도 위험성을 내포하고 있다. 미국에서 1970년대 말에 등장한 조세저항 주민발안은 일반 시민들보다 경제적 이익집단의 이익을 지키기 위해 악용되었으며 조세저항으로 얻어진 결실의 2/3가 산업계와 건물주에게 돌아갔다. 이 조세저항은 '우파 포퓰리즘'의 등장을 도왔고 이후 레이건의 집권과 신보수주의 확장에 결정적으로 기여하였다. 주민발안이 목적 달성에 유리하다는 점을 인식하자 주민발안과 주민투표를 전문으로 하는 기업이 등장하여 주민서명, 모금활동, 캠페인 홍보, 설문조사, 투표참여 유도 등 다양한 활동을 대행하고 있다. 이런 전문업체들이 성업하면서 직접민주주의는 상업화되고 주민발안은 "돈이 있으면 너무 쉽고 돈이 없으면 너무 어렵다"는 비판을 받고 있다(주성수 2009, 39).

피시킨Fishkin은 공론조사를 통해 이러한 문제들이 바뀔 것이라 주장하였다. 층화무작위추첨 표본에 의해 선발된 시민들로 구성하면 주민발안과 주민투표 같은 직접민주주의 제도가 결여한 토의성 부족을 보완할 수 있고, 많은 돈을 들여 언론에 광고하고 부동층의 표를 긁어 모으는 정치를 끝낼 수 있다(Leib 2004, 37). 공론조사가 여론조사보다 이성적이고 합리적인 의견을 이끌어 내기 때문에, 국민(주민)투표와 국민(주민) 발안의 단점을 제거할 수 있다. "공론조사를 통해 형성되는 공론(public judgement)은 그 사회의 질 높은 컨센서스를 의미하고, 이는 제도형성과 갈등관리에 필요한 정당성을 공급해 줄 수 있다."(김원용 2003, 80)

2. 공론조사의 이론과 경험

공론조사는 추첨으로 작은공중을 선발하여 토의하도록 한다. 과학적 확률표집을 통해 통계학적으로 대표성있는 시민들을 선발한 다음, 해당 이슈에 대한 충분한 정보를 제공하고, 참여자들이 깊이있게 토론한 후, 변화된 의견을 조사하고 그 결과를 공공정책 결정에 반영하는 조사방법이다. 공론조사는 일반적으로 다음과 같은 절차로 진행된다. 해당 이슈에 대한 일반 국민의 의사를 확인하기 위해 1차 여론조사를 실시하고, 1차 조사결과의 의견 분포 및 인구통계학적 특성(지역별, 계층별, 성별, 세대별 등)과 일치하는 토론 참여자 표본(100~500명)을 선발한다. 이때 층화무작위추첨으로 참여자를 선발한다. 층화무작위추첨이란 모집단을 여러 층으로 분류하고 각 층에서 단순무작위 추첨법에 의해 표본을 뽑는 방법이다. 예를 들면 3개의 조립라인으로부터 생산된 제품 중 30개를 추출하고자 할 때, 각 라인에서 무작위로 10개씩 뽑는다. 이 방법은 같은 층내에서는 동질성이 높고 층간에는 이질성이 높을 때 활용하며 단순무작위 추첨보다 통계학적 정확도가 높다.

최종 선발된 참여자들에게 이슈에 관한 찬반 양측의 주장과 근거를 균형있게 수록한 자료집을 제공하고, 일정 기간(약 1~2주)이 지난 뒤 소집한다. 참석자들을 무작위로 소그룹(약 15명으로 구성)에 배정해 토론하고, 관련 전문가나 정치가로 구성된 패널과도 토론을 한다. 토론이 끝난 후 참여자들을 대상으로 1차 조사 때와 동일한 설문지로 2차 조사를 실시한다. 참여자들이 토의 과정에서 자신의 관점을 반성적으로 성찰해 기존 선호를 바꾸는 '선호전환(preference transformations) 효과'가 2차 조사에 반영된다. 1차 조사결과와 다르게 나타나는 2차 결과를 공론으로 부른다. 이 공론은 통계학적으로 전체 국민(주민)이 해당 안건에 대해 진지하게 토론한 후에 내리는 결론으로 간주된다(Fishkin 1991, 10).

표 8-1. 공론조사의 개요, 절차, 특성

<table>
<tr><td>목적</td><td colspan="3">대표성있는 시민들을 선발하여, 이슈에 대한 충분한 정보를 제공하고, 깊이 토론한 후, 참여자들의 변화된 의견을 조사해 그 결과를 공공정책 결정에 반영하고자 하는 것</td></tr>
<tr><td rowspan="2">적용 대상</td><td colspan="2">지리적 영역</td><td>전국적 범위와 지역적 범위에서 모두 활용할 수 있음
중앙정부와 지방정부 모두 시행</td></tr>
<tr><td colspan="2">정책 영역</td><td>모든 정책에 적용될 수 있음</td></tr>
<tr><td rowspan="3">구성</td><td colspan="2">주최기관</td><td>정부, 언론사, 교육기관 등 모든 기관이 가능</td></tr>
<tr><td colspan="2">여론조사 기관</td><td>참여자를 층화무작위추첨을 하고 의견조사 및 결과분석을 담당할 수 있음</td></tr>
<tr><td colspan="2">토론 조정자</td><td>소집단 토론과 전체 토론 과정에서 토론이 원활하게 이루어지고, 다양한 의견이 제시되도록 유도함. 특정인이 토의를 지배하는 것을 방지하고, 사회적 약자의 의견을 이끌어내는 것이 중요함</td></tr>
<tr><td rowspan="3">진행 절차</td><td>1</td><td>1차 조사 (여론조사)</td><td>일반적인 여론조사로써, 해당 이슈에 대한 국가 전체 차원에서 집단별(계층별, 지역별, 성별, 세대별 등) 의견을 조사한 후, 이를 토대로 표본 집단을 선출</td></tr>
<tr><td>2</td><td>층화 무작위 표본 추첨</td><td>1차 조사 결과와 의견분포가 동일한 표본 집단을 층화무작위추첨 방식으로 선발.
선발자 중 참여 거부자는 동일한 특성(의견, 계층 등)의 예비후보자로 대체</td></tr>
<tr><td>3</td><td>정보 제공과 토론</td><td>이슈에 대한 찬반 주장과 근거를 정리한 자료집을 참여자들에게 제공
선발된 시민들을 소집(주말 1~2일)해 무작위로 소그룹별 배치
소그룹별로 훈련된 조정자가 토론을 진행하며, 전체 토론에서 전문가에게 질문하고 답을 들음</td></tr>
</table>

진행 절차	4	의견 변경 (선호 전환)	토의 참여자들 개인이 자신의 의견을 변화시키는 과정 의견 변화에 미치는 주요한 과정은 자료집, 전문가와의 토론, 소그룹 토론 의견 변화 기제는 정보 습득, 증언 청취, 관점 변화, 집단 토론
	5	2차 조사 (공론 조사)	토론 후에 참여자들에게 1차 조사와 동일한 질문지로 2차 조사 실시 결과는 통계학적으로 동일 과정을 거친 모집단의 합리적 의견으로 간주됨
	언론 보도		언론이 공론조사 시작부터 마지막 2차 조사 결과까지 보도하도록 유도 이슈에 대한 국민적 학습과정인 동시에 전국적 토론의 계기를 마련
특징	다른 시민참여 모델보다 대표성이 높음 다른 모델보다 상대적으로 짧은 기간 토의하기 때문에 토의의 질적 수준을 높이는 보완 필요		

* 출처: 김선희(2003, 130)의 '공론조사의 개요'와 김원용(2006, 85)의 '공론조사의 구성요소와 절차'를 수정해 종합

지금까지 미국, 영국, 호주, 캐나다, 대만, 덴마크, 불가리아, 헝가리, 중국 등에서 다양한 이슈에 대한 공론조사가 실시되었다. 각국에서 실시된 공론조사는 모두 대표성이 높은 표본집단을 한 장소에 모았다. 대표적인 사례[1]들은 다음과 같다. 영국은 1994년 '범죄 대응방안'을 시작으로 많은 공론조사를 실시했다. 'EU 가입'과 관련해 실시한 1995년의 공론조사에서 EU 가입이 미가입보다 국익에 도움이 된다는 의견이 1차 조사에서는 45%였으나 2차 조사에서는 60%로 증가했다.

덴마크는 2000년에 유로화 가입에 대한 국민투표를 실시하기 전에 국영방송과 함께 공론조사를 실시했다. 유로화 도입에 대한 찬성률은 45%에서 51%로 상승했고, 반대율도 36%에서 40%로 상승했다. '모르겠다'는 응답은 19%에서 9%로 10%가 줄었다.

1 기타 세계 각국의 다양한 공론조사 사례와 결과에 대한 자료는 http://cdd.stanford.edu/ 참조.

호주는 1999년 군주제에서 공화정으로 전환하기 위한 국민투표에서 호주 국립방송과 함께 전 국민을 대상으로 무작위 선발된 347명이 10월 22-24일까지 3일동안 캔버라에서 "공화정으로 전환하는 문제"에 대해 토론했다. 토의 과정은 ABC(the Australian Broadcasting Corp) 방송과 Nine Network의 〈60분〉에 방송되었다. 참여자들은 공론조사 과정에서 전문가들에게 질문하고 폭넓게 토론한 후 투표했다. 공화정에 대한 의견이 극적으로 변화했다. 찬성이 53%에서 73%로 20% 늘어났고, 대통령 선출방식 선호도에서 직접선거가 50%에서 19%로 31%나 급감했다. 군주제가 영국의 이해를 대변한다고 믿는 사람이 64%에서 84%로 높아졌으며, 여왕과 총독의 지위에 변화를 주어서는 안된다는 대답은 26%에서 15%로 11% 감소하였다. 공화정에 대한 선호는 토의 전 53%에서 73%로 증가했으며 무응답자는 없었다.

2001년 실시된 "토착 원주민과의 화해 정책"에 관한 공론조사에서는 화해 문제가 호주가 직면한 중요한 이슈임을 인식한 사람이 31%에서 60%로, 원주민들의 불이익을 인식한 사람이 52%에서 80%로 급증했고, 원주민 문제, 정부 서비스, 정치 지도자들에 관련된 정치지식 수준이 11%에서 50%로 높아졌다. 호주가 원주민들의 동의없이 점령되었다는 사실을 인지한 사람이 68%에서 81%로, 원주민들이 땅과 물의 원소유자임을 인지한 사람이 73%에서 81%로, "도둑맞은 세대(stolen generation)"에 사과할 필요성을 인정한 사람이 46%에서 68%로 각각 높아졌다. 미래의 주요 정부정책에 대한 선호는 교육이 42%에서 59%로 급증한 반면, 보건, 실업, 주택은 평균 10%에 그쳤다(http://www.ida.org.au).

미국에서도 많은 공론조사가 실시되었다. 1996년에 텍사스주는 새로운 발전소를 건립하려고 했다. 석탄 화력발전소, 천연가스 발전소, (풍력·태양열 등) 재생 에너지 등 다양한 발전설비 중에서 어느 것을 택할 것인지, 소요되는 비용은 어떻게 조달할 것인지를 결정해야 했다. 정책 결정자들은 대중의 장기적이고 안정적인 지지를 확보할 수 있는 방안과 비용에 대한 사전조사 방법으로 공론조사를 선택했다. 일반적인 여론조사 방식을 사용하지 않은 이유는 응답자들이 알고 있는 정보가 부족하여 부적합한 결과가 도출될 것이라는 우려 때문이었다. 또 전통적인 포커스 그룹 방식은 대표성이 없는 소수만이 참여하기 때문에 정당성이 부족하였고, 타운미팅은 일반 시민이 아닌 로비스트나 조직화된 이익집단이 미팅의 토론을 지배할 것으로 판단했다.

공론조사를 창안한 피시킨 교수가 이끄는 텍사스 공론조사 추진팀은 먼저 공론조사를 공정하게 진행하기 위해 이해관계자 위원회를 구성하였다. 위원회에는 소비자 그룹, 환경 그룹, 대안 에너지 옹호 그룹, 전통적 에너지 선호 그룹 등이 참여하였고, 공론조사에서 활용할 자료집과 질문지 작성을 감독하고 주말에 개최할 토론회의 안건을 결정하였다. 텍사스의 여러 지역에서 8차례 공론조사가 실시되었고 공론조사 전체 과정은 투명하게 공개되었다. 공론조사 결과는 전문가들의 예상과 달리 시민들이 천연가스, 재생 에너지 그리고 환경보호의 결합을 선호하는 것으로 나타났다. 재생 에너지를 지원하기 위해 기꺼이 더 많은 비용을 지불하겠다는 사람들의 비율이 52%에서 84%로 급증했고, 환경보존을 위해 더 많은 비용을 지불하겠다는 사람들의 비율도 43%에서 73%로 급증했다. 이 결과를 토대로 텍사스는 재생 에너지 부문에 투자했고 캘리포니아주에 이어 두 번째로 풍력 에너지 산업이 성장하였다.

이 공론조사 결과는 정치적 의사결정 과정에 큰 전환점이 되었다. 첫째, 발전 방식과 이해관계가 얽힌 문제를 결정할 때 예상되는 갈등을 겪지 않았다. 공론조사가 사회적 갈등을 예방할 수 있는 방법임이 입증되었다. 둘째, 국가 정책결정에서 큰 부담을 안게 되는 정치인과 관료들의 짐을 덜어 주었다. 재생 에너지 발전을 위해 세금을 더 납부해야 한다고 유권자들에게 말할 수 있는 정치인이나 관료는 없다. 정치인이 유권자들에게 세금을 더 내라고 말하는 것은 자신의 정치생명을 스스로 단축하는 일이기 때문이다. 셋째, 시민들은 정책결정 과정에 참여하고 자신의 결정에 따르는 세금 부담을 스스로 감당함으로써 민주시민의 의무를 다하였다. 공론조사는 시민의 토론으로 사회적 논란이 예상되는 문제를 갈등 없이 해결하였고 그 결과에 정치인을 포함한 모두가 만족하였다.

1996년 1월 텍사스 오스틴에서 최초의 전국 토론이 중계되었다. 2002년 4월에 실시된 "지역경제협력에 대한 뉴헤이븐의 공론조사"에서는 15개 타운에서 무작위로 선발된 표본집단이 지역 경제정책(주로 지역 세원 공유 문제)을 논의하기 위해 모였다. 참여자들은 토의 후에 타운들의 자발적인 세원 공유 정책과 새로운 세원을 공유하는 주정부의 인센티브 정책을 지지했다. 그 결과 첫 번째 인터뷰에서는 "나의 타운이 새로운 비즈니스와 산업에서 나오는 모든 세원에 대해 지역 통제를 유지해야만 한다"는 의견에 80%가 동의했지만 토의 후에는 42%로 하락했다. 반면에 점진적으로 세원을 공유하는 데 자발적으로 동의해야 한다는 의견은 64%에서 81%로 증가했다(http://cdd.stanford.edu). 토의 전에 코네티컷주 법률이 지역에 재산세 세원 공유를 허용한다는 사실을 8%만이 알고 있었지만 토의 후에 69%로 증가했다. 공론조사에 대한 참여자들의 반응도 긍정적이었다. 참여자 중 "상대적으로 평등하게 토론에 참여하였다"고 대답한 사람이 87%였다. 94%가 "사회자가 토론집단에 자신의 관점으로 영향을 미치려고 하지 않았다"고 느꼈다. 79%가 토의과정을 평가할 때 10점 만점에 8, 9 혹은 10점을 부여하였고, 전체 과정을 매우 가치 있는 것으로 평가하였다.

국내에서도 공론조사를 실시하였다. 노무현 정부는 2003년에 서울 외곽순환도로 북한산 관통 터널(사패산 터널)과 관련해 시민단체에 공론조사를 제안했다. 재정경제부는 2005년에 부동산 정책에 관한 공론조사를 실시하고 백서를 발간했다. 한국개발연구원은 2006년에 한국 사회의 사회적 신뢰를 높이기 위한 방안으로 사법 혁신과 세제 개혁 및 시민배심원제와 공론조사 도입을 요청했다. SBS는 2006년 한미 FTA에 관한 공론조사를 실시했으며, 2007년 3월 청와대는 개헌 발의 후 공론조사 실시를 검토한 바 있다. 2007년 4월 제주도의회 특위는 해군기지 유치 여부 결정을 위해 공론조사를 실시할 것을 제안했다.

노무현 정부는 중앙행정기관의 갈등예방과 해결능력 향상, 사회적 합의를 통한 정책의 수용성 제고 등을 목적으로 공론조사를 제도적으로 도입했다. 2007년 5월 13일부터 대통령령으로 시행되는 "공공기관의 갈등 예방과 해결에 관한 규정(안)"은 사회적으로 파급효과가 큰 주요 정책에 대한 갈등영향분석을 실시하고 이 때 참여적 의사결정 방법을 활용하여 합의형성을 유도하고, 주요기법으로 합의회의, 시민배심원제, 공론조사 등을 제시했다.

그러나 한국의 공론조사들은 기본적 요건을 갖추지 않은 채 실시되었다. 재정경제부의 부동산 공론조사에서 드러난 문제점들은 다음과 같다. 첫째, 부동산 문제가 서울에서 비롯되었지만, 결과는 전국적으로 영향을 미치기 때문에 참여자도 전국을 대상으로 층화무작위추첨 방식으로 선발해야 한다. 그러나 표본집단을 서울, 인천, 경기의 수도권 주민으로만 구성하고 지방을 배제했다. 재정경제부는 이를 보완하기 위해 두 차례의 전국 단위 여론조사와 공청회, 온라인 토론방을 운영했다(재정경제부 2005, 60)고 주장하지만, 이는 공론조사와 여론조사 및 여타 토론과의 근본적인 차이를 인식하지 못한 변명에 불과하다.

둘째, 참여자 표본 추첨에서 수도권 '지역'(서울, 인천, 경기)과 '성', '연령'별로 '할당표집'을 사용했는데 이는 층화무작위추첨에 의한 '확률표집'을 원칙으로 하는 공론조사의 요건을 만족시키지 못했다(재정경제부 2005, 60). 확률표집은 공론조사가 다른 조사 방식보다 인식론적·정치적으로 우월한 결과를 산출하기 위해 필요한 근본적인 요건이다.

셋째, 소득계층을 적극적으로 고려하지 않아 상대적으로 고소득층이 과잉 대표되었다. 공론조사 참여자들의 월평균 가구소득은 200만원 미만 12.9%, 200~300만원 미만 25.2%, 300~400만원 미만 32.5%, 400만원 이상 29.2%였다(재정경제부 2005, 60). 그러나 통계청의 발표에 의하면 전국 가구별 소득분포(1999년 기준)는 200만원 미만 76.5%, 200~300만원 미만 11.7%, 300~400만원 미만 3.6%, 400만원 이상 2.3%였다. 이 조사는 모집단을 수도권에만 한정하고 표본 추첨에서 소득계층을 고려하지 않았기 때문에 전 국민의 소득 수준과 너무나 동떨어진 부자들의 토론이 되었다.

넷째, 소집단 토론에 참여한 사람의 수도 47명으로 지나치게 적어 대표성과 정당성을 획득하기 어려웠다. 또한 소집단 토론에 참여하지 않고 동영상으로 전체 토론 과정만 시청한 사람들의 응답결과를 토론에 참여한 사람들의 의견과 분리해 조사하지 않고 동일한 자료로 취급해 결과를 발표했다. 이것은 면대면 소집단 토론을 중시하는 공론조사의 근본 취지를 훼손한 것이다. 재정경제부의 부동산정책 조사는 공론조사의 기본적 요건을 갖추지 못한 것이었다.

다음으로 SBS의 한미 FTA에 대한 공론조사에서는 더 많은 문제들이 노출되었다. 첫째, 서울시민을 대상으로 표본 추첨을 했다. 이슈의 전국적 성격을 감안하지 않은 표본 추첨이었다. 둘째, 선발된 사람들의 대표성도 왜곡되었다. 성, 계층, 지역, 연령의 주요 원칙들이 엄격하게 지켜지지 않았다. 셋째, 공론조사의 핵심이라고 할 수 있는 시민들간의 토론(소그룹 토론, 전체 토론)없이 전문가들만의 토론으로 진행되었다. 넷째, 전문가들을 대상으로 하는 전체 질문과 토론 시간에 스튜디오 참여자들 중 소수의 시민단체 관련자에게만 사전에 질문이 허용되었고 그 질문 내용과 토론도 극히 피상적이었다. 다섯째, 자료집이 충실하지 않아서 1차 토론 후에 찬반 진영의 자료를 다시 제공했고, 자료집 발송도 1차 전문가 토론 이후에 발송되었다.

3. 비판과 반론

피시킨은 공론조사의 경험을 토대로 토의민주주의를 비판하는 관점에 반론을 편다(Fishkin & Luskin 2005, 289-290). 그는 먼저 토의민주주의에 대한 비판을 세 가지로 정리했다. 첫째, 시민들의 토의는 불가능하다. 대중은 너무 혼란스럽고, 일관적이지 않으며, 무지하기 때문에 대중의 의견을 듣지 말아야 한다(Schumpeter 1942; Posner 2004). 둘째, 시민들의 토의는 불필요하다. 대중의 선호는 이미 정보를 갖추고 있으므로 그들의 현재 의견을 인정해야 하고 추가적인 토의는 시간낭비에 불과하다(Popkin 1992; Lupia and McCubbins 1998). 셋째, 시민들의 토의는 해롭다. 시민들의 토의는 실행가능하며 기존 선호를 바꿀 수도 있지만, 그것은 결과적으로 참여자들의 선호를 악화시킨다. 특정 집단의 선호가 토론에서 유리한 고지를 점하거나(Sanders 1997), 토론 집단 내에서 의견이 극단화되어 다수집단이 더 커지기 때문이다(Sunstein 2003; 오현철 2007).

피시킨은 공론조사 경험을 요약한 후,[2] 위의 비판들에 대해 반박한다(Fishkin & Luskin 2005, 290-292).

첫째, 참여자들의 의견 변화와 투표의향 변화는 교육수준을 포함한 사회인구통계학적 변수와 무관하게 나타난다. 참여자들은 공론조사에서 많은 것을 배우고 자신의 의견을 변화시킨다. 적게 배운 사람이 많이 배운 사람의 의견을 따라간 것이 아니라, 적게 배운 사람과 많이 배운 사람이 다 같이 자신의 의견을 합리적으로 변화시켰다. 대중적 논쟁이 선택의 혼란과 이율배반을 야기할 것이라는 주장은 오류였다. 오히려 토의가 집단적 혼란을 완화시킨다.

---

2 피시킨이 요약한 공론조사 결과는 다음과 같다.
(1) 공론조사 참여자들은 대표성이 있으며 정치적 평등성이 충족된다.
(2) 참여자들은 통계학적으로 의미 있는 의견 변화를 보인다.
(3) 참여자들이 통계학적으로 의미 있는 수준으로 투표참여 의사를 변경하였다.
(4) 참여자들은 유익한 정보를 얻는다.
(5) 참여자 의견변화, 투표참여 의도 변화, 정보 획득은 상호 연관되어 있다.
(6) 의견변화, 투표참여 의도 변화는 사회인구통계학적(sociodemographic) 변수와 무관하게 거의 전 계층에서 이루어지며, 특정한 집단만이 의견변화를 보인 것이 아니었다. 토론에서 다수집단의 의견이 일방적으로 관철되지 않았으며 다수집단 구성원의 의견도 변화했다.
(7) 토의 후에, 정책에 대한 태도와 투표 의향이 좀 더 예측가능하게 되었고, 규범적으로 바람직한 기준에 더 부합되었다.
(8) 선호의 단봉성(Single-Peakedness)이 증가하여 투표의 딜레마인 선호가 순환하는 문제의 해결 가능성을 높인다.
(9) 선호의 단봉성 증가와 정보 획득은 상호 연관되어 있다.
(10) 선호가 항상 극단화되는 것은 아니었다. 약 절반의 소집단에서 극단화가 나타났지만, 절반은 그렇지 않았다.
(11) 집단들 내에서 선호가 동질화되지 않았다. 조정자가 균형을 맞추기 때문으로 추측된다.
(12) 균형된 토의가 균형된 학습을 증진시키는 경향이 있다.

둘째, 대중들은 이미 '완전한 정보'에 기반한 선호에 도달했거나 거의 근접했기 때문에, 대중들이 이슈에 대해 학습해도 관점을 크게 바꾸지 않는다는 주장도 오류이다. 대중들은 토의 과정에서 자신의 선호가 자신들이 진정으로 원하는 것이 아니었음을 알게 되어 기존의 선호를 바꾸었다.

셋째, 배심원 집단을 연구한 이론가들은 불균형한 '논쟁풀'과 '사회적 비교와 순응' 메커니즘에 의해 참여자들의 의견이 극단화될 것이라고 주장했다. 그러나 결과는 그렇지 않았고, 대표적인 비판가 선스타인도 이 결과를 인정했다. 선스타인은 공론조사가 집단극단화와 다른 결과를 보인 요인을 다음과 같이 설명했다. 공론조사는 참여자들이 동질적이지 않도록 무작위 추첨을 통해 다양성과 대표성을 띤 소우주를 구성하게 함으로써 일반적인 소집단 토의와 질적으로 다른 결과를 낳는다. 공론조사는 비밀투표를 하므로, 다양한 논의와 생각을 가능하게 한다. 참여자들은 양 극단의 시각을 균형있고 상세하게 제시하는 문건을 제공받으며, 전문가 패널이 소집단 토론의 질문에 답변해 줄 수 있다. 전문 자료와 전문가 패널이 토의자들에게 풍부한 논쟁풀을 제공해 준다. 또 조정자가 토론을 조율하여 특정한 사람이 토론을 지배하지 못하게 방지하며 모든 사람들이 토론에 참여하도록 유도한다(Sunstein 2003, 97; 오현철 2007). 공론조사의 토의와 배심원 집단의 토의가 다른 결과를 낳는 결정적인 이유가 조정자 역할에 있다는 경험 연구도 있다(Fishkin & Luskin 2005, 293-294).

4. 공론조사에 의한 의사결정의 장점

공론조사는 단순한 의견조사를 넘어 정책을 최종 결정하는 방법으로 활용할 수 있다. 국가가 합의회의, 시민배심원, 시민자문위원회, 포커스 그룹, 시나리오 워크숍 등 시민들로 구성된 토의기구에 정책 결정권을 위임하는 것은 서구에서는 이미 보편화된 현상이다(참여연대시민과학센터 2002). 따라서 공론조사로 국가정책을 최종 결정하도록 권능강화하는 방안도 검토해야 한다. 그러나 다음과 같은 우려가 있을 수 있다. 첫째, 공론조사에 대표성없는 시민들이 참여하여 민의의 왜곡을 초래하고 토론도 왜곡되지 않을까? 둘째, 전문성없는 시민들이 합리적인 결정을 내릴 수 있는가? 셋째, 공론조사가 정치적으로 책임지지 않는 일반 시민들과 정책결정자들의 책무성을 담보할 수 있는가? 아래에서는 위와 같은 우려들을 검토한다.

1) 참여와 토의의 왜곡 가능성을 낮춘다

공론조사는 이해관계자가 직접 참여할 수 없기 때문에 왜곡된 참여 현상을 우려하지 않아도 된다. 공론조사는 표본 추첨에 있어 인구특성을 그대로 반영하므로, 토론 참여자로 선택될 가능성이 모든 사람에게 동일하게 부여되어 정치적 평등 조건을 충족시킨다. 작은공중의 토론에서는 토의가 왜곡될 우려도 없다. 합의를 지향하는 배심원제에서는 사회적으로 우월한 사람들의 의견이 토의를 지배하게 된다. 배심원들은 빠른 시일 안에 평결을 마치고 일상으로 돌아가기를 원한다. 이 때 다수와 의견이 다른 소수자는 딜레마에 빠진다. 자신의 의견을 고수하면 만장일치에 이르지 못해 다수에게 본의 아니게 피해를 주고, 다수의 의견을 따르면 자신의 의견을 포기해야 하기 때문이다. 특히 사회적으로 우월한 사람들이 다수를 이끌고 소수자가 반대 의견을 갖는 경우에 곤경에 처하게 된다. 그러나 공론조사의 토의는 합의를 지향하지 않고 만장일치를 강요하지 않기 때문에, 소수자일지라도 자신의 의견을 끝까지 개진할 수 있다. 이 점에서 공론조사는 정치적 평등과 평등한 토의를 결합하는 유력한 방법이다.

지금까지 공론조사는 전통적 여론조사 방법의 근본적인 문제점을 극복하는 대안적 조사방법이 될 수 있음을 보여주었다. 첫째, 참여자들은 토의에 임하면서 좀 더 효과적으로 정보를 갖추려는 동기를 갖게 되고 그 동기가 다른 토의 포럼과의 차이를 만들었다. 2003년에 미국 전역에 TV로 중계된 '대외원조에 관한 미국 외교정책 공론조사'가 대표적인 사례이다. 토의 이전에 참여자들의 19%만이 미국의 대외원조 예산이 1% 내외에 불과하다는 사실을 알고 있었다. 이 수치는 전통적인 여론조사 결과와 일치하였다. 그러나 토의 후에 그 사실을 알고 있다고 대답한 비율이 64%로 급증하였다. 이러한 정보가 참여자들의 의견 변화에도 영향을 미쳤다. 토의 이전에는 참여자들의 다수가 대외원조를 축소해야한다고 생각했지만, 토의 후에는 다수가 원조를 증대해야 한다고 생각을 바꾸었다.

둘째, 공론조사 토의 경험은 사회 문제에 대한 개인의 '무응답 태도'에 변화를 가져온다. 참여자들은 경쟁하는 논쟁들을 검토할 동기를 갖게 되고, 자신의 질문에 대한 대답을 듣고자 하고, 신중한 판단을 내리게 된다. 처음에 자신의 의견을 갖지 않았던 사람들도 토의 과정 후에 자신의 입장을 분명히 하였다.

셋째, 공론조사는 동류집단하고만 소통하는 문제를 해결할 수 있다. 덴마크의 공론조사에서 참여자들은 처음에 자신의 입장과 같은 정보만을 취사선택해서 접근했다. 그러나 토의 후에는 자신의 입장과 반대되는 정보를 알게 되어, 참여자들간 정보 격차가 줄어들었다. 공론조사가 근본적으로 생각을 달리하는 사람들이 함께 토론하는 공적 공간을 창출한 것이다. 경쟁하는 주장들을 이해하기 위해서는 다양한 사람들과 논의할 필요가 있으며, 다른 사람들의 관점에서 그들의 관심사와 가치들을 이해할 필요가 있다. 무작위 표본집단에서 선발되어 무작위로 배치된 공적 토론이 그 목적을 성취할 수 있게 해준다.

2) 합리적 결정을 유도한다

대의민주주의에서 정책결정은 대부분 토의보다 협상에 의존한다. 의원들은 소속 정당의 당규와 당론에 구속되어 특정한 사안을 지지하거나 반대하도록 요구받기 때문에 현대 의회는 토의를 제약하는 공간이다. 공론조사 같은 토의 포럼에 참여하는 시민들은 의원들보다 자유롭게 토론할 가능성이 더 높다. 그들은 선거구민이나 정당에 구속되지 않으며, 거래해야 할 만큼 결정력있는 표를 행사하지도 않고 자신의 표를 두고 거래할 필요도 없다. 그러므로 법안의 장단점이나 근본적인 물음에 따라서 자신의 의견을 자유롭게 수정할 수 있다(Fishkin & Luskin 2005, 286).

공론조사는 인식론적으로 우월한 결과를 도출한다. 공론조사에 선발된 사람들은 토론에 참여하기 전에 주변 사람들과 일종의 선행 토의를 한다. 이 때는 사회적으로 동질적인 사람들이나 자신의 의견에 공감하는 사람들과 의견을 나누기 때문에 정보 다양성 측면에서 불균형적이다. 그러나 공론조사의 소그룹 토의에서는 무작위 추첨으로 선발된 사람들의 다양한 의견이 제시되어 선행 토의보다 질적으로 높은 토의를 구성한다(Fishkin & Luskin 2005, 289). 공론조사는 참여자들이 학습하고, 생각하고, 대화할 수 있도록 토의 절차를 설계한다. 이러한 토의 과정이 공론조사 결과에 인식론적 우월성과 정당성을 부여해 준다.

공론조사가 인식론적으로 타당한 결과를 산출하는 이유는 참여자들이 자신의 의견을 토의 과정에서 합리적으로 수정하는 과정에 있다. 공론조사에 참여한 사람들은 네 가지 계기에 의해 자신의 선호를 바꾼다(Goodin & Niemeyer 2003, 635). 참여자들이 이슈에 대해 많은 것을 알게 되고, 전문가와 다른 참여자들의 의견을 경청하며, 자신이 좋아하는 방향이 아니라 사회에 좋은 것을 찾기 위해 생각하며, 다른 참여자들과 토론하고 자신의 주장을 정당화하는 과정에서 이전에 가졌던 생각을 바꾼다. 위와 같은 정보 습득 → 증언 청취 → 관점 변화 → 집단 토론의 과정들이 공론조사 결과에 인식론적 우월성과 정당성을 부여한다.

이러한 의견 변화는 토의가 실제로 합리적으로 이루어질 때에 가능하다. 아래의 표 8-2는 2000년 덴마크에서 유로화 가입 여부를 주제로 시행된 공론조사 종료 시점에 참여자들을 대상으로 조사한 결과이다(김원용 2003, 87). 이를 통해 공론조사 토의의 질적 수준을 가늠해 볼 수 있다. 이 조사 결과는 공론조사 토의가 피상적이지 않고, 참여자들이 자신과 의견이 다른 사람들의 주장을 이해하게 되고, 타인의 의견이 자신의 의견 형성에 도움을 주며, 자신의 이익이 아니라 국가 수준의 이익을 고려해 논쟁을 하며, 서로를 동등하게 존중하고, 전체 과정에서 공감대가 형성됨을 보여주고 있다. 조사 결과는 공론조사가 작은공중의 목적을 충실히 실현하고 있음을 보여주고 있다.

표 8-2. 덴마크 공론조사의 소그룹 토의에 대한 평가

설문 내용	그렇다	중립	그렇지 않다
처음부터 소그룹 내에 공감대가 형성되어 있었다.	25	21	57
토의 진행되는 과정에서 그룹 내 공감대가 형성되었다.	82	10	8
전체 토론회를 위해 선정된 질문에 동의하기 어려웠다.	28	12	60

토의가 피상적이었다.	10	10	80
토의할 시간이 부족했다.	68	11	21
주제와 관련된 모든 측면에 대한 토의가 이루어졌다.	64	17	19
나의 견해와 반대되는 주장에 대해 이해하게 되었다.	84	11	5
참석자들은 어떤 것이 모든 국민들에게 가장 공정하고 최선의 대안인가라는 관점에서 자신의 주장을 펼쳤다.	70	18	12
서도 다른 입장들이 동등하게 존중을 받았다.	85	9	4
다른 사람의 주장이 내 자신의 의견을 형성하는 데 유용했다.	69	17	14

위의 표에서 공론조사 소집단 토의의 장점을 파악할 수 있다. 처음에 참여자들의 소집단에는 공감대가 형성되지 않았지만, 토의가 진행되면서 집단 내 공감대가 형성되었다. 전체 토론회를 위해 선정된 질문에 대체로 동의하였으며, 토의는 피상적이지 않고 구체적·실제적이었다. 더 많은 시간 동안 기꺼이 토의할 수도 있었지만 주어진 시간이 충분하지 않았다. 하지만 주제에 관련된 모든 측면에 대해 진지한 토의를 하였고, 토의 과정에서 자신의 생각과 반대되는 주장의 내용과 의도를 이해하게 되었다. 국민에게 가장 좋은 대안인지에 관해 자신들의 주장을 충분히 말했고, 토의 과정에서 모든 사람들의 의견이 동등하게 존중받았다. 다른 사람들의 주장을 들으면서 자신의 의견을 새롭게 형성할 수 있었다.

3) 책무성을 높인다

책무성(accountability)이란 자신의 결정이나 행위에 대해 스스로 책임지는 태도를 의미하는데, 정책결정자의 책임있는 결정을 유도하는 사전 책무성과 결과에 대한 책임을 묻는 사후 책무성으로 구분할 수 있다. 사전 책무성은 정치인이나 관료 같은 정책결정 담당자들이 현재의 갈등 사안이나 미래의 갈등 이슈를 부담없이 제기할 여건을 조성하여, 갈등을 사전에 방지하는 정책을 결정하도록 유도할 때 적용된다. 예를 들어, 한정된 예산과 시민들의 복지요구가 상충될 경우, 정책결정자들은 선거 부담 때문에 증세의 필요성을 말하지 않는다. 당면 문제 해결에 정치적 부담이 지워질 때, 공론조사는 공직자들이 부담없이 정책결정 권한을 시민에게 위임할 수 있는 유력한 방안이다.

공론조사 참여자들에게 정책결정 권한을 부여할 때 작은공중에 대한 사후 책무성이 논의될 것이다. 이 경우에 사후 책무성 대상은 직접적으로 작은공중이지만 실제로는 전체로서의 국민이 될 것이다. 공론조사에 참여하는 대표성있는 시민들은 통계학적으로 전체 국민으로 간주되며, 공론조사에 의한 결정은 결정자와 수용자 즉 치자(작은공중)와 피치자(전체 국민)가 동일한 가장 민주적인 정책결정이 된다. 따라서 작은공중은 전체 국민에게 미치는 영향 때문에 높은 책무성을 가지고 토의에 참여할 것이다. 또한 공론조사는 토의 과정에서 입장이 다른 사람들에 대한 이해 수준을 높여 주어 갈등이 발생할 가능성을 최소화하기 때문에, 정책집행 과정에서 사회적 갈등에 따르는 사후 책무성 부담도 최소화한다.

4) 타당한 결정을 유도한다

공론조사는 민주적이고, 이성적이며 책임감을 동반하는 타당한 정책결정을 유도한다. 전문가들에 의한 의사결정보다 더 나은 결과를 산출할 수 있으며, 다양한 정보와 지식을 동원하기 때문에 기존 선호보다 더 합리적인 선택을 유도하고, 기득권의 이익에 편향되기 쉬운 기존의 의사결정 과정을 교정할 수 있고, 안정적이고 일관된 선호를 창출하기 때문에 사회적으로 타당성있는 결정을 유도하는 탁월한 방식이다.

공론조사는 위와 같은 장점이 있기 때문에 국가정책을 결정하는 방안으로 적극 활용해야 하며 사회적 파급효과가 크고 갈등이 예상되는 문제부터 공론조사로 결정하는 것이 바람직하다. 공론조사는 정치체계가 심각한 사회적 갈등이 예상되는 문제를 결정할 때 발생하는 부담을 경감시키며, 근본적인 가치 충돌을 야기하는 문제에서 구성원들이 포용과 이해의 태도를 갖도록 하여 갈등을 줄이고, 정책에 대한 사회적 합의를 형성해 정책 수용성을 높이기 때문이다.

09
선거법을 만드는 시민의회

공론조사는 토의민주주의의 결함으로 비판되었던 참여와 토의 왜곡 가능성을 낮추었고, 시민들의 합리적 의사결정 능력을 제고했으며, 시민들과 공직자의 책무성을 높였다. 이처럼 민주적으로 구성되고 의사결정 기구의 요건을 갖춘 공론조사도 2004년까지는 의사결정 권한을 갖지 못하였다. 그러나 2004년에 세계에서 최초로 캐나다 브리티시 컬럼비아주에서 층화무작위추첨 방식의 토의기구인 시민의회가 법적 권한을 갖게 된다.

1. 브리티시 컬럼비아의 정치적 난관

2004년 캐나다 브리티시 컬럼비아주는 민주주의를 실천하는 방법을 근본적으로 다시 성찰하도록 만들었다. 주 정부는 층화무작위추첨으로 선발된 시민들로 브리티시 컬럼비아 시민의회(British Columbia's Citizens' Assembly)를 구성하였다. 시민의회는 주의원 선출에 필요한 선거법안 작성 권한을 부여받았다. 시민의회가 마련한 선거법안이 주민투표에서 승인되면 곧바로 정식 법률안으로 승인될 예정이었다. 시민의회는 11개월 동안 거의 매주 모여 토의한 후 선호이전식 투표제(Single Transferable Vote)를 새로운 선거방식으로 확정하여 주민투표에 회부하였다.

브리티시 컬럼비아에서 혁명적인 실험을 시작하기까지, 캐나다 정치사회는 심각한 불신을 받았다. 정당 가입률과 투표율은 급감하였고 시민들의 정치 혐오감은 깊어졌다. 의회가 유권자를 대변하지 않고 적절하게 반응하지도 않는다는 불신이 널리 퍼졌다. 특히 '소수득표 집권당', '균형잃은 승리(lopsided victories)' 문제가 불신을 증폭시켰다. '소수득표 집권당'은 여당이 야당보다 더 적은 표를 얻고도 더 많은 의석을 차지하는 현상을 말한다. 1990년대의 많은 선거에서 집권당은 야당보다 적게 득표하고도 다수의석을 차지했다. 1996년 선거에서 신민주당(NDP)은 39%를 자유당은 42%를 득표하였다. 그러나 의석수에서는 신민주당이 75석의 과반수가 넘는 39석을 차지하여 집권하였다. '균형잃은 승리'는 정당의 득표율과 의석수의 비율이 크게 훼손된 현상을 말한다. 2001년 선거에서 자유당은 57%를 득표하였지만 의석수는 79석의 97%인 77석을 차지하였다. 결국 의회에서 집권당을 견제할 세력이 사라져버려 '선출된 독재'라는 비난을 받았다. 이러한 현상은 뉴 브룬스윅, 프린스 에드워드 아일랜드Prince Edward Island에서도 나타났다.

투표로 선출된 의원들은 대부분 고등교육을 이수한 중년의 백인 남성이었고 집단적으로 하나의 특권층이 되었다. 이들은 시민들의 요구를 정책으로 만드는 일에 관심을 주지 않아서 불만이 높았지만, 이 문제를 해결해야 할 의회 시스템은 기능이 마비되었고 만연된 당파주의가 의회를 지배하였다. 의회제도 자체가 심각한 민주적 결핍을 드러냈고, 민주 정부가 시민들에 "의해"서가 아니라 시민들에 "대해" 운영되었다. 이러한 역전 현상의 원인은 득표수와 의석수를 균형있게 분배하지 못하는 단순다수대표제 때문이었다. 선거제도 개혁이 필요했지만 정치인들은 자신들이 당선된 제도를 개혁하지 않았고, 의원들의 이해관계 때문에 올바른 개혁안을 기대하기 어려웠다. 이러한 상황에서 신임 수상이 시민의회를 구성한 것은 시의적절한 조치였다.

2. 시민의회 활동

브리티시 컬럼비아주는 2003년 4월 연령, 지역, 성별을 고려한 층화무작위추첨으로 79개의 선거구에서 2명씩 선발하여 시민의회를 구성하였다. 시민의회의 임무는 다양한 선거제도들을 평가한 후 기존의 단순다수대표제를 유지하는 결정을 내리거나 새로운 제도를 권고하는 것이었다. 시민의회가 새로운 선거제도안을 결정하면 그 채택여부를 주민투표로 최종 결정하도록 하였다.

시민의회 의원 선발과정은 세 단계를 밟았다. 1단계는 지리적 대표성을 확보하기 위해 선거구마다 남녀 각 100명씩 무작위로 선택된 200명에게 우편물을 발송하였다. 선거로 선출된 전·현직 공직자, 선거 출마자들의 직계 가족, 정당 당직자들이 아니라면 누구나 선발 대상이었다. 인구 대표성을 보장하기 위해 유권자를 연령대(18-24세, 25-39세, 40-55세, 56-70세, 71세 이상)와 성별로 그룹화하였다. 이들에게 시민의회의 목적, 임무, 책임을 설명하고 참석 의향을 묻는 우편물을 발송하였다. 참석 의사를 밝힌 사람들을 다시 선거구, 성, 연령별로 그룹화하였다. 2단계는 이들 중 참여의사를 밝힌 1,441명 중 연령 분포를 감안하여 성별로 조직한 후, 적합성 여부와 참여 의지를 확인하기 위한 미팅에 초청하였다. 3단계에서 실제 참여한 964명을 대상으로 추첨을 통해 선거구마다 남녀 각각 1명씩 선발하였다. 이렇게 79개의 선거구에서 158명을 선발하고 원주민(aborigine) 2명과 시민의회 의장 1인을 합하여 총 161명으로 시민의회를 구성하였다. 최종 선정된 161명은 다양한 직업군이 포함된 다문화 그룹이 되었다. 시민의원에게는 회의에 참여한 1일당 150달러의 수당과 교통비·숙박비를 지급하였다. 시민의회가 활동한 거의 1년 동안 단 한 명만 중도에서 탈락하였고 시민의원들의 출석률은 일관되게 95% 이상을 유지했다.

시민의회는 활동을 2004년 1~4월 학습, 5~6월 공청회, 9~11월 토의의 세 단계로 진행하였다. 첫 번째 학습단계에서 6차례의 주말 학습을 진행하였다. 시민의원들은 진행요원과 전문가들의 강의 및 문헌자료 등을 다양하게 활용하는 한편, 캐나다 대학의 정치학과 3학년 학생들이 사용하는 수업교재로 선거제도를 학습하였다.

두 번째 공청회 단계에서 시민의원들은 총 50회의 공청회에 참석하여 수천 명 시민들의 의견을 들었고, 문건으로 제출된 1,603통의 의견서를 읽었다. 일반 시민들 누구나 공청회에 자유롭게 참석하여 발언하였고, 시민의회에 메일과 우편으로 의견을 보냈다. 공청회마다 최소 4명 이상의 시민의원이 참석하였다. 공청회에서 발언하는 시민에게 10분간의 발표 시간과 10분간의 질의응답 시간이 주어졌다. 50회의 공청회에 약 3천 명의 시민들이 참석하였다. 이 기간 동안 발표한 시민 중 단순다수대표제를 지지하는 사람은 거의 없었고, 혼합형 비례대표제(MMP)가 적절하다는 의견이 많았다. 선호이전식 투표제 지지자는 소수에 머물렀다.

마지막 토의 단계에서 시민의회는 최종 선택할 선거 제도를 집중적으로 토의하였다. 1주차에는 사전에 제시된 8가지의 바람직한 선거 기준 중 3가지를 선정하도록 하였다. 시민의원들은 거의 예외없이 효과적인 지역 대표성, 비례성 원칙, 유권자 선호의 극대화를 선택하였다. 2주차 토의 과정에서는 다섯 가지의 주요 선거제도 중 부적합한 것을 차례로 제외하였다. 최종적으로 비례대표제와 선호투표제가 남았는데 이 중 선호투표제에 대해 먼저 토론하였다. 3주차에는 가능한 12가지 비례대표제 모델을 대상으로 토의하였다. 비례대표제 모델들에 대해 토론할 때마다 오히려 선호투표제의 장점이 더 부각되었다. 4주차에 선호투표제가 3가지 주요 가치(지역 대표성, 비례성, 유권자 선호 극대화)에 더욱 부합된다는 데에 대체적인 의견이 모아졌다. 시민의원들이 표결한 결과 선호투표제 146표 대 비례대표제 7표로 선호투표제가 선정되었다. 5주차에 다른 고려 사항들을 토론하고 선호투표제를 최종안으로 결정한 후, 다음 날 투표를 통해 현행 단순다수대표제를 선호투표제로 바꿀 것을 권고하는 안을 채택하였다.

시민의회 활동기간 중 홈페이지는 캐나다에서 접속이 가장 많은 사이트 중 하나였다. 브리티시 컬럼비아 주민 10명 중 6명 꼴로 접속하였다. 홈페이지는 대중적 요구를 집약하고 교육 자료를 생산하는 등 시민의회 활동을 홍보하는 가장 효과적인 수단이었다. 11개월 동안 총 51,353 회의 조회수를 기록하였고, 전세계 151개국의 네티즌들이 방문하였다. 공청회에서 발언하는 것과 홈페이지에 글을 올리는 활동에는 분명한 차이가 있는데, 홈페이지의 글은 장기간 노출되고 관련 사이트에도 연계되므로 영향력이 더 크다. 홈페이지에 제안하는 과정 그 자체가 대중적 대화의 주제가 되었고, 홈페이지에서 각 제안에 대해 토론할 수 있었다. 특정 단체의 조직적 활동도 나타났다. 비례대표제를 선호하는 이들이 홈페이지에서 이 제도를 조직적·집단적으로 옹호하여 게시판에 올라온 의견의 절대 다수가 비례대표제를 선호하였고, 시민의회 의원들에게 비례대표제에 관한 과도한 양의 의견이 쇄도하였다. 그러나 시민의회의 최종 결론은 비례대표제가 아닌 선호투표제였다(Ward 2006, 10-11).

2005년 5월 17일 주선거와 함께 실시된 주민투표에서 시민의회 권고안이 표결에 붙여졌다. 권고안은 투표자 60% 이상의 지지와, 79개 선거구 중에서 60% 이상인 48개 주에서 과반수를 획득해야 법률로 승인될 수 있었다. 권고안은 79개 선거구 중 77개에서 과반수를 획득하였지만 전체 투표의 57.7%를 얻어 부결되었다. 동일한 권고안이 다시 한 번 2009년 주 선거에서 주민투표에 회부되었으나 또 다시 부결되었다.

3. 시민의회의 성과

시민의회의 첫 번째 공식 활동은 선거제도 채택에 필요한 기본 가치를 도출하는 것이었다. 전문가가 아닌 시민들이 이 원칙을 수립한 것은 중요한 의미를 갖는데, 시민의원들이 자율적·창조적으로 토의에 임했다는 것을 증명하기 때문이다. 시민들이 선정한 3가지 기본 가치들은 '비례성을 반영하는 공정한 선거 결과', '효과적인 지역 대표성', '투표자에게 더 많은 권한부여'이다. 첫째, '비례성을 반영하는 공정한 선거 결과' 원칙이란 인민에 의한 지배라는 민주주의 원리를 실현하기 위해 각 정당이 획득한 득표수에 비례하여 의석수를 분배한다는 것이다. 둘째, '효과적인 지역 대표성 원칙'은 지역 공동체를 위해 발언하는 지역 대표를 선발해야 한다는 것이다. 셋째, '투표자에게 더 많은 권한 부여' 원칙은 시민들이 자신들의 이해관심을 대표하는 후보 선출 기회를 최대한 확보해야 한다는 것이다. 유권자들은 동일 정당의 후보자들 중에서 선택할 권한을 가져야 한다(Final Report 2004, 2).

위의 가치들과 함께 두 가지 이슈가 처음부터 중요하게 논쟁되었다. 그것은 유권자와 정당관계, 유권자와 정부형태였다. 기존 선거제도에서는 투표자와 정당 간 권력불균형 현상이 나타나기 때문에 유권자와 정당관계가 문제되었다. 기존 제도에서는 시민이 아니라 정당이 선거와 의회 및 정부 정책을 지배하였다. 정당 규율에 의해 투표자의 선택권은 처음부터 제한되었고, 이를 교정하려면 투표자와 정치인이 균형잡힌 파트너십 속에서 함께 일하도록 선거제도를 바꿀 필요가 있었다. 또 기존 선거제도가 유권자의 의지와 무관하게 인위적으로 다수당 정부를 만들기 때문에 유권자와 정부형태가 문제되었다. 캐나다인들은 이러한 인위적 과반수를 자연스러운 결과로 받아들지만, 시민의원들은 인위적인 다수당 정부가 선거의 기본 가치들보다 더 우선할 수 없다고 생각했다(Final Report 2004, 2).

세 가지 기본 가치와 두 가지 주요 이슈에 대해 토의한 후 시민의회는 브리티시 콜럼비아 선호이전식 투표제(BC-STV, British Columbia-Single Transferable Vote)를 추천하였다. 이것은 놀라운 결과였다. 선호투표제는 소수의 국가만이 채택하고 있었고, 전문가들은 선호투표제가 아닌 비례대표제가 선정될 것으로 예측하고 있었다. 시민의원들이 비례대표제를 선택하지 않았다는 점은 주목할 만한 가치가 있다(Lang 2007, 37).

선호투표제의 투표와 집계 방식을 간단히 설명하면 다음과 같다. 유권자는 후보자의 이름들이 표기된 투표지에 자기가 가장 좋아하는 후보자들부터 1, 2, 3…n으로 자신이 선호하는 순서를 표기한다. 유권자들의 선호는 1, 2, 3 순위로 집계된다. 1차 집계에서 각 후보들이 1순위로 지지반은 투표지 수를 집계하고, 정해진 쿼터를 넘으면 당선이 확정된다. 1차 집계에서 쿼터에 도달한 후보가 없으면 가장 적게 득표한 후보를 탈락시키고 그 후보의 표를 다음 순위 지지자에게 이전한다. 이런 식으로 지역구 의석수를 모두 채울 때까지 집계를 계속한다(박동천 2000, 90-91).

비례대표제에서는 정당간부가 비례대표 후보 순위를 정하기 때문에 정당 간부의 권력이 강한 정당중심 제도가 되지만, 선호투표제는 유권자가 순위를 부여하기 때문에 정당 간부보다 유권자의 의견을 더 충실히 반영한다. 하지만 정치인들은 지역구에서 선거 경쟁이 격화되기 때문에 선호투표제를 싫어한다(Carty 2005, 9). 선호투표제는 지역 대표성을 강화하고 유권자 선택에 가치를 부여하면서도 비례적 결과를 도출한다. 이러한 이유로 시민의원들은 비례대표제보다 선호투표제가 선거제도 채택을 위한 3가지 기본 가치에 더 부합하는 제도라고 판단했다. 정치인이나 전문가들이 미처 바라보지 못한 BC-STV의 장점들이 시민의 시각에서 도출되었다.

이처럼 시민의 시각으로 선거제도에 접근할 때 기대할 수 있는 정치적 효과는 다음과 같다.

ㄱ. 유권자 영향력 강화 : 유권자들에게 더 많은 선택지와 결정권을 부여한다.

ㄴ. 다양한 후보자 명부 : 정당은 정당 간부의 개인적 의지보다 지역구의 사회적 · 문화적 다양성을 충족시키는 명부를 작성해야 한다.

ㄷ. 정치인의 책무성 제고 : 정당 지지도에 편승하여 쉽게 당선되는 후보가 사라지고, 각 후보들은 정당 간부보다 유권자의 이해관심을 반영하기 위해 최선을 다한다.

ㄹ. 정당 규율 개선 : 정당간부가 갖고 있던 공천권이 약화되어 간부 중심의 정당 규율이 개선된다.

ㅁ. 비례대표성 : 소선거구 단순다수대표제와 달리 정당후보들이 득표에 비례하여 당선된다.

ㅂ. 연합 정치 제고 : 양당제보다 다당제를 유도하는 경향이 있어서 적대적 정치보다 타협적 정치 스타일을 유도한다.

ㅅ. 독립성 : 정당 프리미엄이 없는 무소속 후보자들에게 가장 유리한 제도로써 정당 지배로부터 독립적인 정치활동을 고무할 수 있다.

BC-STV는 많은 장점이 있다. 첫째, 쉽다. 투표자들은 자신의 선호대로 입후보자들에게 순위를 부여하면 된다. 둘째, 공정하다. 낙선자가 획득한 투표지도 사표가 되지 않고 계산되며, 각 정당의 의석수는 득표수에 비례한다. 셋째, 유권자들에게 더 큰 권력을 부여한다. 유권자들은 지역에 할당된 당선자 수만큼 한 정당 후보를 선택하거나, 여러 정당 후보들을 선택할 수 있다. 후보자들이 표를 획득하기 위해 주민들 요구에 민감하게 반응하기 때문에 지역 대표성이 강화된다. 넷째, 투표자들에게 더 많은 권력을 부여한다. 한 선거구에서 다수 의원을 선출하므로, 유권자들은 많은 입후보자들 중에서 다양하게 선택할 수 있다(Final Report 2004, 1). 선호투표제는 1인을 선출하는 보궐선거에도 활용할 수 있으며, 이 경우에는 '50% + 1표'를 획득한 사람이 당선되어 소수 득표로 당선되는 후보의 정당성이 약해지는 것을 방지한다.

소선거구 단순다수대표제에서 유권자들은 자신이 지지하는 정당과 지지하는 후보의 정당이 다를 때 곤경에 처한다. 지역구에서 한 명만 당선되기 때문에 지지 정당이 공천한 후보가 마음에 들지 않으면 유권자는 선택의 딜레마에 처한다. 이 때 유권자가 후보는 마음에 들지 않지만 지지 정당 때문에 그 정당 후보에 투표한다면, 선거의 실제 경쟁은 후보자에 대한 유권자의 선호보다 당내 공천 경쟁이 결정한다. 이런 선거체제에서 의원들은 유권자보다 정당 규율에 복종하며 정당을 옹호하는 대리인이 된다. 이와 달리 BC-STV는 투표지의 사표 방지 효과, 공정한 선거 유도, 효과적인 지역 대표성 제고, 더 많은 유권자 선택권을 보장한다. 이 제도는 정당 지향적 후보자들을 유권자 지향적으로 바꿀 수 있으며, 유권자들은 자신의 선호를 포기하지 않은 채 후보자와 정당을 자유롭게 선택할 수 있다. 또 BC-STV는 무소속 후보도 당선될 수 있는 유일한 비례대표 선거제도라는 장점도 있다(Final Report 2004, 3-5).

시민의회는 다음과 같은 변화들을 기대하며 선호투표제를 선택했다. 첫째, 유권자들의 변화를 기대했다. 가장 중요한 변화는 선거에서 유권자들이 자신들의 선호를 적극적으로 행사할 수 있게 된 것이다. 유권자들은 지지 정당과 지지 후보가 속한 정당이 다를 경우에도 자신의 선호를 분명하게 행사할 수 있다. 정당이 다수의 후보를 공천할 것이기 때문에 지지 정당의 다른 후보에게 표를 주면 되는 것이다. 둘째, 후보자들의 변화를 기대했다. 새로운 선거제도에서는 어떤 후보도 정당 지지도에 편승하여 당선될 수 없다. 유권자들은 같은 정당이 같은 지역구에 추천한 다수의 후보들 가운데에서 선택할 것이므로, 후보자들은 정당의 요구와 지역 주민의 요구가 다를 때 지역 주민들의 요구를 따를 것이다. 셋째, 정당의 변화를 기대했다. 거대 정당들이 소선거구제의 이점 때문에 차지했던 "안전한 의석"이 사라지고, 비례대표제의 특성에 따라 부당한 다수당(false majorities)이 나타나지 않게 된다. 따라서 정당들은 유권자의 이해관심을 의정활동에 더욱 적극적으로 반영할 것이다. 넷째, 의회의 변화를 기대했다. 의회제도의 목적은 정부가 의회에 의해 구성되고 의회에 책임을 지는 것이지만, 소선거구제는 인위적 다수당이 의회를 지배함으로써 의회를 정부의 부속물로 만들었다. BC-STV는 인위적 다수를 만드는 불공정한 제도를 종식시킬 것이다. 다섯째, 지방정부의 변화를 기대했다. 비례대표제의 특성으로 인해 연립정부가 수립될 수 있으며, 때로는 정당연합이 선거 이전에 구성될 수도 있다(Final Report 2004, 7). 정치인이나 전문가들이 아닌 시민의 시각에서만 위와 같은 변화를 가져오는 선거제도를 선택할 수 있다.

4. 시민의회가 보여준 가능성

1) 작은공중의 장점을 극대화

시민의회는 토의의 질, 책무성 측면에서 인상깊은 성과를 보여주었다. 작은공중은 거대 공론과 달리 참여자들의 면대면 토의가 활성화되며 불평등 효과를 보완하기 때문에, 이를 활용한 시민의회가 시민들로부터 최선의 것을 끌어낼 수 있었다. 시민의회는 존중, 관용, 공정한 마음, 상대의 의견을 기꺼이 경청하고 자신의 선호를 바꾸려는 마음가짐을 구성원들에게 내면화하였다. 시민의원들은 후에 인터뷰에서 개인적으로 권능강화와 토의의 효능을 체험하였으며 이러한 경험은 대화 포럼에서만 획득 가능하다고 말했다(Chambers 2007, 9).

2) 토의의 창조성, 효율성, 책무성을 높임

시민의회는 창조적 토의를 이끈다. 시민의원들은 의사결정 기준을 토의 과정에서 스스로 만들었다. 전문가들이 선호투표제를 추천하지 않았는데 시민의원들이 적극적으로 선택한 사실이 이를 뒷받침한다(Lang 2007, 61). 시민의원들은 학습 단계에서부터 스스로 정보를 재해석했다. 선거제도 선택 기준을 토의하던 중, 단순다수대표제의 가장 큰 장점으로 제시되었던 '안정적 정부' 개념을 지속적으로 비판했다. 안정적 정부가 좋은 것만은 아니며, 다수당 정부가 국민들이 싫어하는 걸 강요할 수 있고, 선거와 선거 사이에는 정부의 책무성이 결여되지만 더 이상의 투표나 피드백이 없다는 점을 집중적으로 비판했다.

이와 달리 지역 대표성은 토의 과정 처음부터 중요 가치로 제시되었다. 도시 지역 시민의원들은 시골 출신과 달리 지역 대표성을 중요하게 여기지 않았지만 토의 과정에서 그 필요성에 공감하고, 선거구를 확대하기보다는 지역 대표가 지역구에 봉사해야 한다는 결론을 내렸다. 이 점도 정당 간부가 후보자들의 순위를 정하는 비례대표제 대신, 투표자가 후보자 이름에 순서를 부여할 수 있는 선호투표제를 선택하는데 영향을 주었다. 이 과정에서 시민의원들은 적극적으로 정보를 재해석했으며, 처음부터 전문가나 선출된 공직자들과 다르게 생각하였다(Lang 2007, 57-58).

시민의회는 선거제도 선택을 위한 가치들을 결정할 때에도 독립적으로 활동했다. 시민의원들은 충분한 시간을 갖고 학술 자료를 검토할 수 있었다. 가족과 친지들의 의견을 경청하고 시민의원들끼리 충분하게 토의할 수도 있었다. 시민의원들에게는 다양한 공간이 제공되었다. 총회, 소그룹 토론, 온라인 포럼, 점심·저녁 식사 테이블, 공청회 참석과 회의 참석을 위한 여행, 가족·친지와의 대화 등에서 충분히 자신들의 관점을 발전시켰다. 소그룹 토론과 온라인 포럼은 시민의원들의 학습, 숙고, 토의에 가장 많이 기여하였다. 그리고 시민의원들은 실질적인 결정 권한을 부여받았다. 시민의회의 스탭들은 자신들의 선호를 드러내지 않고 시민의원들에게 시간, 공간, 권능을 부여함으로써 의원들의 실질적 권능강화에 기여하였다(Lang 2007, 52).

시민의회는 효율적 토의를 이끌었다. 시민의회가 처음 소집되었을 때 시민의원들이 선거제도에 대해 갖고 있던 정보 수준은 낮았으며, 이들 중 9%만이 특정 선거제도를 선호하였다. 토의가 거듭될수록 이들은 정보로 무장하고 사려깊이 사고하여 결정하는 시민이 되었다. 무작위로 선발된 160명이 정규 교육수준과 정치 관련 지식에서 큰 차이가 있었음에도 불구하고 새로운 선거 시스템에 대한 기본 가치들을 도출하고 동의를 이루어냈다. 선거제도에 대한 기술적인 문제들을 토론할 만큼 자신들의 이해 능력을 스스로 향상시켰고, 목소리가 큰 시민의원들이 다른 구성원들에게 특정한 선거체계나 결과에 대한 의견을 주입하지 않았다. 시민의회가 새로운 선거제도를 선택한 것은 이러한 상호작용 결과였다(Lang 2007, 53). 시민의원들은 전문적 안건에 대한 토의를 전문가들만이 할 수 있는 것은 아니라는 점을 증명하였다(Carty 2005, 7).

시민의회는 높은 책무성을 보였다. 시민의원들의 높은 책임감과 권능강화가 시민의회의 효율적 토의를 이끌었다. 다수의 시민의원들은 다양한 지역 자원 단체 활동에 적극적이고 사회참여 수준이 높은 사람들이었다. 그들은 열린 마음을 갖고 타인을 신뢰했다. 시민의원들에게 요구되는 준수사항은 존중, 열린 마음, 경청, 헌신, 포용, 긍정적 태도, 성실, 임무에 집중할 것이었으며, 시민의회 홈페이지에 시민의원들 사진과 약력을 공개했다. 시민의회 성공 요인 중 하나는 이와 같은 분위기에서 참여자들 스스로 책무성을 진지하게 수용한 것이다(Chambers 2007, 4-5).

또 다른 성공 요인은 권능강화였다. 시민의원들은 외부 압력으로부터 자유로웠고, 선거제도를 결정할 수 있는 실질적인 권한을 보유하였기 때문에, 선거제도 개선을 위한 특정 기준과 이익의 구체화가 가능했다(Lang 2007, 37).

5. 쟁점과 한계

1) 이익대표성 문제

시민의회 활동에 대한 평가에서 가장 큰 쟁점은 대표성 문제였다. 시민의원들은 '브리티시 컬럼비아 전체를 대표하는가? 자신의 지역을 대표하는가? 아니면 자기 자신을 대표하는가?'(Ratner 2005, 31) 시민의회 스탭들은 시민의원들이 자신들을 지역구 대표가 아닌 시민 대표로 생각하도록 유도하였다. 시민의회는 처음부터 연령, 성별, 지역, 계층을 기준으로 전체 주민 분포에 가장 근접하게 축소한 대표성있는 소우주로 간주되었다. 의원들은 브리티시 컬럼비아의 시민 입장에서 행동하도록 요구받았고, 투표가 아닌 추첨으로 선발되었기 때문에 지역구를 대변할 의무감에서 자유로웠다(Ward 2006, 5-7). 물론 스스로 자신을 지역구 대표자로 간주한 사례도 있지만 자신이 속한 집단의 대표자처럼 활동한 사람은 소수였다. 이들은 스스로 전체 주민의 이해와 필요를 충족시키는 결정에 기여할 것으로 믿었다.

추첨으로 선발된 사람들이 다양한 집단의 이해관계를 대변하지 못했다는 비판이 있다. 그러나 대표자들이 다양한 집단의 이해관계를 대변해야 한다는 생각은, 다양한 사적 이익 집약에 집착하는 대의민주주의 관점을 반복하는 것에 불과하다. 토의민주주의는 대의민주주의 관점과 달리 사적인 집단 이익보다 공적 이익을 우선 고려한다. 참여자들은 사적

이익의 대변자가 아니라 공동체 전체의 공적 이익을 토의적 이성으로 판단하는 시민이 되어야 한다. 시민의원들이 자신의 개인적 경험을 토대로 판단했을 수 있다. 하지만 그 경험을 공공선의 입장에서 다시 판단하도록 유도하는 것이 토의민주주의의 목적이며, 참여자들은 그러한 선호전환을 경험한 것이다.

그리고 층화무작위 선발된 시민의회가 '일반 대중의 관점을 대변할 것이라는 가정'은 시민의회의 기본적 전제를 오해한 것이다. 층화무작위 선발의 목적은 일반 대중의 관점을 대변하는 것이 아니라, 일반 대중들이 토론에 참여한 후 자신들의 판단을 스스로 인식하고, 정리하고, 말하고, 변화시켜서 이성적 결론에 도달하도록 유도하는 것이다. 토의민주주의의 기본 목적이 기존 관점과 이익을 취합하는 것이 아니라 민주적 대표성을 담지한 사람들이 정보에 근거하여 토의한 후 기존 관점을 이성적으로 변화시키는 것이기 때문이다.

2) 제도적 장벽

시민의회의 최종안은 주민투표에서 과도하게 요구된 의결 정족수, 비우호적인 언론 보도, 정당 엘리트들의 적대적인 무관심, 정부의 무책임 등 기존 정치 엘리트들이 설치한 명시적·묵시적 장벽들 때문에 법률안으로 승인되지 못했다. 그리고 주민투표 통과 기준이 다른 안건의 의결 정족수에 비해 지나치게 높았다. 이 같은 조건에서는 기존의 단순다수제를 지지하는 사람들이 40.1%의 지지만 동원하면 시민의회 결론을 부결시킬 수 있다. 이것은 표의 등가성을 해치는 불평등한 결정 방식이다.

주요 정당들은 개혁안에 무관심하거나 적대적이었다. 이들은 비례대표제에 의해 소수 정당들이 정치를 이전투구의 장으로 만들 것이라고 선전하였다(Ratner 2005, 32-33). 또 정당 엘리트들은 자신의 기득권 보호를 위해 시민의회의 토의와 결과에 중요성을 부여하지 않고, 개혁안이 시민들의 무관심 속에 폐기되는 것을 방치하였다. 언론의 보도 태도도 권고안이 부결되는데 일조했다. 시민의회와 BS-STV에 관한 언론 보도는 드물었고 그마저 지나치게 비판적이었다. 언론은 시민의회가 제기한 개혁안을 대중의 눈높이에 맞추어 제시하는데 실패하였을 뿐만 아니라, 정당의 주요 뉴스메이커들이 개혁안에 침묵할 때 동조했다. 정부는 거대 공론장에서 선호투표제를 활성화하는데 필요한 비용을 지불하지 않았다. 주민투표 캠페인은 비정당 엘리트와 풀뿌리 시민행동가들이 주도했지만 그들에게는 TV 광고를 제작할 돈이 없었다.

3) 거대공중의 승인 요구

주민투표에서 과도한 의결 정족수를 요구하는 것도 문제지만, 근본적으로 시민의회의 결정사항에 대해 거대공중의 승인을 요구하는 것이 타당한지 검토해야 한다. 공론조사를 창안한 피시킨(1997)의 전략은 작은 공중의 결론을 정책결정 엘리트에게 전달하는 것과 일반 대중에게 전달하여 사회 분위기를 환기시키는 두 가지였다. 시민의회의 최종안을 주민투표에 회부하는 시민의회 모델은 두 번째 전략에 해당한다. 그러나 이 모델의 문제점은 작은공중과 거대공중의 관계에 있다. 앞에서 설명한 바와 같이 거대 공론장에서는 이슈에 대해 의미있게 토의하기 어렵기 때문이다.

브리티시 컬럼비아의 여론조사를 보면 주민투표 3개월 전에 전체 주민의 50%만이 시민의회에 대해 읽거나, 보거나, 들은 적이 있다고 답했다. 주민투표 직전에도 39%가 아주 조금만 알고 있고 25%는 전혀 모른다고 답했다. 이것은 대중과 시민의회 사이에 단절이 있음을 보여준다. 작은 공중의 결론을 주민투표에 회부하여 거대공중이 최종 결정권을 갖게 되면 언제나 거대 공론장의 빈약한 추론, 약한 논증, 본질과 무관한 고려 사항들, 엘리트 조작 등의 문제가 반복된다(Chambers 2007, 6). 거대공중의 승인을 요구한다면 이러한 긴장은 지속된다. 거대공중으로부터 승인을 받아야 한다는 요구는 시민의회 활동을 근원적으로 제한하므로, 시민의회가 다른 국가기구나 거대공중의 승인없이 최종적인 결정 권한을 독자적으로 보유하도록 제도화해야 한다.

6. 시민의회의 이론적·실천적 의의

시민참여 거버넌스 활동이나 토의민주주의적 활동에 대해, 비판자들은 그동안 크게 두 가지에 초점을 맞추었다. 첫째는 참여자들이 정부로부터 독립적으로 활동하는지, 정부 인사가 토의를 조작하거나 토의기구가 공적 토론을 흡수하는게 아닌지를 의심하였다. 둘째는 시민 토의 포럼의 결론이 전문가 포럼 결론보다 우월한지 그리고 사회정의 원칙에 부합되는지에 회의적이었다. 지금까지 살펴본 것처럼 시민의회는 이 두 사항을 모두 만족시켰다. 시민의회는 정부와 전문가로부터 독립하여 스스로 창조적인 토의를 진행했다. 시민의회 토의는 시민들의 다양하고 생생한 경험을 토대로, 이슈를 자신들의 눈으로 다시 구성하고, 토론 용어들을 재조정하고, 정책 옵션들을 평가하는 새로운 기준을 개발하였다. 그럼으로써 "실질적인" 참여거버넌스를 가능케 하는 정치제도를 디자인하였다(Lang 2007, 65-66).

또 시민의원들은 토의를 통해 유권자 입장에서 바람직한 선거제도를 판단하는 기준을 만들고, 그에 맞는 선거제도를 적극적으로 찾아내 채택하였다. 그 제도는 유권자의 권한을 강화할 수 있는 방안이어서 전문가 패널의 권고안보다 좋고 사회정의에도 부합하였다. 이 결과는 이해관계자 집단이나 자발적으로 참여한 시민들의 포럼이 아니라, 층화무작위 선발한 시민들에게 권한이 부여되었기 때문에 가능했다. 많은 학자들은 시민의회 활동이 시민참여와 토의민주주의 관점에서 중대한 성공이었다는 점에 동의하고 있다. 이와 같은 성공 요인 중에서 중요한 것을 아래의 다섯 가지로 요약할 수 있다(Carty 2005, 7-8).

첫째, 무작위 선발. 무작위 선발된 작은공중은 전체 주민을 축소한 소우주 모델로 간주되어 그 자체로서 대표성을 담지하고, 그들이 도달한 결론은 전체 주민이 생각하는 가치와 관심을 반영한 것으로 간주된다.

둘째, 성평등. 토의기구의 성평등적 구성과 진행이 좀 더 시민적이고 상호 존중하는 토의 과정을 만들었다.

셋째, 임무의 중요성. 주의회 선거를 관장하는 선거법을 만드는 임무의 중요성이 참여자들의 열성을 자극하였다.

넷째, 독립성. 기존 엘리트나 제도로부터 독립적으로 활동하여 참여자들이 자긍심을 느끼고 스스로 책무성을 높일 수 있었다.

다섯째, 권한부여. 토의기구의 결론이 곧장 주민투표에 회부될 만큼 참여자들에게 막중한 권한이 부여되었기 때문에, 참여자들이 강하게 동기부여되었다.

브리티시 컬럼비아의 실험에서 중요한 것은 주민투표에서 시민의회의 권고안이 부결되었음에도 불구하고, "추첨이라는 평등한 참여 수단을 통해서 선택된 보통 시민들이 심의와 토론을 바탕으로 비록 권고 수준이지만 중요한 핵심 이슈인 선거제도 개혁 방안 자체를 결정했다는 사실"(이지문 2010, 10)에 있다. 브리티시 컬럼비아 시민의회는 민주주의의 새로운 길을 보여주었다. 직업 정치인들의 의회와 달리 시민의회 구성원들은 서로 간에 적대감이 없었으며, 시종일관 편향되지 않고 진지한 자세를 유지하였다(Ward 2006, 4). 그리고 시민의원들이 시민의 덕성을 발휘한 것이 성공을 이끌어 낸 주요한 요인이었다. 시민의회의 가치에 대해서 시민의회 의장인 블라니Jack Blaney는 "현대 역사에서 선거로 선출되지 않은 '일반' 시민들에게 중요한 공공 정책을 검토할 권력을 주고, 정책을 바꾸려는 제안의 승인을 시민들에게 맡겼던 민주 정부는 지금까지 결코 없었다"라며, "우리는 민주주의의 실행에서 시민들을 참여시키는 새로운 방식을 발견하였다"고 선언하였다. 지금까지 어떤 정부도 선출되지 않은 시민들에게 그처럼 중요한 임무를 부여하지도, 또 그와 같은 잠재적 권력을 부여하지도 않았다(Ratner 2004, 23). 이 실험은 정치권력을 일반 시민들에게 부여한 사례로써, 일반 시민들이 그처럼 강력한 권한을 갖고 정치 제도를 만든 세계 최초의 사례이다(Milner 2005, 3). 시민의회의 시도는 '시민 권능강화'라는 수사에 생명을 불어 넣었다.

브리티시 컬럼비아 시민의회는 전 세계에서 민주적 개혁가들의 주의를 끌었다. 학계에서는 토의민주주의의 '유망한' 사례(Levine, Fung and Gastil 2005, 5), '역사적으로 전례없는 민주체(democratic body)'(Snider 2005, 6)라는 찬사를 받았다. 캐나다에서는 프린스 에드워드 아일랜드, 퀘벡, 뉴 브룬스윅주의 수상들이 선거제도 개혁을 위한 시민기구 설립을 명령했고, 온타리오주도 유사한 시민의회를 구성하여 선거제도 개혁을 추진하였다. 캘리포니아주의 초당적 비당파층 의원들은 2006년에 모든 계층의 시민들이 참여하여 주정부를 개혁하는 역할을 담당하는 시민의회를 수립하는 법안을 발의했다(Gledhill 2006; Richman 2006).

네덜란드는 2006년 선거개혁을 위해 시민의회와 유사한 시민포럼(Burgerforum)을 출범했다(Lang 2007, 37). 호주에서는 공화주의적 헌법개혁의 기제로 시민의회가 제안되었다(Carson 2005).

같은 맥락에서 시민의회처럼 층화무작위 선발을 활용하는 시도들이 더욱 확산되고 있다. 최근의 예를 들면 크로스비Ned Crosby는 주민투표와 주민발의 과정을 개선하기 위해, 주민발의를 토의적으로 평가하고 비당파적인 평가 보고서를 제출할 층화무작위추첨으로 선발된 시민들로 구성하는 정책 배심원단을 활용할 것을 권고하였다(http://www.cirwa.org). 페레존John Ferejohn은 캘리포니아 주민발의 제도를 개선하기 위해, 주민발의를 실질적으로 수정할 수 있는 권한이 부여된 무작위로 추첨된 시민체(body of citizens)를 제안하였다. 이것은 직업 정치인들의 권력을 견제하는 수단인 동시에, 풍부한 자금을 바탕으로 자신들의 이익을 관철시키기 위해 주민발의를 악용하는 이익집단을 견제하는 수단이 될 것이다. 나아가 브릭하우스와 라이트Harry Brighouse and Erik Olin Wright는 영국 상원을 무작위 선발된 시민들로 대체하는 급진적인 제안을 하였다. 이 시민의회는 기존 상원과 유사한 권력을 부여받아, 법안통과 지연권, 재의 회부권, 거부권을 행사한다. 이 시민의회에 참여하는 시민 대표들에게 3년 동안 임금을 지불한다. 제안자들은 이 제도가 선거정치의 과도함을 견제하고 민주적 토의를 심화시킬 것으로 기대하였다(Lang 2007, 64).

10

도시정책을 설계하는 공동체대화[1]

1. 공동체대화의 특징

공론조사와 시민의회는 층화무작위추첨으로 구성원을 선발하였다. 이 모델은 통계적으로 민주적 대표성이 보장되지만 소수의 시민만 토의에 참여할 수 있다. 이와 달리 '공동체대화'는 다수 시민이 참여하여 다양한 수준과 다양한 방법으로 토의를 전개하는 거대공중 모델이다. 공동체대화는 시민들에게 사회적 이슈에 대한 포괄적인 정보를 제공하고, 일반 시민들이 직접 의견을 교환하고 문제를 해결하도록 한다. 진행과정에서 자료집 제공, 다양한 설문 방식 활용, 구체적이고 집중적인 토의 등을 다양하게 활용한다. 공동체대화 모델은 미국 오레곤주의 유진Eugene시, 캘리포니아주의 사크라멘토Sacramento시, 콜로라도주의 포트 콜린스Fort Collins시에서 실시하였다. 공동체대화를 실시한 각 도시

---

1 공동체대화는 윅스(Edward C. Weeks)의 2000년 조사("The Practice of Deliberative Democracy: Results from Four Large-Scale Trials")에 의존하였다.

별 특징은 다음과 같다.

유진시는 인구 12만 5천명의 대학도시로 다수의 백인과 소규모의 소수 인종이 거주하고 있다. 고등교육을 받은 다수의 시민들이 정서적으로 강한 동질성을 유지하고 있으며, 3개의 네트워크 방송사와 강력한 일간지 그리고 전투적인 '대안' 주간지가 적극적인 정치적 환경을 조성하고 있다. 사크라멘토시는 캘리포니아주의 주도이며, 인종적·민족적으로 다양한 40만명의 시민이 거주한다. 성인의 약 1/4이 고졸 이하의 학력이며 다양한 언론매체가 있다. 포트 콜린스는 도시 면적과 인구 규모가 유진시와 비슷한 대학도시이며 시민들이 자기 도시를 가장 바람직한 공동체로 간주한다. 정치적 활동은 유진시와 달리 수동적인 경향을 보이며, 언론환경은 덴버시의 미디어 시장에 편입되어 있고, 이 도시만의 정규 뉴스 프로그램이 없다.

유진과 사크라멘토시는 공통적으로 재정 적자에 허덕이고 있었지만 시민들의 복지 요구는 오히려 증대되고 있었다. 그러나 정치인들은 세수 증대 필요성을 말하지 않았고, 이익집단들은 자신들의 이익만 취하려고 하였다. 이러한 문제를 타개하기 위해 1991년~1992년에 이 도시들이 공동체대화를 도입하였다. 이들이 활용한 공동체대화의 주요 방법은 아래와 같다.

첫째, 시민 주도로 진행

- 의제설정 단계에서 시민들이 스스로 토론의 범위와 기간을 정하게 한다.
- 전략개발 단계에서 시민들이 유망한 대안들을 검증하도록 한다.
- 의사결정 단계에서 시민들이 선호하는 진행순서를 선택하도록 한다.

둘째, 정보제공

- 각 단계에서 풍부한 정보가 담겨 있는 뉴스레터와 요약문을 참여자들에게 제공하며 같은 자료를 공동체의 모든 가구에 발송한다.
- 요약문은 공동체의 토론 내용을 소개하며 정부 보고서에 필적하는 정보자료를 담는다. 이 요약문에는 정책을 실제적으로 설명하는 질문지가 포함된다.

셋째, 토론

- 워크샵을 개최하여 시민들이 함께 작업할 수 있는 공간과 환경을 제공한다. 워크샵에서 사회적 이슈를 둘러싸고 대립하던 시민들의 정치적 반목이 건설적이고 구성적인 토론으로 전환되도록 유도한다.
- 워크샵은 참여 시민들을 무작위로 나누어 소그룹에서 토론하게 한다.

넷째, 복합적 시민의견 조사

- 워크샵과 요약문은 모든 시민들이 토론 과정에서 자신들의 목소리를 반영할 수 있는 기회를 제공하지만 공동체의 일부분 특히 스스로 자원하여 참여하는 시민의 관점만 대변한다. 따라서 복합적 표본조사가 필요하다.
- 복합적 표본조사는 질문지 결과와 워크샵 결과를 비교하는 기준을 제공한다.

2. 유진시 결정

1) 진행 과정

유진시 의회가 활용한 공동체대화 방법은 아래와 같다.

ㄱ. 모든 가구에 시재정의 수입 · 지출 정보가 담긴 12쪽의 정보지를 배포한다. 이 때 예산 작업표(worksheet)도 함께 배포한다.

ㄴ. 워크샵을 개최하며 참여 시민들을 소그룹으로 나누어 면대면 방식으로 토론한다.

ㄷ. 워크샵에서 시민들에게 예산균형을 맞추는 임무를 부여한다.

ㄹ. 인구통계학적 대표성이 있는 사람들에게 발송하고 회수한 예산 작업표 형태의 질문지를 시민들에게 제공한다.

ㅁ. 별도로 무작위 선발된 사람들로부터 회수된 두 종류의 보충적 질문지를 제공한다.

모든 가구에 발송한 정보지는 다음과 같은 내용을 담고 있다.

ㄱ. 시의 재정문제에 대한 배경 설명

ㄴ. 시가 제공하는 45개 부문의 공공 서비스 요약 및 16개 항목의 세수 원천 소개

ㄷ. 각 서비스에 소요되는 예산과 해당 지출을 축소하거나 중단할 때의 영향 설명

ㄹ. 시민들 스스로 균형예산을 편성해 볼 수 있는 예산 작업표

뉴스레터를 전 가구에 발송할 때 예산 작업표와 도시 예산 모형을 함께 동봉하고, 무작위로 추첨된 유권자 집단에게는 예산 작업표를 동봉한다. 제공된 예산 모형은 800만 달러 적자에서 출발한다. 예산 작업표에는 신규 예산에서 추가로 적자 처리될 5개의 서비스 목록이 제시되어 있는데, 그 중에서 응답자는 필요하다고 생각하는 서비스를 선택한다. 다음으로 응답자들은 40개 서비스 항목에 소요되는 예산액을 검토하고 자신이 선택한 항목에서부터 감액하며, 예산 적자액을 16 종류의 세금 선택지에서 마음대로 조합하여 보전하게 한다.

예산 작업표와 함께 세 종류의 질문지가 활용되었다. 1,000매 이상의 질문지가 회수되었는데 질문 수준에 따라 회수율이 달랐다. 비용에 관한 정보가 없고 공공서비스와 세수조달의 균형을 맞추는 적극적 반응을 가장 적게 요구한 질문지A의 회수율은 73%, 비용정보를 포함하지만 서비스와 세수조달 균형을 요구하지 않는 질문지B는 70%, 가장 요구사항이 많은 질문지C는 53% 회수되었다. 각 질문지를 영차 상관법으로 분석한 결과 .89에서 .98에 이르는 높은 수준의 무모순성을 보였다.

워크샵은 참여자들을 7-9명의 무작위 소그룹으로 나누어 실시하였다. 각 그룹에는 시의회와 동일한 업무를 주었다. 예산 균형을 맞추기 위해 각 그룹은 서비스 향상, 서비스 축소, 세금부과 등을 마음대로 조합하여 다수결로 결정하였다. 참석자들은 자원봉사자와 시공무원의 보조를 받았고, 시의 부처장과 고위 관료가 비상근 전문가 역할을 하였다. 워크샵 참석율은 기대 이상이었다. 이전에 유진시가 개최한 공청회에는 200명 이상이 참석한 적이 없었으나, 유진시 결정 워크샵에는 860명 이상이 3시간 넘게 자리를 지켰다.

시민들 의견을 토대로 다음과 같은 과정을 밟아 정책을 결정하였다. 첫 번째 단계에서 시민들의 의견 조사 결과—워크샵 결과, 질문지, 서베이—를 의회에 보고하고 지역 주민들에게 배포하였다. 이 결과를 받아 본 시민들로부터 다시 의견을 구한 후, 시의회는 세 가지 포괄적인 방향을 세웠는데 그 안에는 48 종류의 비용절감 방법이 포함되었다. 첫 번째는 440만 달러의 비용을 감축하고 360만 달러의 세금을 추가로 부과한다. 두 번째는 새로운 서비스에 100만 8천 달러를 지불하는 대신, 기존 서비스에서 300만 달러의 비용을 절감하고 150만 8천 달러의 세금을 추가로 부과한다. 세 번째는 세금인상 없이 비용절감을 통해 예산균형을 맞춘다.

두 번째 단계의 토의는 위 조사결과에 대한 평가와, 비용절감 방법 및 다양한 세입 방안에 대한 시민들의 반응을 평가하기 위한 것이었다. 진행 과정은 첫 번째 단계의 토의 절차와 마찬가지였으며 구체화된 예산안이 포함되었다. 예산 작업표에서 응답자들은 3가지 전략에 우선순위를 부여하도록 요구받았다. 그리고 5가지의 확장된 서비스, 48가지의 비용절감 방법, 28등급으로 나뉘어진 11가지의 과세 선택지 가운데 응답자가 선택하여 예산을 짜도록 하였다. 보충적 질문지는 전통적 방식의 고정 선택지(fixed-choice)를 사용하였다.

두 번째 워크샵은 첫 번째 단계와 완전히 동일하게 진행되었다. 예산 작업표에 처음보다 더 많은 요구를 담았기 때문에 참여하는 시민들이 줄어들 것으로 예상되었다. 좀 더 까다로운 선택지들이 훨씬 많이 담겨 있었고, 논리적으로 모순되는 선택을 예방하기 위해 질문들이 훨씬 더 방대하게 구성되었다. 그러나 균형 예산 샘플 조사의 응답률은 첫 번째 단계의 53%에서 오히려 61%로 상승하였고, 예산 작업표의 회수율도 2배 이상으로 늘어 2,500장이 회수되었다.

2) 정책 영향력

최종 결과가 나온 후 시의회는 예상과 달리 예산 책정에서 시민들을 기만했다. 시의회는 지금까지의 진행 과정과는 반대로 새로운 서비스를 위해 1,000만 달러의 세금을 부과하여 균형을 맞추는 예산안을 채택하였다. 그러나 이 결정에 시민들이 분노하자 시의회가 자신들의 안을 철회하고 공동체대화 결과를 그대로 반영하는 예산안을 통과시켰다. '유진시 결정' 결과는 시민들이 중요한 공동체 이슈에 관련된 지속적인 대화에 참여할 수 있으며, 난해한 예산문제를 해결하기 위해 필요한 시간과 지적

에너지를 투여할 수 있음을 보여주었다.

3. 사크라멘토 결정

사크라멘토도 여러 해 동안 예산 적자 문제가 있었고, 균형예산을 달성하기 위해서 정책 결정자들이 인기없는 정책을 펴야 했다. 시장과 시의회는 포괄적인 공동체대화만이 예산 문제를 장기적으로 해결할 수 있는 방법이라고 결론지었다. 시의회가 사용한 방법은 기본적으로 유진시와 같았다.

유진시 사례와 가장 큰 차이점은 그동안 참여율이 낮았던 사람들을 참여시키려는 헌신적인 노력에 있다. 발표문과 토론 문건들은 스페인어, 중국어, 베트남어, 라오스어, 러시아어, 몽족어로 번역하여 배부되었다. 다양한 언어를 구사하는 지역 대학생들이 이웃의 문화센터 미팅을 이끌고, 공동체대화를 유도하고 질문지를 완성할 수 있도록 도와주었다. 문화센터, 교회, 종교센터, 법률구호 단체, 사회서비스 기구들이 협력하여 자신들의 공동체에 소식을 알려주고 참여를 독려하였다. 이러한 노력 덕분에 과거에 대표되지 못하던 집단들을 성공적으로 참여시켜, 질문지 응답자와 워크샵 참여자들의 분포가 인종, 민족, 소득에 있어서 인구통계학적 데이터와 거의 비슷하게 나타났다.

예산 작업표와 질문지 그리고 첫 번째 보충 질문지에 더해 두 번째 보충 질문지 조사는 전화 설문으로 진행하였다. 그리고 워크샵 참석률은 매우 높아 다양한 집단에서 800명 이상이 참여하였고, 참석자 수는 이전의 어떠한 공청회나 미팅보다 많았다.

시의회와 시장은 첫 번째 단계의 공동체대화에 만족하여, 정규예산 작성 과정과 공동체대화를 결합하는 하나의 단일한 과정을 만들도록 결정하였다. 시의회는 시민들이 만든 첫 번째 단계의 예산안을 약간 손질하여 정규예산 초안으로 제출하였다. 두 번째 단계에서 유진시와 다른 점은 예산안을 시민들이 원하는 대로 구성하도록 하는 대신, 첫 번째 단계에서 도출된 예산안을 평가하고 각각의 요소에 대해 동의나 거부 의사를 밝히도록 한 점이다. 이 선택을 거부하는 경우에는 대안으로 자신만의 예산 감축안을 제안하도록 하였다.

4. 유진의 미래 만들기: 공동체 성장 관리

유진시는 공동체대화를 공동체성장관리(Managing Community Growth)를 주축으로 하는 유진의 미래 만들기에 적용하였다. 성장관리는 공동체의 기본적 특징과 주민들의 삶의 질을 규정하기 때문에 도시 디자인, 환경의 질, 교통, 적절한 주택에 관한 종합적인 선택을 필요로 한다. 그러나 성장관리 문제는 도시 내 집단 간의 도덕적 충돌을 야기하거나, 참여자들의 논의 과정에서 충돌이 격렬해지기 때문에 정치인들은 성장과 관련된 문제들을 회피하게 된다. 이 때문에 도시의 문제는 해결되기보다 더욱 악화되고 해결 가능성은 요원해지는 경향이 있었다. 이와 관련하여 도시의 종합적 성장관리를 의제로 다룬 공동체대화 사례를 살펴볼 필요가 있다.

1) 진행 과정

유진시는 모든 가정에 발송한 뉴스레터에서 다음의 열린 질문을 제시했다. 첫째 "유진시에서 당신이 가장 큰 가치를 부여하는 것은 무엇입니까? 당신은 향후 10년 동안 그 가치가 보존되거나 발전되어야 한다고 생각하십니까?" 둘째, "당신이 생각하기에 유진시에서 향후 10년 동안 가장 관심을 받아야 하는 것은 무엇입니까? 당신은 '실행' 항목으로 무엇을 선정하시겠습니까?"

이 질문지에 1,500명의 시민이 서면으로 답변을 하였고, 더 많은 사람들이 인터넷에 글을 올리거나 전화 음성 메시지로 답했다. 공동체 워크샵에 참석한 사람들은 무작위로 그룹을 지어 토론하였다. 참여자들은 유진시의 특성을 규정하고 자신들이 선택한 이슈 중 시급히 관심을 가져야 할 사항들을 평가하였다. 과거에는 이러한 문제를 논의할 때 격렬한 수사와 개인적 전투성이 지배했지만, 워크샵에서는 합리적 토론과 협력적 태도가 지배적이었다. 질문지와 워크샵을 통해 취합된 34개의 관심 항목들이 의제에 포함되었다. 무작위로 추첨된 가구주들을 대상으로 한 전화 설문 결과는 워크샵과 우편발송 설문조사에서 도출된 결론을 지지하였다.

첫 번째 단계의 공동체대화는 어떠한 이슈도 사전에 배제하지 않았고 무관심했던 시민들의 적극적인 참여를 유도했다. 두 번째 단계에서 의회가 8개 의제-토지 공급과 인구밀도, 발전 패턴과 주택, 교통, 인프라시설과 이용요금, 일자리 창출, 자연 환경, 공원과 열린 공간, 공공 안전-를 핵심 주제로 선정하였다. 그동안 도시설계 작업에 회의적이던 지역 공동체와 일반 공동체들도 이 의제를 수용하였다.

다음으로 의제를 넘겨받은 시 공무원들이 각 의제와 관련된 정책 선택지들을 개발하여 정책안을 만들고 일주일간 공개한 후 시민들의 의견을 수렴하였다. 시관계자들은 시민들의 의견을 토대로 정책 선택지를 수정하고, 정책 입안자들은 더욱 심층적인 토론과 평가가 필요한 항목들을 선별하였다. 최종적으로 시의회는 유진시의 대안적 발전 방안을 담은 네 가지 시나리오를 채택하였다.

공동체대화의 최종 단계로 뉴스레터 준비, 질문지 작성, 공동체 워크샵을 진행하였다. 뉴스레터는 각 지면을 세 개의 단으로 나누어 8개 주제를 설명하였다.

뉴스레터는 세밀해진 4가지 성장 관리 시나리오를 소개하고 시민들로 하여금 각 시나리오에 자신의 선호에 따라 우선순위를 부여하도록 하였다. 전 가구에 발송한 뉴스레터 중에 1,500부의 완전한 예산작업표가 회수되었다. 무작위로 추첨된 유권자 샘플에 발송되었던 예산 작업표는 55%가 회수되었다.

워크샵 참여자는 완전히 새로운 정책 옵션을 만들거나 시의회가 제시한 옵션들을 수정할 수 있는 권한이 주어졌다. 워크샵에 약 400명이 참여하였고 7-9명으로 편성된 42개 소집단으로 나뉘어 토의하였다. 워크샵 참여자들은 세 시간에 걸친 토의를 하였고, 각 팀은 30개의 정책 옵션을 토대로 시나리오를 작성하였다. 이 중에서 어느 그룹도 정책 옵션을 새로 구성하거나 수정하지 않았다.

2) 정책 영향력

시민들이 선호하는 발전 경로에 대해서 공동체 전체의 합의 수준이 놀라울 정도로 높았다. 예산 작업표 공동체 워크샵, 샘플 서베이 등 모든 자료들이 동일한 방식을 선호하였는데, 시민들은 쾌적한 환경과 대안적 교통수단을 강조하는 고밀도 도심 개발정책 및 관리되는 성장을 광범위하게 지지하였다. 이러한 결론은 보편성이나 다의성을 희생하지 않고 도출되었으며 명확하고 결정적이었다. 이 합의는 공동체의 광범위하고 공유된 목적을 달성하기 위한 전략의 기초가 되었다. 유진시의 공동체대화는 시의회의 발전전략 수립 업무를 단순화하였고, 공동체대화와 도시정책 간의 연계를 명확하게 해주었다. 공동체대화 이후의 정책결정은 시민단체의 면밀한 감시 아래 진행되었고 공동체 분쟁을 유발하지 않고 수행되었다.

5. 포트 콜린스의 도시 대화

포트 콜린스 공동체대화에서는 시민들을 대상으로 진행된 워크샵에서 42개의 주요 이슈를 선정하였고, 이 중 시의회가 11개의 핵심 이슈를 선정하였다. 선정된 이슈들은 뉴스레터를 통해 시민들에게 알리고 각자가 선호하는 이슈에 순위를 부여하도록 하였으며, 새로운 이슈를 제기하는 것도 허용하였다.

이와 함께 두 개의 독립된 샘플 조사를 실시하였다. 하나는 각 이슈별로 한 쌍씩 비교하도록 하였고, 다른 하나는 7척도로 이슈들의 순위를 부여하는 조사였다. 이 두 개의 샘플조사 결과는 뉴스레터 조사와 상관관계가 높게 나왔다. 이 결과를 토대로 시의회는 의제를 축소하기 위한 세 가지 방안 즉 전문가 의뢰, 이해관계자 의뢰, 시민참여 중에서 시민참여 전략을 선택하였다.

워크샵 최종 단계에 참여한 각 그룹에는 두 가지 임무가 부여되었다. 하나는 각 토론 그룹이 주제를 알아서 선택하여 논의하는 것이었고, 다른 하나는 무작위로 주어지는 주제를 토의하는 것이었다. 워크샵 진행 순서는 '브레인 스토밍 → 각 전략의 실행 가능성과 효과를 고려한 우선순위 결정 → 누가 무엇을 해야 하는지를 결정하고 제안된 전략의 논리적 인과관계를 설계하는 개선 과정'으로 구성되었다. 시민들이 열심히 참여하였지만 워크샵 결과는 비생산적이었다. 토의 참여자들이 충분한 지식이 없는 경우가 있었으며, 제시된 해결책들이 최근 신문 헤드라인에 보도된 전통적 지식을 따라가는 경향이 있었다.

주최측이 워크샵 결과를 요약하거나 분석하지 않고 원자료를 시정부의 각 부서에 보내어 평가하고 의견을 제시하게 하였다. 그 결과 시민들의 의견은 정규 정책과정에 수용되는 간접적 영향력만 갖게 되었다. 애초에 의도한 성과를 거두지 못한 이유는 워크샵 최종 단계에서 공동체대화가 부적절하게 디자인되었기 때문이었다. 그 결과 포괄적인 정책 가이드만을 제공할 수 있었고, 구체적인 정책 선택을 위해서는 공무원들의 추가적인 작업이 필요하게 되었다.

6. 공동체대화의 장단점

공동체대화는 다음과 같은 장점을 보여주었다. 첫째, 의미 있는 토론. 충분히 정보를 갖춘 시민들이 모든 과정에 함께 참여하여 토의한다는 이상적 목표를 달성하지 못했지만, 대다수 시민들이 실질적으로 토의에 참여했다는 점에서 큰 성과를 보여주었다.

둘째, 포괄적이고 대표성있는 참여. 이 점은 특히 주목받을 만하다. 시민들은 다양한 참여 기회를 제공받았다(워크샵, 질문지, 서베이). 수천 명의 시민들이 워크샵에 참여했다는 사실은 공동체대화에 높은 수준의 정치적 정당성을 부여해 주었고, 정치인들이 시민들의 결론에 따라 강력한 정책을 추진할 수 있는 계기를 마련해 주었다. 과거라면 시민들의 강력한 항의를 유발했을 공공요금 인상, 공동 서비스 축소 정책을 무리없이 실행할 수 있었다.

셋째, 정보력있는 대중 참여. 제공된 정보의 양과 분석적 설명은 시민들의 토론의 질을 높여 주었다. 뉴스레터는 정보 접근성을 높여 주었고, 워크샵 참여자들에게는 세밀한 브리핑 자료가 제공되었으며, 토론 그룹은 최고 정책 담당자와 관련 전문가에게 직접 접근할 수 있었다.

넷째, 토의적 참여. 뉴스레터, 워크샵, 서베이 등은 시민들에게 다양한 참여 기회를 주었다. 세금인상을 거부했던 사람들이 토의단계에서 '세금신설 거부'라는 선택지가 있었음에도 불구하고 세금 인상안을 수용하였다. 이들은 세금인상을 수용하는 대신 공동체를 위한 가치 있는 서비스를 유지하고자 하였다.

다섯째, 신뢰할 수 있는 결과. 다양한 정보수집과 신중한 사전 테스트 및 분석은 정책 결정자, 언론, 이익집단, 일반 시민들의 신뢰를 얻었다. 결과가 부정확하거나 특정 이익에 치우쳤다는 이유로 심각하게 도전하는 사람은 없었다.

공동체대화 사례들은 토의 요건을 충족시키는 광범위한 대중 참여가 가능하다는 점을 보여주었다. 또한 도시 현안 문제를 둘러싼 정치적 교착상태를 극복하고, 시민들의 의사소통 문화를 발전시키며, 공동체대화를 주최한 조직에게 지속적으로 긍정적인 효과를 낳았다. 유진시 의회는 전통적인 시민참여 방식보다 공동체대화를 확대하기로 결정하여, 대부분의 상설 시민자문단을 해체하고 유권자 명단에서 무작위로 추첨된 사람들로 특별 시민위원회를 구성하였다.

그러나 공동체대화의 약점은 많은 비용이 투입되며 진행이 쉽지 않고 더디다는 점이다. 따라서 이 방법은 공동체가 직면한 문제가 중요하지만 정치과정은 교착상태에 있는 경우에, 그리고 의사결정에 이르기까지 충분한 시간이 주어졌을 경우에 활용할 수 있을 것이다. 공동체대화 방법이 개발해야 할 앞으로의 과제는 시민참여를 확장할 수 있는 좀 더 효과적인 전략, 정책문제들을 현실적으로 표출할 수 있는 방법, 시민들이 옵션을 만들고 평가하는 데 좀 더 유연성을 줄 수 있는 방법, 조사와 토론 결과를 공유하는 시간을 단축할 수 있는 방법을 모색하는 일이다.

11
권능강화 참여거버넌스

권능강화 참여거버넌스(Empowered Participatory Governance)는 펑과 라이트Fung & Wright(2003)가 명명한 시민참여 의사결정 방법의 하나로써, 기존의 대의기구가 해결하지 못한 당면 문제를 주민들이 토의를 통해 결정하는 제도다. 대표적 사례는 브라질 뽀르뚜 알레그리Porto Allegre의 '참여예산제'와 인도 케랄라의 '주민계획'인데, 정부가 예산을 할당하면 주민들이 토의를 통해 예산활용 방안을 결정하였다. 지금까지 작은공중 사례들이 참여의 민주적 대표성과 평등성을 유지한 반면에, 권능강화 참여거버넌스는 정치과정에서 소외되었던 기층 민중들의 참여를 적극적으로 유도하고 그들의 의견에 더 많은 가치를 부여한다는 특징이 있다.

권능강화 참여거버넌스는 다음 세 가지 원칙을 존중한다(Fung & Wright 2003, 16-17). 첫째, 실천 가능한 문제들에 초점을 맞춘다. 공공안전 확보, 직업교육, 서식지 보호, 시예산안 작성 같은 당면한 문제의 해결 방법을 찾는다. 둘째, 아래로부터 주민들의 자발적 참여를 유도한다.

주민들의 자발적 참여는 계층간 차이를 뛰어넘게 했으며, 다양한 정보에 다층적 경험이 더해져 토의의 토대를 더 굳건하게 해주었다. 전문가들도 토의과정에서 중요한 역할을 담당하지만 그들이 독점적 권력을 행사할 수 없도록 제도적으로 방지한다. 셋째, 토의를 통해 해결 방안을 도출한다. 토의를 통한 의사결정은 투표와 달리 토의에 참여한 사람들의 집합적 선택을 생산한다.

권능강화 참여거버넌스 참여자들은 이타적일 필요가 없고 토의 포럼에서 자신의 이익을 적극적으로 주장할 수 있으며, 브리티시 컬럼비아 시민의회처럼 가치나 전략, 관점에 합의할 필요도 없다. 참여자들은 공론조사, 시민의회, 공동체대화와 달리 자신들의 이익을 적극적으로 주장할 수 있으며 토의과정에서 자신들의 최대 이익을 보장받지는 못하지만, 자신들이 수용할 수 있는 타당한 집단적 결정을 발견하게 된다. 이들은 자신에게 가장 유리하지는 않지만 가장 합당한 것으로 보이는 의견에 투표한다.

참여자들이 자신들의 이익을 적극 주장하고 옹호함에도 불구하고 권능강화 참여거버넌스가 사회정의를 추구하는 토의기구라고 말하는 근거는, 이 방식이 사회 하위계층의 참여를 독려하고 이들에게 발언권과 권리행사 기회를 주어 자신들의 처지를 스스로 개선하도록 유도하기 때문이다. 정책 결정자나 정치인의 선의에 기대지 않고 스스로 계획을 만들고 집행을 감독하며 그 결과를 다음 해 계획에 반영하는 과정이 기층 민중을 당당한 시민으로 그리고 정치적 주체로 격상시킨다. 사회정의의 미래 수혜자들이 때를 기다리지 않고 스스로 사회정의를 만들어 가는 것이다.

권능강화 참여거버넌스는 세 가지 제도를 활용한다. 첫째, 공적인 의사결정을 내리는 권위있는 기구를 설치한다. 이 기구는 시민들이 참여하여 의사 결정을 하는 공간으로, 기존의 기구를 활용하거나 새로운 기구를 신설할 수 있다. 가장 중요한 것은 시민의회와 마찬가지로 시민들에게 의사결정 권한을 부여하는 것이다. 둘째, 공적인 연결망을 창출한다. 시민들과 정책 관련자들이 참여하는 각종 토론회가 공식적인 지위를 인정받는 연결망에 해당하는데, 이 연결망이 시민들과 정부, 의회 간 의사소통을 활발하게 한다. 셋째, 새로운 정부기구를 활용한다. 대규모 시민들이 참여하여 토론하고 결정하는 작업은 이제까지 존재하지 않았던 의사결정 방법이기 때문에 지역 현실에 적합한 새로운 기구를 만들어 활용한다.

이하에서는 권능강화 참여거버넌스의 대표적인 사례인 브라질 뽀르뚜 알레그리시의 참여예산제와 인도 케랄라주의 주민계획을 알아본다.

1. 뽀르뚜 알레그리의 참여예산제

1) 참여예산제의 원칙

UN은 참여예산제를 "예산을 인간 개발에 우선순위를 두는 방향으로 재조정하는 실천을 통해", "행정의 투명성을 보장하는 가장 혁신적인 방법 중의 하나"라고 평가했다. 오늘날 참여예산제는 세계에서 가장 중요한 시민참여 정책 중 하나가 되었다. 1989년 이래 남미, 북미, 유럽의 여러 도시들에서 참여예산제를 실시하고 있으며 특히 2000년대 들어 참여예산제를 도입하는 도시가 급격히 증가하고 있고 한국에 확산되었다(풀뿌리자치연구소 이음 2011, 6-7).

브라질의 참여예산제는 리오그란데 두 술State of Rio Grande do Sul의 주도인 뽀르뚜 알레그리시에서 1989년에 시작되었다. 시의 인구는 약 130만명 정도이며 이탈리아와 독일에서 이주해 온 백인이 흑인보다 많았다. PT당(노동자당)의 두뜨라 시장이 당선된 후 PT 당은 주민대토론회를 개최하여 시의 재정 문제를 공개하고 대처 방안을 공동으로 모색하자고 제안하였다. 이 때 뽀르뚜 알레그리 주민단체연합(UAMPA, The Union of Neighborhood Associations of Porto Allegre)이 제안한 참여예산제가 수용되었다. 당시 주민단체연합이 제안한 것은 '예산을 지출해야 할 곳은 많은데 쓸 예산이 부족하니, 예산 지출의 우선순위를 정하는 일이 중요하므로 우선순위 결정 권한을 주민들에게 부여해 달라'(풀뿌리자치연구소 이음 2011, 5)는 것이었고 이것이 수락되어 참여예산제의 원형을 이루게 되었다.

뽀르뚜 알레그리 참여예산제의 기본원칙은 첫째, 참여의 개방성이다. 모든 시민에게는 참여할 권리가 있고, 참여자는 동등하게 대접받는다. 특정 단체나 특정 집단에게 특별한 지위나 권리가 부여되지 않는다. 둘째, 권한 부여이다. 참여한 시민들에게 일정한 결정권을 부여한다. 권한 없는 참여는 참여를 형식적인 것으로 만든다. 뽀르뚜 알레그리에서 예산 편성의 최종 결정권은 행정부에 있지만 적정 수준의 결정권이 시민들에게 반드시 부여된다. 셋째, 투명성 확보이다. 투명성은 참여자의 책임성을 강화하기 위한 것이다. 누가 참여하든지 의사결정 과정이 투명하게 공개된다면, 그 결정은 높은 도덕성과 공공성을 확보할 수 있다(풀뿌리자치연구소 이음 2011, 10-14).

뽀르뚜 알레그리는 시예산의 20% 정도를 참여예산제로 편성한다. 배분 기준은 전문적인 방법에 따라 조정되지만, 시민들이 그런 조정과정에 대해서 충분히 알 수 있다. 투자자원의 배분 기준은 일반 기준(시민들의 참여에 의하여 제정된 실질적인 기준)과 전문 기준(연방정부, 주정부, 시정부의 법률 규정과 기술적, 경제적 실행 가능성)을 조합한 객관적인 방법에 따라서 배분

된다. 예산이 투입된 사업의 평가 과정에도 시민들이 참여하고, 평가결과는 다시 시민들이 재원배분의 우선순위를 결정할 때에 반영된다(하승수 2003).

2) 참여예산제의 진행 절차

참여예산제 과정은 매년 3-4월경 1차 총회(지역별, 부문별)로 시작된다. 여기서 지난 해의 공공투자 결과와 평가, 시민들의 요구사항 취합, 대의원 선출이 이루어진다. 3-6월에 각 지역별·부문별 대의원 포럼에서 시민 요구사항(매년 약 1,000개 이상의 요구사항이 발생)의 우선순위 선정이 진행된다. 6-7월에 개최되는 2차 총회에서 투자 우선순위를 결정하고 대의원 중에서 평의원을 선출한다. 8-9월 사이에 참여예산평의회(COP)가 예산안을 최종 확정하여 예산안을 제출한다.

표 11-1. 참여예산제 1년 일정(장석준 2003)

3월	사전 주민모임	평의원, 대의원들이 의식적으로 주민 모임 조직화
3월-4월	1차 지역·부문 총회	① 작년과 올해 공공투자 예산안 보고 ② 작년 공공투자 결과 평가 ③ 예산 작성 방법 설명 ④ 시민들 요구 사항 취합 ⑤ 참여 주민수에 따라 대의원 선출; 1989년 5명당 1인, 90년대 초 10명당 1인, 1996년 20명당 1인
3월-6월	지역·부문별 대의원 포럼	① 총회에서 제출된 요구 사항들의 우선순위 선정 ② 행정부로부터 필요한 정보 취합 ③ 상근 대의원 선출, 상임위원회 구성 ④ 6월 1일까지 예산안 지침을 시의회에 제출
6월-7월	2차 지역·부문 총회	① 시 회계 보고 ② 요구사항들 중 투자 우선 순위 결정 ③ 대의원 중에서 평의원 선출. 각 부문·지역마다 2인의 평의원, 2인의 후보 평의원

7월–8월	참여예산평의회(COP) 임기 시작
8월	기획실(GAPLAN)이 예산안을 구체화
8월–9월	참여예산평의회가 예산안 최종 확정
9월	시장에게 예산안 제출
10–12월	시청 실무진과 실행계획 협의
11월	시의회에서 예산안 투표 / 시의회 압박 대중집회
12– 다음 7월	차기 COP 구성 전까지 활동 지속
다음해 3월	새로운 참여예산과정의 시작, 사전 주민 모임 다시 시작

참여예산제 과정은 마을 단위부터 시 단위까지 4층으로 된 피라미드 모양의 조직 특성을 보인다(그레이브 2005, 56-67). 누구나 회의에 참가할 수 있고 개별적으로도 비공식 그룹을 만들어 참여할 수 있다. 시민사회 단체들에게도 특권이 부여되지 않기 때문에 시민 단체와 접촉할 필요가 없다. 제도적으로는 행정부와 참여 피라미드에 의존하지만 실제로는 지역별 주민 단체 조직가들이 주도적인 역할을 한다.

참여를 조직 측면으로 구분해 보면, 첫째, 마을 단위. 이 단위에서는 누구나 회의에 참가할 수 있다. 자신이 거주하는 마을과 거리, 아파트 소그룹 단위로 자신들에게 중요한 문제들을 토의하고, 공적인 정치활동 주제와 구체적인 기획들 중 우선순위를 정해 제안한다. 주민들은 우선순위를 확정하면서 스스로 조율하는 기회를 가지며, 참여하는 주민들은 구체적인 참여 동기를 갖게 된다.

둘째, 지구 단위. 이 단위에는 16개의 지구(regiões)가 있다. 16개 지구는 사회인구학적 기준과 정치적 기준을 고려하여 10여 년에 걸쳐 구획되었다. 대체로 각 지구들은 독자적인 연대의 전통과 특수한 도시 문제를 안고 있다. 지구 단위 총회에는 장소에 따라 1백 명에서 2천 명 정도의 주민들이 모인다. 토론에 참여하기 위해서는 지역 상황과 경영에 관한 지식이 필요하다. 사안에 따라 각 마을의 유불리를 평가하고 다른 마을과 비교한 후, 지구 내에 필요한 우선 사항들을 결정하기 위해 주민 토론을 한다. 각 지구의 대의원들은 총회 현장이 아닌 별도의 회합에서 선출된다. 대의원들은 회합과 토론을 조정하며 주민들이 제출한 요구안 중에서 가장 중요한 것을 선정하고 우선순위에 따라 정리하고, 다른 마을의 문제를 이해하고 님비NIMBY 효과를 방지하기 위해 다른 마을을 방문한다.

셋째, 6개의 주제별 위원회. 지구 단위 회의와 병행하여 교통·운수, 보건·사회복지, 문화·교육·스포츠·여가, 경제 개발·과세·관광, 도시 계획, 도시·환경 발전회의가 진행된다. 주제별 총회에서는 주제별 포럼에 보낼 대의원과 참여예산평의회에 보낼 평의원을 선출한다. 주제별 위원회의 소규모 단체의 구성원이나 정부 관료들이 참석하며, 시 전체 차원의 총회로 이어진다.

넷째, 시 단위. 시 단위 참여예산평의회는 피라미드의 최상위 단위에 해당된다. 16개 지구와 6개의 주제별 총회에서 각각 상임 평의원 두 명과 후보 평의원 두 명을 선출한다. 비례대표제 선거를 통해 다양한 입장들이 모두 대표되도록 보장한다. 뽀르뚜 알레그리 공무원노동조합(SIMPA)과 뽀르뚜 알레그리 주민단체연합도 평의원 두 명(상임 1명, 후보 1명)을 선출한다. 시 정부는 상임 2명과 후보 2명의 대표를 임명하는데, 2명은 기획실에서 나머지 2명은 주민협력조정위원회에서 임명한다. 시 정부 대표들은 심의권은 있지만 의결권은 없다. 지구별 포럼 및 주제별 포럼의 대의원과 참여예산평의회의 평의원 임기는 1년이다. 대의원과 평의원은 시 정부의 위원회에 들어갈 수 없으며, 입법부나 행정부의 선출직을 맡을 수 없고 다른 공직도 허용되지 않는다. 또 참여 구조 안에서도 다른 직책을 맡지 못한다.

참여예산평의회는 보통 한 주에 2번 열린다. 평의회 역할은 연중 전체 참여 과정 감독, 낮은 단위에서 진행된 토의(지구별과 주제별 자원 배분 기준, 대의원 선출 등) 검토와 참여 과정 실행규칙 마련, 시 의회에 제출할 연간 예산안과 장기 예산안 승인, 전년도 예산 평가, 예산조정상임위원회에 나갈 대표 임명 등이다. 참여예산평의회는 시 정부와 참여 피라미드 사이의 핵심적인 구조이며, 구성원은 대부분 참여 피라미드의 대표자들로 이루어진다. 96명의 성원 중 88명이 참여 피라미드에서 파견된다. 참여예산평의회 업무를 위해 시청은 회의실이나 사무기기 등 기간 시설과 집기를 제공한다. 평의원들은 중앙 컴퓨터 터미널을 통해 시 예산이나 투자 계획 이행, 행정 서비스의 진행 상황에 관한 정보를 확인할 수 있다.

마을 단위에서 지구 포럼에 보내는 대의원의 수는 총회에 등록하는 참가자의 수에 달려 있다. 참가자 1백 명까지 할당되는 대의원은 10명당 1명, 2백 명까지는 14명당 1명이 할당된다. 그 이상 참가자들에게도 같은 원칙으로 대의원 수를 배정하기 때문에 참여자가 많은 지역이 더 많은 대의원을 확보할 수 있다. 이 방법으로 주민들의 자발적인 참여 캠페인을 유도한다. 마을 단위 총회에 많은 참가자를 모은 마을이 지구 포럼에서 지리적·주제별 우선사안을 정할 때 유리하다. 그러나 시 단위 회의에서는 각 마을이 참여예산평의회에 동수의 대표자를 보낸다.

예산배분 기준과 시행규칙을 정할 경우에 참여예산평의회는 단순 다수결로 결정한다. 예산결정에는 세 가지 지표—지역의 우선순위, 주제별 요구 사안, 정부의 필요—를 활용한다. 총회에 참가한 참여자가 전체 16개 지구별로 각 지구의 우선순위 4가지를 투표하고, 16개 지구의 우선순위를 합산해 시 차원의 전체 우선순위를 결정한 것이 1차 예산모형이다. 이를 토대로 시 정부가 주제별 회의에서 제안된 안건 및 시의 장기 투자 계획을 고려하여 1차 모형을 최종 결정한다. 이에 맞추어 각 부서의 예산 지출이 분배되고, 참여예산평의회에 상정하여 표결에 부친다.

위와 같은 의사결정 과정을 보았을 때 "뽀르뚜 알레그리의 직접민주주의는 전적으로 회의체 민주주의(democratie d'assemblée)이며, 그것도 노동자평의회보다는 지역별 주민회의에 의존하는 민주주의"에 가깝다(그레이브 2005, 47). 참여예산제에 참여하는 대의원들은 주민을 대신해서 결정하지 않으며 주민들이 내린 결정을 전달한다. 이런 임무를 완수하지 못하면 어떤 대의원도 언제든 파면될 수 있다. 한편 참여예산제는 절차적 제도화를 중요시한다는 점에서 인민주의적 직접민주주의와 거리가 멀다. 참여예산제는 시의 행정기구에 회계 보고 의무를 부과하여 책무성을 담보하고, 외부 감찰기구나 정치인들이 아니라 참여자 자신들이 책무성을 평가한다. 참여의 전 과정은 철저히 제도의 범위 안에서 이루어지므로, 자발적인 회의 기구에 기반하는 직접민주주의 정치와 성격이 많이 다르다. 직접민주주의 정치 공간에서 정치는 명확한 규칙이 없기 때문에 때로 끝없는 토론이 의사결정의 장애물이 된다. 이러한 장애물을 제거하고 민주적 참여의 합리성이 시장 합리성과 기술 관료적 국가 논리에 맞서 3자간 균형을 잡는 데 성공하려면 참여가 신뢰할 수 있는 절차적 구조에 의지해야 한다. 뽀르뚜 알레그리의 실험이 반민중적 편견들을 약화시키고 주민들의 자치 능력이 통치 과정을 개선할 수 있음을 보여준 것도 절차적 특성 덕분이었다(그레이브 2005, 120-121).

3) 실질적 성과

참여예산제는 아래와 같은 중요한 성과들을 이루어 냈다(풀뿌리자치연구소 이음 2011, 84-89). 첫째, 물리적 성과. 참여예산제를 통해 무주택자들에게 꾸준히 주택공급이 이루어지고 있다. 참여예산제가 시행된 이후 2002년까지 주택 11,000호, 탁아소 129개와 교육기관 126개가 증설되었다. 사회교육 서비스 기관이 48개로 증설되고 가족건강 프로그램을 운영하는 팀이 29개로 늘었다. 주민들의 참여도 역시 높아졌는데, 주택공급 프로그램도 마을 주민들이 자율적으로 입주자 선정기준을 결정하여 운영하였다.

둘째, 시민의식과 참여민주주의의 성숙. 시민들은 참여를 통해 자신들이 지역사회 문제를 해결할 수 있음을 확인하고 양적·질적으로 강화된 참여 패턴을 보였다. 참여와 권능강화에 고무된 시민들이 스스로 시민덕성을 고양하는 선순환이 만들어졌다. 누구든지 시 당국에 자신의 요구를 전달할 수 있기 때문에 브라질의 고질적 병폐인 후견주의가 약화되었다. 무허가 주거지에 살며 세금을 내지 않던 사람들이 스스로 세금을 내고 당당한 시민으로 참여예산제에 참여하게 되었다. 시민들은 공동선을 위해 토의하는 경험을 쌓았고 자녀의 안전, 교육, 교통 문제가 자신만이 아니라 여러 사람들의 필요임을 확인하고 이를 추진함으로써 마을이 통합되는 효과를 낳았다. 그 과정에서 시민들은 토론하고 집단적으로 의사 결정하는 민주주의를 체화하였다.

셋째, 자치 공동체 확산. 주민들이 시립학교 운영에 참여하고 학부모와 학생들이 교장을 선출하며, 탁아소를 위탁받아 자율적으로 운영하며 자신들의 일자리를 창출하는 효과도 거둔다. 이러한 결과 마을에 기반한 주민 조직이 약 40% 정도 증가하여 2004년 현재 3,000개의 주민조직이

형성되었다.

이러한 직접적인 성과 외에도 다음과 같은 긍정적인 효과들이 나타나고 있다. 예산편성 과정과 집행과정이 투명해지자 부패와 예산낭비가 줄었다. 시민들의 참여의식이 고양되고 공동체 의식이 함양되며 소외 계층의 목소리가 공정하게 반영되었다. 또 시행과정에서 드러나는 단점이 매년 수정·보완되면서 전 과정이 좀 더 바람직한 방향으로 정립되어 가고 있다. 마지막으로 참여예산 사업들이 주거환경 개선, 환경오염 감소, 문화·예술의 발전, 사회적 약자들의 인권신장 등에 큰 효과를 발휘하였다. 집이 없던 사람들이 주거 공간을 갖게 되고, 버려진 발전소가 문화예술 공간으로 변신하였으며, 노숙자들을 위한 학교와 복지시설들이 설립되고 있다(하승수 2003).

무엇보다도 의미있는 성과는 권력 관계의 역전에 있다. 과거 뽀르뚜 알레그리의 도시정책은 기득권층에게 유리하게 예산집행이 이루어졌지만 참여예산제를 시행하면서 사회의 하위 계층에게 많은 혜택과 권력이 돌아갔다. 제도적·정책적으로 참여와 발언 기회가 주어지면서 하위 계층이 자신들의 이익을 적극적으로 주장하고 요구가 관철되는 과정을 보면서 자신감과 권리의식을 갖게 되었다. 이러한 긍정적인 변화로 다음 해에 더 많은 하위 계층이 참여하여 참여예산제의 주류세력이 되었다.

권능강화 참여거버넌스는 지금까지 살펴 본 작은공중 중에서 하위 계층의 의견과 이익을 의도적·적극적으로 가장 많이 반영하는 포럼이다. 이러한 제도적 특성이 도시 자원의 분배를 정의롭게 개선하는 효과를 넘어, 하위 계층을 적극적인 사회세력으로 재편성하는 계기를 마련해 주었다. 이 점에서 권능강화 참여거버넌스는 가장 적극적인 정치활동이라고 할 수 있다. 참여예산제에 참여하거나 곁에서 지켜본 시민들은 다음 선거에서 PT당을 지지함으로써 정치적으로 보상해 주었다.

참여예산제 경험은 기존의 오해와 우려를 불식시키는 여러 증거를 보여주고 있다(풀뿌리자치연구소 이음 2011, 14-20). 첫째 '예산에 대한 전문성'이다. 비판가들은 전문성없는 주민들이 예산편성 과정에서 의사결정 권한을 갖는 것을 우려하였다. 그러나 주민들은 예산과 회계에 관련된 전문 지식이 아니라, 생활에 필요하거나 개선되어야 할 것들에 대한 일상 지식으로 판단한다. 주민들은 예산을 요구하는 다양한 사업들 중에서 생활 체험을 바탕으로 우선순위를 정하면 된다. 지역의 예산 '상황'에 대한 이해는 필요하지만 그것이 전문적 지식일 필요는 없다. 선택된 사업들을 수행하는데 필요한 예산은 행정부에서 결정하고 최종 승인은 의회가 담당하면 된다.

둘째, 재정상황이다. 주민들이 자체적으로 결정할 예산이 부족한 상황에서 주민들의 참여와 결정은 실효성이 없다는 비판이다. 그러나 참여예산제의 시작은 예산 부족 때문이었다. 부족한 예산을 효율적으로 집행하기 위해서는 도시 사업의 우선순위를 결정해야 했으며 그 기준은 공무원보다 주민들이 더 잘 알고 있기 때문이다.

셋째, 공공성 침해다. 참여예산제가 공공선을 확보하기 보다 주민들의 집단이기주의를 만연시킬 것이라는 우려다. 그러나 참여예산제 전 과정이 투명하게 공개되고 민주적 토의를 통해 의사결정이 이루어지기 때문에, 집단이기주의보다 공공적 결정이 내려질 가능성이 훨씬 높다. 이는 뽀르뚜 알레그리 주민들이 10년 이상의 경험을 통해 증명해 주었다.

넷째, 지방의회의 권한 침해. 참여예산제가 예산결정에 개입함으로써 지방의회의 고유 권한을 침해한다는 우려다. 예산에 관한 지방의회의 권한은 최종 심의·조정·결정권이다. 이 권한은 행정부가 마련한 예산안에 대해서 행사된다. 참여예산제는 시 의회의 결정 이전에 행정부가 작성하는 예산안 편성 과정에 영향을 미치는 것이므로 지방의회 고유 권한을 침해하지 않는다.

오늘날 참여예산제는 전 세계로 확산되고 있다. 스페인 라만차 주의 주도인 알바세테 참여포럼이 시민들에게 배포한 안내서에는 다음과 같은 참여포럼의 정신이 인쇄되어 있다(풀뿌리자치연구소 이음 2011, 120).

ㄱ. 진정한 민주주의는 시민들이 직접 결정할 수 있는 공간을 가질 때 완성된다.
ㄴ. 일상 속의 민주주의를 실현하기 위해서 정부와 시민들 사이의 거리가 좁혀져야 한다.
ㄷ. 민주주의 위기의 원인인 소외와 시민 삶의 불편을 성찰해야 한다.
ㄹ. 이를 위해 시민참여의 공간을 만드는 것이 중요하다.
ㅁ. 그 중 가장 급한 것은 참여예산에 관한 것이다.
ㅂ. 참여는 모든 시민에게 열려 있어야 하고 보편적인 것이어야 한다.
ㅅ. 시민참여 활성화를 위해 참여방식에 대한 정보뿐만 아니라 결정 권한도 주어져야 한다.
ㅇ. 소수의 의견도 존중해야 한다.
ㅈ. 분쟁이 생겼을 경우 이를 조정해야 한다.
ㅊ. 참여정치에 대한 평가도 포럼을 통해 이루어져야 한다.

2. 인도 케랄라의 주민계획

1) 판차야트 개혁

인도 사회는 매우 불평등할 뿐만 아니라 다양한 균열로 조각나 있다. 정당체계는 편협하고 기회주의적인 이익정치에 머물러 있으며 엘리트의 이해관계가 정치 구조를 지배한다. 인도의 정치행태는 모든 이익집단들이 약탈 기회를 평등하게 향유하는 정치로 묘사된다. 다른 한편으로 오만한 관료주의와 구 소련에서 영향받은 계획경제, 브라만 계급의 사회적 패권이 중첩되어 일종의 명령 통제 국가가 되었다. 이러한 사회배경에서 인도 케랄라의 '케랄라 발전 모델'은 뽀르뚜 알레그리 참여예산제와 함께 전 세계에 주민자치의 성공 사례로 알려져 있다. 1990년대 중반부터 케랄라 주정부는 정부 기능과 권한을 과감하게 분권화함과 동시에 주민들이 직접 작성하는 '주민계획(people's plan)'을 시행하여 분권과 주민참여, 사회적 자본 확충면에서 성공을 거두었다.

지역사회의 기초단위인 마을에서는 전통적으로 지역 유지들을 중심으로 판차야트Panchayat라는 자치공동체가 형성되어 있다. 판차야트는 세 단위로 구성되는데 가장 작은 마을단위인 그램Grama에서부터, 블록Block, 디스트릭트District로 이어진다. 모든 판차야트에서 선출직 의석의 1/3은 여성에게 할당하고, 멸시받던 지정 부족(Scheduled tribe)과 지정 카스트(Scheduled Castes)에게도 인구비례에 따라 의석을 할당한다. 도시 지역에서도 주민이 직접 선출하는 도시형 지방자치단위(Municipality)를 설치하게 했고, 대도시 지역에는 대도시(Corporation) 자치단체를 설치하게 했다. 그리고 인도의 모든 주에서 3계층의 판차야트를 구성하는 지방선거를 실시하였고, 인도 중앙정부가 직접 수립하던 경제발전 5년 계획을 1997년부터 각 주가 스스로 발전 계획을 세우게 했다(강현수 2013, 114-115).

케랄라주의 분권화는 중앙정부가 시행한 것보다 더 포괄적이었다. 1997년부터는 주정부 사업 예산의 35~40%를 세 단위의 판차야트에 이양하고, 예산 사용을 위한 계획 과정에 주민들이 직접 참여하여 결정하도록 하였다. 주민생활과 밀접한 그램 판차야트에 가장 많은 예산을 배분하고 예산 사용처에 관한 결정을 판차야트와 주민들에게 일임하였다. 그리고 풀뿌리 주민들의 참여를 촉구하는 캠페인을 대대적으로 전개하였다.

2) 주민계획 과정

판차야트를 중심으로 한 주민계획은 참여예산제처럼 지역의 예산을 주민이 직접 작성하는 것이다. 케랄라의 주민계획 캠페인의 단계별 활동 내용은 다음과 같다(Isaac & Heller 2003, 90-97).

첫째, 계획 수립과 실행. 캠페인 설계자와 활동가들은 다수 주민들이 참여하는 대규모 회의에서 토의의 질을 높이기 위해 혁신적인 방법을 채택했다. 하나는 소규모 집단 토의다. 각 마을 총회 이후 참가자들은 이슈를 심층적으로 토론하기 위해 특정 개발 분야를 다루는 더 작은 소집단으로 나누었다. 그러자 일반인들 특히 여성들이 토론에 참여할 수 있게 되었다. 다음으로 준공식적인 토의 구조를 만들고 각 집단에 훈련받은 조정자를 배치하였다. 지역에서 채용된 조정자들은 자신들의 실제 생활 경험을 기반으로 지역 현안들을 제시하고 분석하였다. 소규모 집단 토의와 조정자 배치는 공론조사 같은 작은공중에서 실시하는 것과 같은 방식이다.

둘째, 지역 정보 수집. 캠페인 첫 해에 마을 총회에 참여한 판차야트들은 자기 지역의 자연 자원과 인적 자원을 공식적으로 평가하였다. 주민들의 요구와 지역 자산을 비교하여 효율적인 계획수립과 자원 최적화를 결합하기 위한 것이었다. 이 작업 결과를 활용하여 지역에 관한 지식을 개발계획에 반영할 수 있었다.

셋째, 개발 보고서와 세미나. 평균적으로 개발 세미나는 231명의 대표들로 구성되는데, 사회 하위계층의 참여를 권장하기 위해 불가촉 천민과 불가촉 부족 집단, 여성에게 일정 비율을 할당하였다. 세미나 조직화 과정에서 개발 보고서를 모든 대표들에게 분배하고 리플렛, 페스티발, 전시의 형태로 일반인에게 폭넓게 공개한다. 세미나에 주의회 의원과 행정관이 절반 정도 참여하였고, 보고서 심층 분석과 수정안 제안을 위한 분야별 집단 토론이 이루어졌다.

넷째, 테스크 포스와 프로젝트 준비. 테스크 포스의 활동에서 전문가가 프로젝트 디자인 과정을 보완하는 등 시민들의 토의에 직접 개입하지만 주도적 역할은 시민에게 주어진다. 개발 세미나는 12개의 테스크 포스로 구성되고 팀당 하나의 개발 분야를 맡는다. 개발 세미나는 일반 시민들 가운데 대표를 선발하고, 선출직 마을 평의원이 각 테스크 포스의 팀장을 맡는다.

다섯째, 계획 승인과 조정. 선출직 평의회가 지역 계획을 공식적으로 승인한다. 승인된 계획은 분야별 기준, 재분배 기준과 함께 계획의 일반적인 전략과 목적들을 설계한 양식에 따라 보고서를 작성한다. 마을 평의원들이 마을 총회부터 모든 수준의 계획 과정에 적극적으로 참여하며 평의회의 최종 토의 결과에 영향을 미친다. 위와 같은 지역 단체의 분야별 사업과 주 단위의 사업 분배는 지역 요구와 주 전체의 개발 목적을 조절하고 통합하도록 디자인되었다. 주 계획 입안국은 계획 분배 재원의 40~50%를 농업 분야로 할당할 것을 주장했다. 재분배 차원에서 지방정부는 여성을 대상으로 하는 프로젝트들에 최소 10%를 지출하고 주민 중에서 지정 카스트와 지정 부족을 위한 프로젝트에 적절한 자금을 직접 지원하였다.

여섯째, 평가와 조정. 캠페인 첫 해에 10만 개 이상의 프로젝트를 평가하고, 프로젝트의 기술적 약점과 재정적 약점을 보완할 필요가 있었다.

그러나 관료기구는 과제 수행에 필요한 능력과 의지가 부족하여, 계획입안국이 자발적인 전문가 집단을 만들어 대응했다. 4천 명 이상의 은퇴한 전문가와 지식인들이 자발적으로 전문가 집단에 등록하여 일주일에 하루 이상 지역 단체 프로젝트와 계획 평가에 참여하였다. 전문가위원회는 지역에서 정한 우선순위를 수정할 권한이 없으며, 기술적이고 재정적인 조언을 제공하고 프로젝트들을 평가하는 일만 담당했다. 캠페인 첫 해 동안 전문가위원회는 프로젝트 승인 과정을 탈관료화하는데 크게 기여하였다.

일곱째, 재정 절차들. 과거에 개발계획 입안은 선출직 의원들이 주도하였고 계획 실행은 관료의 특권이었다. 그러나 판차야트 개혁은 정책결정 과정을 투명하고 참여적으로 만들었으며, 프로젝트 실행에서 수혜인과 대중의 개입을 보장하였다. 주민 직접참여는 주민들의 책임성을 증가시키고 정당과 관료기구의 먹이사슬을 줄였다. 대중적 개입은 더 빠르고 더 좋은 피드백을 통해 문제 해결 능력을 고양하고 조사 주체를 다양화하며 책임성을 증가시켰다. 민주적으로 책임을 지는 수혜자 위원회들의 구성도 중요한 혁신의 하나였다. 지역단체들은 과제를 맡을 프로젝트 수혜자 위원회를 구성하는데, 이 위원회 목적은 케랄라에서 부패의 가장 큰 요인이었던 청부업자들과 정치인들, 정부 기술자들 간의 결탁을 끊는 것이었다.

여덟째, 수혜자 선택(Beneficiary Selection). 캠페인이 도입한 중요한 변화는 개발 프로젝트 수혜자들을 선정하는 절차였다. 수혜자들은 주택이나 관개체계, 건설노동 프로젝트로부터 직접 이득을 얻는 사람들이다. 과거에 수혜자 선택과정은 정당들의 공모로 이루어졌다. 그러나 캠페인 규칙에 따라 마을 판차야트가 수혜자 자격과 우선순위 기준을 작성한 후에, 이를 인쇄·배부하고 공공장소에 게시하였다.

케랄라의 실험은 제임스 마노James Manor(1999)가 민주적 지방분권을 실현하는 노력의 필수요건으로 규정한 세 가지 조건에 부합한다. 첫째, 행정의 지방 분권이다. 하위 행정 단위로 권한을 위임함으로써 개혁이 이루어질 수 있었는데, 정책결정 과정에서 도시 자치체, 군과 구역, 마을 총회가 새로운 기능과 권한을 수행했다. 둘째, 재정적인 면에서 지방 분권이 이루어졌다. 모든 개발 사업비의 40%가 지방자치 기구로 직접 배당되었다. 재정 지출 권한을 이양함으로써 진정한 발전을 이룰 수 있었다. 셋째, 정치권력의 지방분권이다. 선출직 지방의원들은 개발정책과 프로젝트들을 전체적으로 계획하고 실행할 권한을 가졌다. 이처럼 행정, 재정, 정치권력에서 실질적인 지방분권이 이루어짐으로써 판차야트 개혁이 성공할 수 있었다.

주민계획 캠페인은 실험의 범위와 규모 측면에서 전례를 찾기 어려울 만큼 대담하였다. 1,214개 선출직 지방정부(도시 자치체들과 구역, 군, 판차야트를 포함하는)에 폭넓은 개발 책임을 나눠준 개혁은 지방과 국가 및 사회와 국가 관계에 큰 변화를 주었다. 판차야트 개혁은 지방정부 권한을 강화하고 주민에게 권한을 부여함으로써 케랄라 3천 1백만 주민들의 민주주의 관행을 극적으로 변화시켰다. 또 캠페인의 핵심 제도들—마을총회, 개발 세미나, 테스크 포스, 지방정부—은 시민참여 방법을 다양하고 풍부하게 확대하였다.

판차야트 개혁과 주민계획의 전체 과정은 펑이 제기한 권능강화 참여거버넌스의 핵심적인 제도 디자인 원리와 상당히 일치하였다(Isaac & Heller 2003, 78-79). 계획 수립과 집행 기능을 지방으로 이전함으로써 인도 최초로 지방정부와 지역 공동체가 문제를 주체적으로 다루었고, 문제 해결 과정에서 주민들이 권리를 실질적으로 행사했다. 캠페인의 제도적·정치적 특성이 밑에서 올라오는 참여를 장려하였고, 권한과 자원을 지방 자치기구로 이전하여 시민참여 비용을 줄였다. 지식과 능력에 있어 시민들의 격차는 점차 줄어들었는데, 대중훈련 프로그램, 시민사회 전문가들의 적극적인 도움, 주변화되었던 여성과 불가촉 천민의 역량 강화 노력 덕분이었다. 캠페인의 참여제도가 주민 토의를 정책 실행으로 연계시키기 때문에 주민 역량이 강화되었다. 또 폐쇄적인 관료 지배와 정치인-유권자의 유착관계인 후견 정치(patronage politics)를 해체하고 민주주의 활성화에 기여하였다.

케랄라가 이룬 혁신들 가운데 특히 중요한 것을 다음과 같이 정리할 수 있다(Isaac & Heller 2003, 81-87). 첫째, 지방분권 개혁의 순서 뒤집기가 혁명적이었다. 기존 기술관료 모델은 제도 형성을 우선적 과제로 삼고 행정적 지원구조를 만들어 조직 절차를 갖추고 관료를 배치하고 정보기반을 마련하고 새로운 인원(자원 봉사자와 공무원 모두)을 훈련시킨 후에 정책결정 권한을 지방으로 이전해야 한다고 주장했다. 하지만 대부분의 경우 이러한 방법은 정부 부처의 강력한 저항과 기득권 집단의 정치적 이해관계 때문에 지방분권 추진을 어렵게 하였다. 이와 반대로 케랄라에서는 먼저 재정 통제권을 지방에 이전하고 다음에 제도들을 그에 맞게 구성하였다. 케랄라의 혁명적 순서 뒤집기는 중요한 전략적 효과들을 가져 왔는데, 지역계획 입안 실험이 구체적이고 직접적이어서 상당히 높은 수준의 주민참여를 이끌어 내었고 예산 권한을 낮은 자치단위로 이전하여 후견 정치가와 관료들의 권한을 제한했다.

둘째, 케랄라 혁신은 계획수립 과정을 사회적 동원 기제로 활용했다.

정부 교부금을 지급받기 위해 지방자치 기구들은 포괄적인 지역계획을 준비해야 했다. 계획입안 과정은 계획 입안국 규정에 따라 마을 총회를 개최하고 보고서를 준비하고 프로젝트를 구성하며, 분야별 계획을 수립할 민간 전문가와 자원봉사자들로 구성된 분야별 테스크 포스를 소집하였다. 이 같은 계획준비 단계는 시민과 선출직 의원 및 담당 공무원이 개발목표와 프로젝트에 대해 토의하고 우선순위를 결정하는 새로운 참여 영역을 구성했다.

캠페인은 대규모 비공식 교육 프로그램인 정교한 훈련 프로그램을 실행했다. 첫 해에 주와 구역, 지역 단위에서 7차례의 훈련 라운드를 통해 약 5천 명의 선출직 의원과 2만 5천 명의 공무원, 2만 7천 명의 자원 봉사자들이 훈련을 받았다. 주 단위 훈련에서는 6백 개의 주에서 거의 20일간 훈련을 받았다. 구역 단위 훈련은 약 1만 2천 명이 10일 동안, 지역단위 훈련은 10만 명이 넘는 사람들이 약 5일 동안 받았다. 각각 약 4천 페이지에 달하는 핸드북과 가이드가 각 라운드를 위해 배포되었다.

셋째, 시민참여 만들기(Building Civic Engagement)에 성공하였다. 케랄라에는 오랜 사회 동원의 역사가 있다. 케랄라 정세는 오랜 동안 좌익과 우익 구도로 양극화되었고, 학교와 협동조합, 공장, 지방제도 모두가 격렬한 정치적 경쟁 대상이 되었다. 시민들의 재분배 요구는 정부 규모와 역할 및 관료주의의 권한을 강화시켰다. 관료주의의 성장은 역으로 시민사회가 주도하는 영역을 제한하여, 일반 시민들은 개인적인 보상과 관련된 경우에만 관심을 보이는 후견 정치가 공동체 정치를 대체하였다.

캠페인은 이런 부정적인 효과들을 직접 비판하는 것부터 시작했다. 캠페인 지지자들이 생각하는 캠페인의 핵심 목표는 후견 정치를 파괴하는 것이었고, 정치적 과제는 지방의 민주적인 제도들을 발전시켜 새로운 정치 공간을 만드는 것이었다. 캠페인은 세 가지 다른 접근 방법으로 민주주의를 심화시키려 했다. 먼저, 예산 계획 수립과 정책결정 권한을 하부 단위로 이전하여 관련 기관의 지배력에 도전하는 통합적인 접근법을 만들었다. 다음으로 시민들의 참여 동기를 제공하고 토의적 시민참여를 활성화시켜 후견정치의 지배력을 해체하고자 하였다. 그리고, 정책결정 방식과 경로를 근본적으로 변화시킴으로써 새로운 정치 지형과 공적인 정책 네트워크를 만들었다. 그 결과 이전에는 형식적이던 선출직 지방의원 권한이 직접 정책을 결정하는 권력으로 전화되었다. 새로운 변화는 정부 명령이나 제도적인 디자인만으로 확보될 수 없는 창의성과 사회운동의 융합을 가능하게 하였다(Isaac 1999a).

넷째, 제도화에 성공하였다. 캠페인이 성공하기 위해서는 토의과정을 파괴하거나 회피하려는 이익집단의 시도를 막을 수 있는 제도가 필요했다. 캠페인의 지방화된 계획수립 구조들은 폐쇄적이던 관료영역에 시민개입 통로를 마련하였고, 새로운 정치동맹과 시민참여가 어우러지는 공간을 창출했다. 이 계획수립 구조가 지방 정치인들과 공무원들로 하여금 새로운 체계에 이해관계를 갖게 만들었다.

3) 평가

케랄라 주민계획 캠페인을 다음과 같이 평가할 수 있다(Isaac & Heller 2003, 97-106).

첫째, 재정 자원. 캠페인의 가장 중요한 성과는 지속적으로 아래로 권력을 이양하고 확장하려는 주 정부의 노력이다. 캠페인 이후 지방 정부들은 지속적이고 실질적인 재정 자원을 받게 되었으며, 프로그램 실시 이후 예산의 재분배 효과가 크게 향상되었다. 첫 해의 재정 이전은 지역간 빈곤 정도나 개발 수준을 고려하지 않은 채 직접적인 개인별 이전 방식에 기초하였다. 기득권층이 반대하였지만 캠페인이 지속되면서 과거의 후원관계가 효과적으로 교정되었고 사실상의 재분배 효과를 낳았다.

둘째, 계획 작성. 인도에서 처음으로 주 전체의 마을 판차야트와 도시 자치체들이 지역 계획을 준비하였다. 판차야트 개혁 이후 지역단체들의 투자 우선순위는 과거와 달랐다. 지역단체들은 주거와 식수, 공중위생 같은 기본적인 욕구에 우선순위를 부여하는 한편 생산 분야에서는 낙농, 정원농작물, 소규모 관개를 선호하였는데 이런 변화는 중요한 재분배 효과를 보였다. 또 과거와 달리 투자 우선순위에서 하나의 기준에 맞추지 않고 지역적 차이를 보이기 시작했다. 첫 해에는 제안된 프로젝트들의 질이 낮았다. 대부분 각 부처의 표준 계획을 수정한 것과 같았으며, 일관되지 못하고 미래와 연계되지 않았다. 두 번째 해에 프로젝트와 프로그램들의 질을 높이기 위해 다양한 방법들이 채택되었고, 테스크 포스 구성원을 위한 훈련 프로그램을 도입하였다. 세 번째 해에 케랄라 농대, 정부의 경영연구소, 통합농업기술센터, 비정부 훈련소, 비정부기구 같은 전문화된 기관들과 연계하여 훈련 프로그램을 주 전체의 프로그램으로 공식화하였다. 전문적인 훈련 프로그램들이 프로젝트 디자인의 질을 높였다.

셋째, 물질적인 성과. 지방분권 계획 입안의 초기 두 해 동안의 물질적 성과는 많은 사람들에게 깊은 인상을 남겼다. 1997년에서 1999년까지 98,494개의 주택이 건설되었고, 240,307개의 위생화장실이 만들어졌으며, 50,162개의 우물을 팠고 17,489개의 공용 수도꼭지가 지급되었으며 16,563개의 연못이 정화되었다. 총 2,800,179명의 개인 수혜자들이 묘목과 비료 구입을 위한 지원을 받았고 8,000km의 도로가 건설되었다. 이런 수치들은 이전 시기 공공건설 성과를 앞질렀다.

넷째, 지역 계획들의 재조합. 지방에서 수립된 계획안들은 중복을 줄이고 자원 배당을 최적화하기 위해 그리고 지방의 혁신적 결과들을 보존하고 확산하기 위해 종합할 필요가 있었는데, 캠페인이 이러한 재조합을 성공적으로 수행하였다. 토론을 지방분권화한 후 중앙의 조절과 피드백을 결합하자 전체적으로 체계의 학습능력이 증대되었기 때문이다.

다섯째, 토의의 질. 캠페인은 일반 시민들이 계획 수립과 실행 과정에 적극 참여하는 기회를 만들었다. 캠페인은 대중 집회가 효율적으로 기능할 수 있음을 증명하였다. 이전의 마을 총회는 대부분 회의 소집에 실패했다. 그러나 캠페인 첫 해인 1996년 8월과 9월 마을 총회는 1회 당 평균 180명, 총 2백 만 명 이상의 인원이 참여하였다. 이 수치는 유권자의 11.4%로 전 가구의 4분의 1에 해당한다. 그러나 마을 총회는 의미 있는 토론을 하기에는 너무 규모가 크고 다루기 어려웠다. 마을 총회 참가자들은 먼 거리를 이동했고, 회의는 두 세 시간을 넘길 수 없었기에 많고 복잡한 이슈들을 진지하게 토론하기 어려웠다. 또 중간 계층의 참여가 낮았고, 참여자 대부분은 개발 프로젝트 수혜자인 하위 계급들이었다. 첫 해에 지정 카스트와 지정 부족의 참여율은 인구 비율보다 낮았고 여성은 25%에 머물렀다. 해가 거듭될수록 참여율은 높아졌지만 참여는 여전히 쉽지 않은 문제였다.

여섯째, 부패와 족벌주의 약화. 캠페인 첫 해에는 부정이나 부패보다 미숙함과 경솔함이 문제로 나타났다. 자금 누출은 거의 없었고 시민감시, 시민참여, 복합적 검토가 증가하여 전통적 체계의 특징이던 일상화된 약탈이 극적으로 약화되었다.

일곱째, 공정성 향상. 캠페인은 참여의 공정한 방식들을 만들고 불평등을 실질적으로 줄이기 위한 전략적 목적을 추진하였다. 특히 젠더 정의(gender justice)는 캠페인의 중요한 목적 중 하나였는데, 여성의원들은 공직과 소득 활동, 가사 의무라는 세 가지 부담을 견뎌야 했다. 캠페인은 여성 의원들을 위해 심층적이고 지속적인 능력형성 프로그램을 시행하였고, 훈련 프로그램은 여성 의원들의 공식적인 역할수행 능력, 선거구민과 효과적으로 상호작용하는 능력, 행정적 지식과 관리기술을 향상시켰다.

일부 문제점들도 있었다. 사업 아이디어가 없는 마을에서는 생산적인 사업을 하기보다 나눠먹기로 재원을 낭비하였다. 공무원들은 냉소적이었고 사업 최종 평가단계에서 주민, 선출 대표자, 기술 지원단과 갈등을 노출했다. 수요 자금을 인구 기준으로 배분한 탓에 지역 격차를 해소하지 못했고, 작은 부락 단위로 사업을 나누었기 때문에 규모의 경제를 갖춘 사업이 추진되지 못했다. 주 전체 차원에서는 부문, 지역, 세 단위 판차야트 전체를 통합하여 최적의 선택을 추구하는 전략적 접근이 없었다. 공무원이나 지방정부의 제도적 역량이 향상되지 않았고, 관료에 대한 주민들의 민주적 통제가 이루어지지 못했으며, 중산층과 고학력층의 참여율이 낮았고, 5개년 계획이지만 1년 단위로 사업이 추진되어 단기 사업만 추진되었고, 고질적인 지역 정파들의 이익을 우선시하여 통합을 해쳤다(강현수 2013, 122-124).

2001년 선거에서는 우파의 통일민주전선이 승리하였고 2006년에는 다시 좌익민주전선이 재집권하였다. 정권이 교체되면서 주민계획의 핵심 방향이나 주요 내용이 조금씩 달랐지만 지방분권과 주민참여를 중시하는 기조는 변하지 않았다. 주민계획이 케랄라 주민들의 광범위한 지지를 받고 있기 때문이다. 마을 총회 참여자 수는 3년 동안 증가하다가 낮아졌다. 특히 마을 단위 사업과 이해관계가 적은 중산층의 참여가 줄어들고,

사회적으로 차별받던 여성들과 지정 부족, 지정 카스트 참여자 수가 늘었으며, 이들을 위한 계획 자금은 별도로 배정되었다. 이들의 참여가 늘면서 중산층들의 참여는 더욱 줄었다. 중산층은 이 캠페인을 가난한 사람들의 배타적 활동으로 인식하였고, 중산층 이반은 2001년 케랄라 지방선거에서 좌익민주전선이 패배하는 원인의 하나가 되었다(강현수 2013, 120).

그러나 케랄라에서 5년간의 지방분권 계획입안 실험은 민주적 권위의 새로운 원천을 만들었고 지속적인 효과와 교훈을 낳았다. 정치적으로 가장 중요한 교훈은 지방분권과 대중의 참여가 가능하다는 것을 증명한 것이다. 한때 절대적이고 전능했던 관료제를 일반 시민들의 집단적 노력으로 대체했다. 일반 시민들이 예산 사용 방법을 결정함에 있어 선출직 의원 및 공무원들과 정기적으로 토론하고 협력했다. 판차야트들이 서로 가르치는 훈련 프로그램을 통해 캠페인이 활발하게 확산되도록 했다. 그리고 후견정치에 대한 공개적이고 가차없는 공격과 참여적 실천을 통해 정치에 대한 불만과 냉소적인 절망을 대체했다. 또 하나의 분명한 교훈은 참여와 실천에 앞서 사전에 정해진 청사진은 없으며 어떠한 개혁 노력도 반드시 실행에 의한 학습으로 구성되어야 한다는 점이다(Isaac & Heller 2003, 106-108).

3. 권능강화 참여거버넌스 평가

인도 케랄라주의 주민계획과 브라질 뽀르뚜 알레그리의 참여예산제 분석은 몇 가지 공통점이 있다(하승우 2003). 두 사례는 공통적으로 주민참여를 유도하는 방법으로 예산을 활용하고, 배제되고 주변화되었던 사람들을 참여 주체로 만들고, 삶의 구체적이고 직접적인 부분을 향상시키고, 직접민주주의의 가능성을 보여주었다. 또 계획 입안과 집행 기능들을 지방무대로 이전하여 지방정부와 공동체가 상당한 정도로 실질적인 문제들을 다루게 하였고, 캠페인의 제도적 특성과 정치적 특성 모두가 아래로부터 올라오는 참여를 장려하였다.

권능강화 참여거버넌스를 설계할 때 제도의 목표를 적합하게 설정했기 때문에 위와 같은 효과를 얻을 수 있었다. 펑과 라이트는 권능강화 참여거버넌스에 적합한 제도적 목표를 효율성, 평등성, 참여로 제시하였다(Fung & Wright 2003, 24-27). 첫째, 효율성은 문제 해결에 효율적인 제도를 구성해야 함을 의미한다. 권능강화 참여거버넌스는 상황에 맞는 지식이 있는 사람들을 모으고 그들에게 힘을 부여하였다. 토의 과정에서 유용한 정보와 대안이 제시되고 전체 과정이 효율적이었으며 토의 포럼에 참여한 사람들이 해결책을 알고 있었기 때문에 피드백 과정이 단축되었다. 이 과정에서 참여와 토의를 이끌어가는 다양한 구성집단(component groups)이 배출되었다. 둘째, 평등성은 참여자들이 동등한 조건에서 토의하고 결정하도록 구성해야 함을 의미한다. 평등성을 향상시키는 몇 가지 조건들이 있다. 사회적 약자들의 참여가 평등성과 공정성을 향상시키며, 돈, 권력, 인원수, 신분 등이 아니라 토의 규칙에 따라 의사결정하는 집단이 많아질수록 평등성이 향상된다. 토의제도는 이러한 요건을 충족시키도록 설계되어야 한다. 셋째, 시민들의 광범위하고 깊이 있는 참여가 필요하다. 참여를 높이는 방법은 잠재적 참여자들에게 관심이 많은 문제들을 제기하고 국가 권력을 행사할 기회를 제공하는 것이다.

위와 같은 성과를 보여줌으로써 권능강화 참여거버넌스 모델이 기존 대의민주주의 정치과정에서 활용하는 집단적 의사결정 방식보다 민주적이고 효율적임을 증명하였다. 이 모델은 다음과 같은 점에서 기존 방식보다 우월하다(Fung & Wright 2003, 18-20). 첫째, 대리인과 전문가들의 명령이나 통제보다 효율적이다. 뽀르뚜 알레그리나 케랄라 혁신은 정치인이나 관료 같은 대리인과 전문가들이 해결하지 못한 사회 문제들을 사회통합적 방식으로 해결하였다. 둘째, 시민들의 토의적 성찰을 촉진하기 때문에 단순한 선호집합투표보다 효율적이다. 대의민주주의의 투표는 합당성, 공정성, 타인의 수용가능성 등을 고려하지 않고 자신의 이익에 따라 투표한다. 선거에서 패배한 소수는 승리한 다수의 의견을 내면으로부터 수용하지 않으며, 그 때문에 선거결과가 사회적 갈등을 해결하기보다 더 악화시키거나 새로운 갈등을 촉발하기도 한다. 셋째, 전략적 협상보다 민주적이며 효과적이다. 정당이나 이익집단 혹은 이해당사자들 간의 전략적 협상에서 사용되는 수단은 대체로 위협, 영향력, 허위진술 등이다. 이 방식들과 비교하면 토의가 가장 민주적인 동시에 문제 해결에 가장 효과적이었다. 따라서 권능강화 참여거버넌스가 기존 대의민주주의 체제에서 활용되고 있는 집단적 의사결정 방식보다 효율적이고 민주적이다.

그리고 어느 사회이든 권능강화 참여거버넌스를 제대로 구동하기 위해서는 참여자들 간의 권력 균형이 필요하며, 이를 염두에 두고 제도를 디자인할 필요가 있다. 학교의 혁신을 위해 학부모들에게 교장 해임권을 주는 방법이 한 예이다. 이 때 교사들이 자신들 가운데서 교장을 선출한다면 교사, 교장, 학부모의 권력이 균형을 이루는 학교가 될 것이다. 교장을 정부나 학교 이사회가 지명한다면 교장 해임권은 정부와 이사회라는 전통적 권력에 대한 학부모의 감시 기능을 제도화하게 된다. 또 권능강화 참여거버넌스 외부에서 권능강화 참여거버넌스를 감시할 필요도 있다. 지역단체, 노조, NGO 등이 정부와 시민집단간의 토의 과정을 체크하는 것도 하나의 방법이다(Fung & Wright 2003, 23).

권능강화 참여거버넌스와 같은 참여 토의 포럼에 대해 아래와 같은 비판이 있었다.

첫째, 강력한 엘리트와 당파가 토의 과정을 지배하기 쉽다.

둘째, 외부자들이 토의에 의한 결정과 실천에 심각한 제한을 가할 수 있다. 또 강력한 참여자들은 자신에게 유리할 때만 토의제도를 활용하는 포럼 쇼핑forum-shopping 전략을 취할 수 있다.

셋째, 정보가 풍부한 당파들이 토의 제도를 장악하거나 지대추구 행위에 이용할 수 있다.

넷째, 정치적 의사결정을 발칸화할 수 있다.

다섯째, 권능강화 참여거버넌스는 비현실적으로 높은 수준의 참여를 요구한다.

여섯째, 장기적으로 지속되기 어렵다.

이러한 비판에 대해 경험을 통해 다음과 같이 반박할 수 있다(Fung & Wright 2003, 33-38). 첫째, 엘리트와 특정 당파가 토의를 지배로 변질시키는 메커니즘을 파악하고 대응해야 한다. 참여자들의 지식 수준, 소득 수준, 교육 수준의 차이와 빈부차이가 불균형한 권력을 발생시킨다. 사회적으로 우월한 사람들이 포럼에 더 많이 참여하기 때문에, 참여편향성을 통제하여 대표성 있는 토의 포럼을 구성해야 한다. 또 작은공중처럼 민주적으로 대표성 있는 토의에서도 강자들이 비합리적으로 자신들의 이익을 위해 자신이 보유한 자원(물질적 자원, 정보 비대칭, 수사적 능력)을 활용할 수 있다. 힘 있는 참여자들이 토의 과정에서 자신들에게 불리한 이슈를 배제하고 현상유지 전략을 고수한다면 모든 문제를 공개 토의한다는 규칙을 위반하는 것이다. 이러한 상황을 예방하기 위해 토의 조직자들이 적극 대처해야 한다.

둘째, 포럼 쇼핑과 외부권력 문제는 부당한 이익을 추구하는 강자들이 토의기구를 회피하고 외부권력에서 해결책을 찾을 때 발생한다. 이들은 토의기구의 권위를 인정하지 않고 그 결정에 저항하고 기존 정치권력에 기대려 할 것이다. 교육 문제에서 불이익을 당한 교장이 학부모들과 토의하기를 거부하고 상위 교육청에 로비하거나, 부동산 업자들이 주민의 저항을 유발할 수 있는 참여예산제를 회피하는 방식 등이다. 시카고의 교장들은 자신들을 해고한 지역 정부 위원회를 고발하였다. 환경단체들은 생물서식지 관리 프로그램이 부동산 개발업자나 토지 이해관계자들에게 너무 많이 양보했다고 판단하여 지역 토의 포럼 결정에 승복하지 않고 소송을 제기하였다. 이러한 경우에 지역정부는 권능강화 참여거버넌스 프로그램으로 혜택을 얻은 시민들의 지지를 이끌어 내야 한다. 포럼 쇼핑과 외부 권력 문제를 해결하는 방법도 시민사회에 뿌리내리는 정치기반에서 찾아야 한다.

셋째, 지대추구 행위는 지역 주민들이 자신의 자녀만을 위해 특별 교육 프로그램을 만드는 사례를 들 수 있다. 이때 지대추구 행위 방지를 이유로 참여예산제의 토의과정이나 예산안을 통제하는 것은 바람직하지 않으며, 중앙에서 투명성과 책무성을 제고하는 방법으로 제재해야 한다. 예를 들어 미국에서는 모든 서식지 관리 프로그램을 워싱턴에서 검토한다.

넷째, 정치의 발칸화란 정치세력들이 적대적·비협조적인 작은 분파나 지역으로 분열되는 현상을 의미한다. 분화된 정치 기구나 사회 분파들은 자신의 문제는 해결하지만 보다 큰 문제는 해결하지 못한다. 토의 포럼에서도 당파적 이익을 추구하는 사람들이 다른 참여자들을 배제하거나 지배하는 조건을 만드는 경우에, 다른 정치 기구와의 의사소통에 문제를 만들거나 지역의 작은 문제에 매몰되어 당파성을 악화시킬 수 있다. 하지만 사적이거나 특수한 이해관계에 의해 전적으로 지배되는 현대 대의 정치 체제보다는, 공개된 토의 포럼이 공정하고 효율적인 동시에 시민의 정치적 지평을 확장시킨다는 점은 분명하다.

다섯째, 권능강화 참여거버넌스는 일반 시민들에게 지나치게 포괄적이고 깊이있는 참여를 요구한다는 비판이 있다. 현대 자본주의 사회의 소비와 사생활에 심취한 시민들에게 지식, 인내, 지혜의 측면에서 너무 많은 시간과 헌신을 요구한다는 것이다. 개인에게 직접적 혜택을 주기보다 공공재를 창출하는데 관심을 갖기 때문에 무임 승차자들을 양산할 것이라는 우려도 있다. 그러나 지금까지 살펴 본 사례들을 보면 이러한 비판들은 현실과 동떨어진 가정에 불과하다. 시민들은 무임승차하기보다 토의 포럼에 헌신적으로 참여하며 공공재 생산과 함께 자신들의 이익을 확보하였다.

여섯째, 지속가능성에 대한 의심, 즉 세월이 지나면서 사람들이 참여하는 시간을 아까워하거나 토의적 참여의 장점들이 소진되어 갈 수 있다는 비판이 있다. 뽀르뚜 알레그리 사례처럼 현실의 정치지형 변화에 의해 외부로부터 수정될 수도 있다. 그러나 이러한 비판은 실천으로 확인되어야 할 과제이므로 지금 예단할 수 없다. 다만 권능강화 참여거버넌스가 의미있게 실천되는 곳에서는 참여 제도들이 시민사회에 뿌리내려 시간이 지날수록 제도화되고 공고화될 것으로 예측할 수 있다. 그러므로 지속가능성을 높이는 방법은 토의 포럼에 의한 의사결정을 제도화하는 것과 지속적이고 의식적인 시민참여라고 할 수 있다.

12
작은공중 비교하기

1. 작은공중의 운영 목표

지금까지 작은공중을 공론조사, 시민의회, 공동체대화, 권능강화 참여거버넌스의 네 가지 유형으로 구분하여 살펴보았다. 현실에서 어느 유형을 활용할 것인지는 토의 목적이 무엇인지 어떠한 방법으로 토의를 진행할 것인지에 따라 달라진다. 펑은 이와 관련하여 구체적인 선택지들을 제시하였다(Fung 2003, 340-346). 아래에서 설명하는 선택 기준들은 펑이 제시한 작은공중의 운영 방식을 결정하는 요소들이다. 먼저 209~210쪽의 표 12-1의 가로축을 구성하는 요소들을 설명한다.

① 참여자 선택과 충원 방법

작은공중에 참여하는 개인을 선발하는 방법은 다양하다. 자발적 자원자들로 충원하면 참여에 필요한 자원, 이해관계, 시간 여유가 있는 사람들과 교육 수준이 높고 전문직에 있는 사람들의 참여 비중이 높다. 이러한 참여의 왜곡을 해결할 방법은 세 가지이다. 첫째, 공론조사처럼 인구통계학적인 소우주로 참여자 그룹을 선발한다. 둘째, 특화된 대상을 충원하여 소수자 우대정책(affirmative action)을 활용한다. 셋째, 권능강화 참여거버넌스처럼 낮은 계층 사람들이나 저소득층의 참여를 유도하는 인센티브를 제공한다. 이와 함께 참여 기구가 제공하는 정책도 중요하다. 예를 들어 도시 범죄나 기본적인 도시 기반시설을 다루는 참여 기구에는 저소득층들이 적극 참여한다.

② 토의 주제와 영역

작은공중은 모든 주제에 열려 있다. 특정 주제를 배제하는 것은 표현의 자유와 정치적 자유를 제한하는 것이다. 고도의 훈련이나 지식을 요구하는 영역에서 시민은 정보가 부족하기 때문에 토의로부터 얻는 이익이 적을 수 있지만, 대부분의 영역에서는 공적 토의가 이익을 가져온다.

토의 포럼 설계자들은 토의 주제와 영역에서 시민들이 정치가, 행정관료, 이익집단 관계자들에 비해 장점을 갖고 있는지 고려해야 한다. 시민들이 정책 결정자에게 정보를 제공하거나, 정책 결과를 평가하여 피드백을 제공하는 것 중에서 어느 역할에 더 적합한지 판단해야 한다. 하지만 어느 경우이든 시민의 토의적 참여는 공적 책무성을 증진시킨다.

③ 토의 방법

토의는 참여자들이 의견을 제시하고 토론으로 그 의견들을 정당화하는 공적 과정이다. 작은공중 토의에는 '더 나은 논증의 힘'으로만 다른 이들을 설득할 수 있다. 권위, 사회적 지위, 지지자 수, 돈 등 다른 결정 방식과 비교할 때 토의에 의한 결정이 가장 이성적이며 공정하고 정당하다. 토의 과정은 참여자들이 자신의 관점을 정립하는 것을 돕고, 토의 결과는 다양한 관점과 정보들을 종합하여 논의하기 때문에 다른 방식보다 더 합리적이다.

차이의 정치론에서 우려하는 상황 즉, 말이 서툰 사람이나 지배적 문화에서 저평가되는 방법으로 말하는 사람들이 토의 과정에서 불리하다는 비판이 있다. 이러한 우려가 기우에 그친다는 점은 이미 설명했지만, 소수자들이 자신의 목소리와 의지를 발견하도록 공론장을 열린 공간으로 만들어 스스로 자기표현을 할 수 있게 조정자를 배치해야 한다.

④ 토의 회수

국가적 문제의 자문을 위해 토의한다면 한 번의 토의만으로 충분할 것이지만, 새로운 정보가 제공되거나 관련 조건이 변하면 다시 토의할 수 있다. 반면에 문제 해결을 위한 토의 포럼, 뽀르뚜 알레그리와 케랄라 같은 참여거버넌스인 경우에는 자주 토의할수록 좋다. 참여적 문제 해결 프로그램인 시카고 치안회의(Chicago policing)는 환경 악화, 교육 실패, 치안 불안 등 특정 문제를 해결하기 위하여, 지역경찰과 주민들이 토의기구를 만들어 정기적인 보고와 토의를 한 후 문제를 함께 개선하였다.

⑤ 참여 이익

이익은 참여에 많은 영향을 미친다. 토의 포럼 조직자는 참여자들에게 작은공중 토의가 자신들의 이해관계에 어떻게 연관되는지 설명해 주어야 한다. 토의가 참여자들의 복지나 신념에 영향을 미치거나 참여자들의 큰 이해가 걸린 경우에 더 좋은 토론이 이루어진다. 뽀르뚜 알레그리의 공론장이 가장 크게 기여한 바는, 빈민지역 거주자들이 위생, 수도, 교육에 관련된 자기 이익을 깨닫고 효과적으로 주장할 수 있게 만든 점에 있다. 투표는 그러한 기회를 부여하지 못했다.

⑥ 권능강화

토의 결과가 공적 의사결정에 영향을 미칠 때 작은공중의 권능이 강화된다. 텍사스 발전소 사례, 브리티시 컬럼비아 시민의회 사례 그리고 권능강화 참여거버넌스 사례 등에서 명백히 확인하였다. 현실에서는 토의의 질이 낮거나 문제가 너무 중요하다는 이유로 권한을 부여하지 않지만, 오히려 작은공중의 권능을 강화하는 것이 문제 해결의 열쇠가 된다. 한국처럼 국가의 책무성이 심각하게 결핍되었거나, 작은공중이 주요한 문제 해결 방법인 경우에 특히 그러하다.

⑦ 모니터링

작은공중 자체는 사람들의 관심을 끌지 못할 수 있다. 하지만 작은공중이 시민의 지속적인 참여를 유도하여 모니터링 기회를 제공한다면 참여자들에게 중요한 이익을 돌려준다. 그 첫 번째 이익은 공적 학습이다. 참여자는 참여를 통해 토론과 의사결정에 대한 기본적인 지식을 습득하게 된다. 둘째는 책무성이다. 작은공중은 관료들에게 공적 목적이나 공적 계획에 봉사할 것을 압박함으로써 그들의 책무성을 증진한다.

표 12-1. 작은공중 운영 방식과 기능적 결과

		충원 방식	토의 주제	토의 방법	토의 회수	참여 이익	권능 강화	모니터링
참여와 토의의 특성	참여자 수	◎	◎		○	◎	◎	
	참여 편향성	◎	◎			◎	◎	
	토의의 질		◎	◎	○	◎	◎	○

정보풀과 개인적 선호 전환	공무원에 정보제공		◎		◎			◎
	시민에게 정보제공		◎	◎	○	○	○	○
	민주적 기술과 사회화				◎	◎	◎	
대중적 통제와 국가적 능력	공식적 책무성		◎					◎
	정책적 정의	◎	◎	◎				
	정책의 효율성		◎	◎	○			◎
정치적 효과들	대중 동원		◎	○		◎	◎	

* ◎는 강한 상관관계를, ○는 평균수준의 상관관계가 있음을 나타낸다(Fung 2003, 353).

2. 작은공중의 평가 기준

작은공중 유형들은 각각 고유한 결과를 유도하므로 이슈와 문제 해결에 적합한 유형을 선택하거나 수정·보완할 필요가 있다. 작은공중 포럼의 기능적 결과는 강한 상관관계를 보이는 요소들의 조합에 의해 결정된다(Fung 2003, 347-353). 아래에서 설명하는 요소들은 표 12-1의 세로축을 구성한다.

① 참여자 수

공동체대화나 권능강화 참여거버넌스가 성공하기 위해서는 참여자들을 동원하는 조직가의 능력이 중요하며 공동체와 결사체 충원 능력도 중요하다. 이 때 참여를 의미있게 만드는 환경 즉, 충원 방식, 토의 주제, 참여자들이 얻는 이익, 작은공중에게 부여되는 권능강화 등이 참여 동기를 제공한다.

② 참여 편향성(Bias)

참여 편향성이란 참여자 구성이 인구통계학적 특성을 반영하는 정도를 의미한다. 달리 말하면 '일반적인 토론 포럼처럼 교육수준이 높고, 부유하며, 전문직에 종사하는 사람들이 과다대표되는가? 아니면 공론조사처럼 인구통계학적으로 모든 영역의 사람들이 골고루 대표되는가? 혹은 참여예산제나 케랄라의 주민계획처럼 사회에서 혜택받지 못한 사람들이 과다대표되는가?'의 문제이다. 작은공중을 조직하는 사람들이 소외계층 공동체에까지 충원 노력을 기울일 때 그리고 토의 주제가 그들의 삶과 밀접한 관련이 있을 때 중산층이 과잉대표되는 기존 포럼의 참여편향성을 교정할 수 있다. 다른 한편으로 소외계층들에게 매력적이고 구조적인 인센티브를 만들 필요가 있는데, 이는 그들의 관심을 끌고 그들에게 권능을 부여하기 때문이다.

③ 토의의 질

토의가 갖추어야 할 질적 조건은 합리성, 합당성, 평등이다. 좋은 토의는 도구적 의미에서 합리적(rational)이다. 좋은 토의에 참여한 사람들은 토론, 브레인 스토밍, 정보풀 참고, 계획 이해, 문제 해결 과정을 통해 개인적·집단적 목적을 한층 더 발전시킨다. 토의는 또한 합당한(reasonable) 결과를 만든다. 참여자들은 다른 이들의 주장을 존중하며, 정당화 규칙에 따라 자기만의 이익 추구를 자제한다. 토론에 참여한 이들이 공동의 집단 이익이나 존중, 상호성, 공정함과 같은 공동의 규범에 기초한 근거를 제시할 때 특히 그러하다. 토의는 또 평등하고 포용적이다. 참여자들은 아이디어를 제시하고 자신의 주장을 펼치는 기회가 동등하게 주어진다.

작은공중은 참여자들이 주제에 관련된 지식이 많을 때에 특히 높은 합리성을 보인다. 시민들이 공직자나 외부인들이 알기 어려운 지역적 지혜(local knowledge)를 갖춘 경우가 그러한데, 생태 하천을 만들기 위한 토의에서 지역 생태의 특성을 가장 잘 아는 현지 주민들이 우월적 지위에 있게 된다. 토의를 자주 개최하는 것과 토의 과정·결과를 모니터링하는 것도 추가된 정보활용과 경험 학습을 돕기 때문에 토의의 합리성을 높인다. 뜨거운 토의 즉, 참여자들이 높은 이해관계를 갖는 경우와 공권력 행사에 영향을 미치는 토의도 토의 과정의 합리성을 증진시킨다. 참여자들 자신의 이익 및 가치 증진과 함께 아이디어와 올바른 관점을 제시하려는 동기도 크기 때문이다.

④ 공무원들에게 정보제공

정치인, 관료 및 공무원들은 작은공중 토의 과정에서 이슈에 대한 정보를 얻는다. 이 정보는 그들의 정책 수행과 공적 행위의 질을 높인다. 시민들이 해당 분야에 특별한 지식을 갖고 있는 경우, 작은공중이 문제 해결을 위해 구성된 경우와 참여거버넌스인 경우, 토의가 지속되고 모니터링이 반복되는 경우에 이러한 경향이 높아진다.

⑤ 시민들에게 정보제공

많은 작은공중은 시민들에게 정보를 제공하기 위해 개최된다. 시민들은 효과적인 작은공중에서 자신들의 관점과 선호를 명확히 인식하고 실질적인 정책 이슈들을 학습하게 된다.

⑥ 민주적 기술과 사회화 향상

토론장은 민주주의 학교다. 토론 과정에서 개인들은 시민성을 기르는 기술을 획득하고, 자신의 선호보다 공적 이해에 더 큰 관심을 기울인다.

⑦ 국가 책무성 제고

토의 과정에서 시민들은 공무원들의 행동과 정책을 집단적으로 검토하고 국가의 행위를 평가한다. 공적 이익과 국가 행위간의 갭이 커서 국가가 공적 이익을 저해하는 한국의 경우에는 책무성이 더욱 중요하다. 참여자들은 책무성 갭을 확인하고 해결 방안을 마련할 수 있어야 한다. 이러한 능력은 토의의 질, 권능강화, 모니터링 능력에 크게 좌우된다.

⑧ 정책 정의 실현

정치적 약자나 배제된 사람들이 자신들의 선호와 가치를 형성하고 표현하고 추진하는 것을 작은공중이 허용하는 경우에, 그 작은공중은 공공정책의 정의에 기여한다. 이를 위해서는 소외계층이 참여할 수 있어야 하고, 그들이 접근할 수 있는 토의 유형을 지켜야 하며, 그들의 권능강화가 보장되어야 한다.

⑨ 공적 행위의 효율성

작은공중은 공공정책과 토의의 효율성에 영향을 미치며, 검토와 토론 없이 공공정책이 결정되었을 경우에 나타나는 부작용을 사전에 분석하는 기회도 제공한다. 이 분석은 해당 정책을 추진하는 정치인·공무원의 판단과 행동의 정당성을 높인다. 시민들이 상대적으로 지적 우위에 있는 정책 영역에서 효율성이 높고, 현행 공공 기관이 문제 해결을 위해 토의에 집중할 때 작은공중의 효율성이 높아진다.

⑩ 대중 동원

작은공중의 토의는 일반 시민의 참여와 동원에 기여한다. 시민들의 관심이 높은 이슈일 경우에, 언론 매체가 높은 관심을 보이는 경우에 특히 그러하다.

3. 작은공중의 구체적 효과 비교

작은공중의 제도 디자인 요소와 기능적 목표들을 종합하여 작은공중의 효과를 구체적으로 살펴볼 수 있다. 표 12-1을 다시 살펴보자. 먼저 가로축을 보면 참여자 충원 방식은 참여자 수, 참여 편향성, 정책적 정의와 강한 상관관계가 있음을 알 수 있다. 이해를 돕기 위해 공론조사와 케랄라 주민계획 사례를 비교해보자. 참여자를 추첨으로 선발하는 공론조사와 사회 최하층의 참여를 의도적으로 유도하는 주민계획의 충원 방식은 참여자 수에 큰 차이를 가져온다. 공론조사는 계획된 소수를, 주민계획은 가능한 많은 다수를 참여시킨다. 참여 편향성에서 공론조사는 모집단과 인구통계학적으로 거의 같은 소우주를 선발하지만 주민계획은 사회 하층민들을 더 많이 동원하여 과잉대표되게 한다. 정책적 정의에서 공론조사는 사회나 지역 전체에 고루 좋은 결과를 산출하지만, 뽀르뚜 알레그리나 주민계획의 작은공중은 사회 최하층에게 가장 좋은 결과를 가져온다. 따라서 작은공중의 목표에 따라 충원 방식이 다르고 참여자 수, 참여 편향성, 정책적 정의도 달라지게 된다.

토의 주제는 거의 모든 토의 결과와 깊은 상관관계를 갖는다. 토의 주제는 토의 과정과 토의의 질적 수준, 정보풀과 개인적 선호전환, 대중적 통제 능력 및 국가적 능력 그리고 정치적 효과들에 가장 큰 영향을 미친다. 토의 주제가 토의민주주의의 성공의 관건이라 할 수 있다. 참여자들이 깊은 관심을 갖는 주제나, 사전에 알지 못했지만 토의를 통해 그 중요성을 인지한 주제들을 논의할 때, 참여자 수도 많아지고, 토의 수준도 높아진다. 또한 시민들의 관련 정보 획득 수준과 대리인의 책무성도 높아지며, 사회정의가 개선되고, 정책 효율성과 대중 동원 효과도 높아진다. 한마디로 사람들이 원하던 것, 내 삶에 의미 있는 것, 잘 몰랐지만 중요한 것을 토의할 때 효과가 극대화된다.

참여이익과 권능강화도 중요한 영향을 미친다. 참여자들이 해당 토의에 이해관계를 갖고 있는 지 그들에게 정책 결정의 권한이 주어져 있는지는 결정적으로 중요한 요소이기 때문이다. 자신들의 삶과 직접적인 이해관계가 있는 토의와 그 토의에서 자신들이 공식적인 정책결정 권한을 보유하는 경우에 참여자 수, 참여 편향성, 토의의 질, 민주적 기술과 사회화, 대중 동원 요건을 긍정적으로 높였다.

세로축 요소를 기준으로 살펴보는 것도 의미있다. 참여자 수를 확대하려면 충원 방식, 토의 주제, 이해관계, 권능강화에 주목해야 한다. 뽀르뚜알레그리와 케랄라 사례를 상기해보자. 사회하층 주민들을 의도적으로 동원하는 충원 방식, 그들의 삶과 직접적인 이해관계를 갖는 토의 주제, 그들에게 결정권을 위임하는 권능강화, 이 요건들이 참여자 수를 극적으로 확대했다. 그러므로 토의의 질을 높이기 위해서는 토의 주제, 토의 방법, 이해관계, 권능강화에 힘써야 한다. 토의 주제가 참여자들의 현실 삶과 관계 깊을수록, 토의 방법이 모든 이에게 평등한 발언 기회를 부여할수록, 이해관계가 참여 동기를 고무할수록, 권능강화에 의해 참여자들의 결정 권한이 클수록 토의의 질이 높아진다. 또 공식적 책무성과 정책적 효율성을 높이려면 공통적으로 모니터링을 강화해야 한다.

아래의 표 12-2는 위의 표 12-1과 세로축 요소들은 동일하지만 가로축을 공론조사, 시민의회, 공동체대화, 권능강화 참여거버넌스로 대체하였다. 이 책에서 서술된 사례별로 재구성하여 개별 작은공중과의 차이를 비교하기 위한 것이다.

표 12-2. 작은공중의 결과 비교

		공론조사	시민의회	공동체대화	권능강화 참여 거버넌스
참여의 특성	참여의 양	낮음	보통	**높음**	**높음**
	참여 편향성	**높은 대표성**	**높은 대표성**	**역의 참여 편향성**	**역의 참여 편향성**
	토의의 질	**높음**	**높음**	보통	보통
정보풀과 개인적 전환	공무원에게 정보제공	낮음	**높음**	**높음**	**높음**
	시민에게 정보제공	보통	보통	**높음**	**높음**
	민주적 기술과 사회화	낮음	보통	보통	보통
대중적 통제와 국가적 능력	공식적 책무성	없음	보통	보통	**높음**
	정책의 정의	낮음	**높음**	**높음**	**높음**
	정책의 효율성	낮음	**높음**	**높음**	**높음**
정치적 효과들	대중 동원	낮음	보통	보통	**높음**

* 펑의 표(2003, 364)를 수정한 것임

가로축의 공론조사를 보자. 공론조사는 참여 편향성에서 대표성이 높다. 인구통계학적 측면에서 소우주를 구성하여 대표성 있는 사람들이 참여하기 때문이다. 토의의 질도 높다. 충분한 정보를 제공하는 자료집, 전문가와의 질의 응답, 구성원들간의 토의가 토의의 질을 높인다. 그러나 다른 항목의 평가는 높지 않다. 그 이유는 공론조사가 참여자들에게 권한을 부여하지 않기 때문이다. 공론조사가 현실에 직접적인 변화를 가져오지 못한다는 사실이 널리 알려져 있기 때문에 공무원과 시민에게 정보제공, 민주적 기술과 사회화, 책무성, 정의, 효율성, 대중동원 측면에서 질적으로 높은 결과를 만들지 못한다.

시민의회, 공동체대화, 권능강화 참여거버넌스는 세로축의 참여편향성과 토의의 질에서 약간의 차이가 있지만 다른 항목에서는 거의 같은 결과를 보이며, 공론조사 결과와 비교할 때 보다 높은 상관관계를 보인다. 이것은 권능을 부여하지 않은 경우와 권능을 부여한 경우의 차이를 극적으로 보여준다. 공론조사와 달리 시민의회, 공동체대화, 권능강화 참여거버넌스는 시민의 토의 포럼에 정책결정 권한을 부여하였다. 권능강화된 작은공중은 참여자들의 도덕성과 책무성을 고무하여 토의의 질을 높이고 토의 결과의 사회적 공공성을 높여준다.

세로축 항목을 보았을 때 토의의 질은 공론조사와 시민의회에서 높다. 두 모델은 토론 주제가 하나이기 때문에 참여자들이 토의에 집중하기 쉽고, 참여 인원이 적어 깊이있는 토론이 가능하기 때문이다. 반면에 정부를 대중적으로 통제할 가능성과 정부 능력 및 정치적 효과의 항목에서는 공동체대화와 권능강화 참여거버넌스가 높다. 지방정부와 의회를 움직여 시민이 만든 예산안과 도시 계획안을 실행시키기 때문이다. 이 결과는 당연히 정부의 정치 및 행정행위의 능력을 높여주고, 주민들의 정치적 능력과 자신감을 높여주는 효과도 낳는다. 이 두 항목간 차이는 공론조사의 '의견형성'과 공동체대화 · 권능강화 참여거버넌스의 '시민에 의한 결정'이라는 토의 포럼 목적의 차이에서 비롯된 것이다. 한편 시민의회가

'의견형성'과 '시민에 의한 결정'이라는 두 목적을 함께 갖고 있지만 대중적 통제와 정부 능력 제고에 실패한 이유는 작은공중의 의견형성 결과를 거대공중 절대 다수의 승인을 받도록 요구한 제도 디자인의 한계 때문으로 판단된다.

위와 같은 결과는 작은공중의 제도적 특징이 반영된 것이다. 아래의 표 12-3을 통해 작은공중의 제도적 특징을 비교해보자.

표 12-3. 작은공중의 제도적 특징

		공론조사	시민의회	공동체대화	권능강화 참여 거버넌스
	목적과 비전	이상적 토의 조건을 모형화	시민 토의로 법률 제정	참여를 통한 문제 해결	참여적 민주 거버넌스
공론장 디자인의 특성	충원과 선발	**대표성 있는 표본**	**자발적 + 대표성있는 표본**	**자발적 + 제도적 유인**	**자발적 + 제도적 유인**
	토의 주제	대규모 공공정책 문제	주 선거법 개정	근린지역 예산과 개발정책	사회기반 시설 투자
	토의 방법	**원칙, 입장을 명확히**	**원칙, 입장을 명확히**	문제 해결	우선순위 주장, 조정
	토의 빈도	한번에 집중적	일년 동안 집중적	**빈번하게, 탈집중적**	**빈번하게, 탈집중적**
	이해관계	낮음	보통	**보통-높음**	**높음**
공론장에서 국가로의 연계	권능강화	낮음	**약간 높음**	**보통-높음**	**높음**
	모니터링	없음	낮음	**강함**	보통

* 펑의 표(2003, 363)를 수정한 것임

위의 표는 지금까지 논의한 작은공중의 공통점과 차이점을 만드는 요인을 보여주고 있다. 공론조사, 시민의회, 공동체대화, 권능강화 참여거버넌스는 근본적으로 '목적과 비전'이 다르다. 공론조사는 이상적인 토의 포럼을 재현하고자 한다. 통계학적으로 모집단과 가장 유사한 소우주를 만들어 전체 구성원들이 토의했을 때 나타나는 이성적 토의 결과를 예측한다. 시민의회는 그러한 토의 결과를 곧바로 정책으로 연결짓고자 한다. 브리티시 컬럼비아의 시민의회가 결정한 선거제도가 비록 주민투표에서 승인받지 못했지만, 시민의회를 기획하고 참여한 사람들은 토의 결과가 곧 법률로 제정될 수 있다는 믿음 아래서 활동하였다. 공동체대화는 가능한 전체 시민들의 참여를 유도하여 그들의 의견을 토대로 공동체가 직면한 문제의 해결 방안을 찾고자 하였다. 전체 시민의 다양한 참여와 의견 제시가 이 제도의 관건이었다. 권능강화 참여거버넌스는 예산분배를 매개로 시민들의 정치참여와 세력화를 유도하였다. 예산결정과 집행 및 피드백 과정을 통해 기존 대의민주주의에서 배제되었던 하층 시민들의 목소리가 반영되고 그들을 재정치화·정치세력화하였다. 이처럼 상이한 목적과 비전을 반영한 상이한 포럼유형이 상이한 결과를 가져왔다. 그러므로 위의 포럼들을 활용하고자 할 때 각 포럼의 장단점을 파악하고 목적에 적합하게 활용하여야 한다.

제4부

토의민주주의의 적용

13
적용 배경과 방법

1. 제도화된 국민 배제

아테네 민주정치에서 시민들은 정치의 주체였고 최후의 책임자였다. 로마 공화정에서 시민들은 귀족에 대항하며 민회와 호민관을 통해 집단적으로 정치과정에 참여하였다. 그러나 현대의 대의민주주의에서 시민들의 집단적 정치참여는 제도적으로 금지되었고 시민들의 이익을 대변해 줄 호민관도 사라졌다. 시민들은 '집단으로서의 인민'이 아니라 숫자로 취합되는 개별 유권자가 되어 몇 년에 한 번씩 투표하는 것만 허락되었다.

대의민주주의가 시민의 집단적인 정치참여를 금지하는 것에 더해, 87년 헌법은 거의 모든 정부기구에 독점적 권력을 부여하였다. 입법부, 행정부, 사법부 등의 국가기구들은 권력과정에서 집단으로서의 국민을 철저히 그리고 거의 완전히 배제하는 동시에 각각의 영역 내에서는 독점적 권력을 강화하였다.

미국 건국의 아버지들이 공화정에서 호민관직을 없애버리자 대통령은 시민에 대해 로마 집정관보다 더 큰 권력을 갖게 되었다. 미국의 3권분립을 모방한 한국 헌법은 부실한 삼권분립과 강화된 대통령 권한으로 인해 더 강력한 권력을 대통령직에 부여하였다. 대통령은 행정권력 전체를 독점하고 있을 뿐만 아니라 헌법재판소장, 대법원장, 대법원 판사 임명 등에 있어서 특별한 권력을 보장받고 있다. 역대 권위주의적 정부들이 국정원, 검찰, 경찰, 국세청, 감사원 등을 정치적으로 활용할 수 있었던 것도 대통령의 인사 독점권에서 비롯된 것이다.

국회는 입법권을 독점하고 선거법, 정당법, 국회법 등 의원 자신들의 선출과 활동에 관한 모든 법률을 제정하기 때문에, 국회의원들의 지위, 활동 방식과 권한을 외부에서 통제할 장치가 없다. 또한 소수정당에 유리한 비례대표제가 아니라 거대정당에 유리한 소선거구 단순다수대표제로 의원을 선출하고, 원내교섭단체 20명의 기준이 낮추어지지 않아 소수정당의 원내 활동이 크게 제한되고 있다.

대법원장은 판사들의 임명권한과 업무능력 평가권한 등을 독점하고 있고, 판사는 판결과 양형에서 독점적 재량권을 행사한다. 그러나 사법부 독립의 핵심 요건인 재판의 독립은 이루어지지 않고 대법원장의 인사권, 판사의 재량권, 전관예우 변호사의 금권에 의해 재판 결과가 좌우된다.

검찰은 기소독점권과 기소재량권을 '마음대로' 또 정치적으로 행사하여 스스로 독점 권력과 정치검찰이 되었다. 이를 견제하기 위해 공직자비리수사처를 설립하더라도 대통령이 임명권한을 자의적으로 행사한다면 정치검찰보다 더한 어용기구가 될 수 있다.

이처럼 '집단으로서의 국민'을 배제한 권력은 국민의 견제를 받지 않기 때문에 국민의 이익보다 임명권자의 지시에 복종할 수 밖에 없다. 국회가 대통령의 거수기가 되거나, 정치검찰이 전횡을 일삼고, 법원 판결이 정의와 상식에 어긋나는 것은 모두 그들의 권력행사 과정이 국민에 의해 직접 감시·통제되지 않기 때문이다. 이와 달리 '집단으로서의 시민'이 권력행사 과정에 직접 개입하고 감시하면 국가 시스템이 근본적으로 변화된다.

예를 들어 대통령이 주요 직위의 후보자를 복수로 추천하면 시민들로 구성된 인사배심원단이 국회 인사청문회에 앞서 심사할 수 있다. 이 과정은 국회의 인사청문회와 중복되지 않는다. 시민들이 국회의 검증을 대신하는 것이 아니라 검증받을 후보자를 선별하여 대통령에게 추천하는 것이기 때문이다. 시민인사배심원제도가 활성화되면 대통령도 국민의 의중에서 벗어나는 인사를 후보로 추천하는 일을 삼가하게 될 것이다.

2. 적용 기준

국가기구를 토의민주주의 방식으로 재편할 때 지켜야 할 기본 원칙이 있다. 국민에게 포괄적·직접적·장기적·구조적 영향을 미치는 제도·법률·정책은 반드시 국민의 직접적인 토의로 결정해야 한다는 것이다. 이 원칙을 실현하기 위해서는 의사결정 메커니즘을 대리인들이 결정하는 이해관계자 모델에서 주인 모델로 전환해야 한다. 대리인에 불과한 정치인과 관료들이 오히려 자신들의 이익을 먼저 챙기는 '주인-대리인의 딜레마'를 해결하는 근본적인 방법은 대리인에게 이양한 결정 권한을 주인이 되찾는 것이다. 전문가는 의견을 제시하고 시민이 직접 결정하는 작은공중이 적합한 주인모델이다.

이하에서 적용하는 작은공중은 배심원단, 공론조사, 시민의회이다. 배심원단은 사법부에서 배심원재판을 할 때와, 정부정책과 관련해서는 인사배심제처럼 단일한 이슈를 소수의 시민이 단시간에 판단할 때 활용한다. 공론조사는 다수의 대표성있는 시민들이 단순한 이슈를 판단할 때 활용하고, 시민의회는 공론조사보다 복잡한 이슈를 1년 이상의 장기간에 걸쳐 토론하고 판단할 때 활용한다. 배심원단과 시민의회는 법적·정치적으로 결정권한을 보장하는 것이 필요하고, 공론조사는 결정권한이 보장되지는 않지만 그 결과를 존중할 것을 권장한다.

시민의회는 상설 시민의회와 특별 시민의회로 구분할 수 있다. 상설 시민의회는 시민의원들에게 일정한 임기와 권한을 보장한다. 헌법재판소를 시민의회로 대체하면 이 시민의회는 헌법재판소의 이름으로 활동하는 상설 시민의회가 된다. 시민의회로 상원을 구성하는 경우에도 상원의 이름으로 활동하는 상설 시민의회가 된다. 특별 시민의회는 브리티시 컬럼비아처럼 특정한 법률을 제정하거나 개정하기 위해 특정 기간만 활동한다. 국회 개혁을 위해 선거법, 국회법, 정당법을 개정할 때 특별 시민의회를 구성할 수 있다. 또 현행 헌법재판소를 유지하더라도 대통령 탄핵, 행정수도 이전 같은 국가적 사안이면서 소송 당사자가 원할 때 기존 헌법재판관들이 아닌 특별 시민의회를 구성하여 심판할 수 있다. 정부 정책결정의 경우에는 교육정책처럼 모든 국민의 이해 관심이 직접적으로 연결된 경우에는 특별 시민의회를 구성하여 결정할 수 있다. 교육정책을 결정하기 위한 시민의회는 공론조사와 비슷하게 운영될 수 있지만, 1년 정도의 장시간을 필요로 하고 정책결정 권한을 보장받아야 한다는 점에서 시민의회로 구분한다.

3. 제도적 장점

사회적 이슈를 정치인이 아닌 작은공중이 주도할 때의 가장 큰 장점은 특정 정당이나 정파에 치우치지 않고 전 국민을 대표하여 공정한 결정을 내린다는 것이다. 이같은 사실은 시민의회나 여타 시민참여 토의 포럼을 활용하였던 다른 나라 사례들에서 이미 증명되었다. 이러한 장점을 다른 방법으로 달성하기는 어렵다. 그 내용을 구체적으로 살펴보자.

하나, 대표성이다. 전 국민 대상 층화무작위추첨 방식으로 참여자를 선발하기 때문에 선발된 표본은 '전 국민과 꼭 닮은 꼴'인 소우주를 구성하며 이 때 토론하는 참여자들은 작은공중이 된다. 작은공중은 특정 직업, 계급, 성, 연령, 사회적 지위 등이 과잉대표되는 국회와 달리 민주적 대표성을 유지하면서도 깊이있는 토론이 가능한 거의 유일한 토의 포럼이다. 그 곳에서는 특정 계층이나 이해 집단의 의견만이 아니라, 시민 전체의 다양한 의견들이 대변된다. 세상에 존재하는 어떤 대표기구도 작은공중의 탁월한 대표성을 따라올 수 없다.

둘, 평등성이다. 층화무작위추첨 방식은 모든 사람에게 동등한 참여 기회를 제공한다. 지역, 성, 계층, 신분, 경제력 등 어떠한 기준도 참여를 제한할 수 없기 때문에 가장 평등한 기회를 제공한다. 이렇게 선발된 시민이 한 자리에서 토론하면 전 국민이 평등하게 참여하여 토론하는 것과 같은 결과를 가져오는 것으로 인정된다.

셋, 전문성을 높인다. 일반 시민들의 토론과 결정이 '전문가를 배제한 여론 재판'이라는 비판은 작은공중 토론에 무지한 사람들의 억측이다. 사전에 제작하는 자료집에 다양한 전문가의 찬반 의견을 균형있게 수록하므로 전문가들의 의견이 참여자들에게 충분히 전달되며 필요한 경우에 전문가 토론도 실시한다. 다음으로 소그룹 토론과 전체 토론의 질의응답을 통해 전문가들은 자신들의 의견을 직접 전달할 수 있다. 참여자들은 다양한 전문가들의 의견을 들은 후 자신들의 토론을 통해 결론을 도출한다. 공론조사는 '전 국민의 토론을 통해' 결론을 이끌어 내는 방법이며 특정 정파나 이해집단의 이익을 대변하는 전문성이 아니라 사회와 국가 이익에 가장 적합한 최적의 전문성을 선택하게 된다.

넷, 정책결정 과정의 도덕성을 높인다. 대리인이나 전문가들의 도덕성은 특히 문제가 된다. 공리주의자 벤담J.Bentham은 모든 사람의 욕망과 이기심은 다르지 않기 때문에 정치인들의 도덕성을 더 신뢰해서는 안 되며, 권력을 가진 사람들은 권력을 이용해 자신이 원하는 것을 획득하려는 유혹에 자주 노출되므로 이들을 감시하기 위해 더 많은 민주주의가 필요하다고 했다. 대의정치는 의원들의 도덕성을 개인의 양심에 맡기지만 한국 국회의원들의 부도덕한 행태를 보면 이 체제의 허약성이 드러난다. 국회 의사결정의 대부분은 공개된 토론이 아니라 정당 지도부의 타협에 의지하기 때문에 국회의원들은 도덕성을 지킬 동기가 없다. 하지만 시민의회의 공개된 토론에서 다른 사람들의 동의를 얻어야 하는 사람은 부도덕한 의도나 이권을 주장하기 어렵다. 투명한 토의 과정이 참여자들의 도덕적 동기를 이끌어낸다.

다섯, 작은공중은 토론을 통해 결론의 합리성을 높인다. 이들이 합리적인 결과를 산출하는 근거는 토의 참여자들이 자신의 의견을 토의 과정에서 합리적으로 수정하는 과정에 있다. 작은공중 토론에 참여한 사람들은 네 가지 계기에 의해 자신의 의견을 바꾸거나 발전시킨다. 토의 참여자들이 이슈에 대해 많은 것을 알게 되고(정보 습득), 전문가와 다른 참여자들의 의견을 들으며(증언 청취), 자신이 좋아하는 방향보다는 사회에 가장 좋은 것을 찾으려는 관점에서 생각해 보고(관점 변화), 다른 참여자들과 토론하고 자신의 주장을 정당화해야 하는 과정(집단 토론)에서 토론 이전에 가졌던 생각을 바꾼다.

여섯, 결과의 공공성을 높인다. 위의 특성 때문에 시민의회의 토의 결과는 사적 이익이 아니라 사회 전체의 공익을 담아내는 공공성을 띠게 된다. 시민의원은 선거를 치르지 않으므로 선거구민이나 정당에 구속되지 않으며, 표를 거래할 이유가 없다. 또 정당의 당론에 구애받지 않기 때문에 토의 과정에서 자신들의 의견을 합리성과 전문성, 도덕성에 따라 자유롭게 수정할 수 있다. 그 결과는 특정 개인의 이익이 아닌 전체 사회의 이익을 대변하는 공공성을 지니게 될 것이다

일곱, 책임성을 높인다. 작은공중은 시민들이 자신의 행동에 대해 스스로 책임지려는 의지를 높여준다. 텍사스주 공론조사에서 시민들은 비용이 더 많이 드는 재생 에너지를 선호했고 그에 따라 추가로 지출해야 할 세금을 스스로 납부하였다. 자신이 참여하여 만든 정책이나 결과에 대해 시민들은 스스로 그 책임을 다했다. 다른 시민참여 의사결정 기구에서도 시민의 책임성이 높아진다는 연구 결과들이 있다. 텍사스 공론조사는 일반 시민들이 의사결정 과정에 참여하여 결정하고 그에 맞는 책임을 스스로 감당하게 함으로써 진정한 의미의 민주시민으로 재탄생하는 기회를 제공한다.

여덟, 사회적 갈등을 예방한다. 지금까지 많은 나라에서 시행된 공론조사는 대부분 사회적 갈등을 촉발할 사안들을 결정할 때 시민들의 생각을 알아보기 위해 실시되었다. 공론조사는 결과 뿐만 아니라 논의 과정에서도 사회적 갈등을 예방한다. 공론조사 과정을 투명하게 공개하고 TV에 중계하면서 시민들이 이슈에 대해 진지하게 고민하고 주변 사람들과 얘기를 나누고 관련 전문가의 설명을 들으면서 자신이 갖고 있던

편견을 돌아보는 기회를 제공한다. 이러한 과정이 기존의 권위적 의사결정 과정에서 발생할 수 있는 사회적인 갈등을 완화시키고 예방한다.

아홉, 작은공중은 민주주의를 승화시킨다. 과거에 핵발전소 건설, 4대강 사업, 한미FTA 등 사회적 갈등을 야기한 정책을 결정할 때 정부는 시민들의 의견을 묻지 않았다. 정부의 방향을 결정한 뒤에 그에 동조하는 전문가를 앞세워 권위적으로 밀어붙였다. 일방적 정책결정 과정은 대의민주주의가 갖고 있는 근본적인 결점인데 국민 모두에게 영향을 미치는 국가적 사안임에도 불구하고 주권자 국민의 참여를 배제했을 뿐만 아니라 합리적인 성과를 만들지도 못하였다. 작은공중은 이와 달리 정치인, 관료, 이해관계자들에게 위임했던 의사결정 권한의 일부를 국민에게 되돌려 주고 국민이 직접 참여하여 정책을 결정함으로써 민주주의의 핵심원리인 국민주권 원리를 실현한다.

4. 확장 방안

공론조사나 시민의회와 같은 작은공중 토의 포럼이 활성화되면 정치사회적으로 다음과 같은 긍정적 효과를 가져온다.

ㄱ. 국민주권 회복

ㄴ. 국가기구의 민주화

ㄷ. 적대정치 완화

ㄹ. 정책결정 과정에서 사회적 비용 최소화

ㅁ. 효율적인 정책결정과 집행

ㅂ. 사회 정의 실현

ㅅ. 민주주의 시민 육성

따라서 작은공중 포럼을 헌법 논의 뿐만 아니라, 선거법과 국회관련법 등 다른 법률의 제정이나 개정에도 확대해야 한다. 또 4대강 보의 유지·철거 문제처럼 대규모 국책사업의 필요성을 심사할 때도 적용할 수 있다. 작은공중이 이러한 사업에 직접 참여하고 결정하면 관료, 정치인, 기업, 정당들이 장악한 의사결정 통로를 전 국민에게 개방할 수 있다. 작은공중이 국민들의 정치 효용감과 정치 체제의 정당성에 대한 신뢰를 높인다는 점에서, 공론조사나 시민의회를 제도화는 방법은 한국 민주주의를 질적으로 도약시키는 유력한 방안이 될 것이다. 그리고 시민의회를 적용할 수 있는 더 많은 제도와 영역들에 대해 논의해야 한다. 다음과 같은 방안들을 고려할 수 있다.

ㄱ. 헌법에 시민의회 구성과 권한에 대한 조항을 신설

ㄴ. 헌법재판소를 시민의회로 대체하여 입법부, 사법부, 행정부를 견제하는 방안

ㄷ. 헌법재판 청구자가 요구하면 헌법재판을 배심원 재판으로 운영하는 방안, 특히 탄핵, 정당해산, 수도이전 등 국민의 정치적 판단이 필요한 사안

ㄹ. 국민발안으로 제안된 법률안을 시민의회가 심사하여 국민투표에 회부하는 방안

ㅁ. 입법부 통제를 위해 선거법, 정당법, 국회법을 시민의회에서 의결하는 방안

ㅂ. 국회의원들의 비윤리적 행위의 심사·해임을 시민의회나 시민배심원단에서 결정

ㅅ. 국회의원 소환을 지역구 투표가 아닌 시민의회나 시민배심원단에서 결정

ㅇ. 일정 수 이상의 시민이 요구하면, 시민의회가 행정부 정책의 정당성과 타당성을 평가하는 정책배심제

ㅈ. 대통령이 행정부 수반이 아니라 국가원수로서 행사하는 인사권, 예를 들어 헌법재판관과 헌법재판소장 후보자의 추천 권한을 시민의회에 부여하는 인사배심제

이하에서는 대표적인 적용 사례로 헌법재판소를 대체하는 시민의회, 상원 신설, 개헌을 위한 특별 시민의회, 의회 개혁을 위한 법안 작성을 위한 시민의회, 사법과정 개혁을 위한 배심제, 행정부 의사결정 과정 개혁을 위한 공론조사와 시민의회를 논의한다.

14
상설 시민의회

1. 헌법재판소 폐지

의회정치가 시작된 영국에는 위헌심판 제도가 없다. 헌법재판소 같은 독립된 제도도 없고 미국처럼 연방대법원에서 그 기능을 수행하지도 않는다. 그 이유는 국민으로부터 직접 선출되고 국민에게 직접 책임을 지는 의회만이 국민을 대신하여 주권적 권력을 행사할 수 있으므로, 의회의 오류를 심판할 수 있는 권한은 오직 국민만이 보유한다고 생각하기 때문이다. 법률이 잘못되었다면 선거를 통해 구성된 새로운 의회에서 해당 법률을 개정하거나 폐지해야 하는 것이지, 국민으로부터 직접 위임을 받지 않은 다른 국가 기구가 그 법률에 대한 해석 권한을 독점해서는 안된다는 생각이 저변에 자리하고 있다. 의회 중심의 영국 입헌주의가 민주주의 이념을 충실히 반영한 것이라고 할 수 있다.

헌법재판소는 정치적 대표가 없는 시민이나 공고한 다수결 구조에서 발언권이 미약한 사회적 소수자가 정치적 주장을 호소하고 관철시킬 수 있는 공간이다. 이 때의 헌법재판은 법률의 오류를 바로잡고, 인권과 기본권을 보장하며, 부당한 권력을 통제하는 순기능을 한다. 그러나 헌법재판이 남용될 때 그리고 남용이 제도적으로 조장될 때, '정치의 사법화'는 '사법의 정치화'를 야기하면서 사법부의 독립을 훼손하고 소수 사법권력 집단의 기득권에 봉사한다. 한국에서 경제권력, 정치권력, 사법권력을 장악한 엘리트 집단은 자신들의 기득권을 보호하기 위해 국회나 행정부에 로비하거나 주요 정책에 대한 위헌 판단을 구실로 헌법재판소의 개입을 요구한다. 정치적으로 해결해야 할 문제를 법원 판결에 맡기는 '정치의 사법화' 현상이 심각해지고 있기 때문에 국민주권을 유지하기 위해 사법부에 대한 국민의 직접 통제가 필요하다.

2004년 신행정수도건설특별법을 헌법재판소에 제소한 행위가 '정치의 사법화' 사례이다. 국민이 직접 선출한 대통령이 결정하고 의회가 동의한 사안을 헌법재판소 심판에 맡겼기 때문이다. 이에 대한 헌법재판소의 적절한 결정은 신행정수도 건설이 국민의 주권을 위임받아 통치하는 대통령과 국회의 정치적 결정의 결과이므로 헌법재판소가 판단할 사안이 아니어서 기각하는 것이다. 그러나 헌법재판소는 이처럼 명백히 정책적 사안에 대해 '관습헌법'이라는 어이없는 이유를 들어 위헌판결을 하였다. 이 판결은 한국 사회에서 '사법의 정치화'가 어떻게 작동하고 있는지를 보여준다. '정치의 사법화'가 정치적으로 해결해야 할 사안을 사법부 판단에 맡기는 것이라면, '사법의 정치화'란 사법부가 판단하지 말아야 할 안건까지 정치적으로 판결하거나 법 논리와 무관하게 사법부가 독자적인 정치적 입장에 따라 판결하는 것을 의미한다.

헌법재판 자체가 "입법과정을 파괴하고 시민의 활동을 약화시키는 영향을 갖기 때문에, 또 정치적 영역에 (정치와 무관한) 자연권, 상위법, 헌법과 같은 허울 하에 위장된 근거를 끌어들이기 때문에 결함이 있다"(바아버 1992, 220)는 논거에 의하면 관습헌법에 의한 신행정수도 위헌판결은 근본적인 결함을 보여준다. 헌법재판소가 끌어들인 '서울이 대한민국의 수도이다'라는 논거가 '정치적 영역에 독립적인 근거'를 끌어들인 대표적인 사례다. 한국뿐만 아니라 헌법재판이 일찍부터 발달한 독일에서도 헌법재판소가 법적 결정이라는 형식 속에서 정치적 결정을 내리고 있고, 정치영역의 결정을 헌법재판소가 찬탈하고 있으며, 헌법재판소가 스스로 권력 기관화할 위험을 항시 갖고 있다는 비판이 있다(김종서 2011, 346).

국민에게 직접적인 책임을 지지 않는 소수의 헌법재판소 재판관들이 주권자인 국민의 정치적 판단 기회를 박탈함으로써 민주주의 정신을 왜곡하고 있다. 신행정수도 위헌결정은 관습헌법이라는 정체불명의 도깨비 방망이를 끌어들여 '입헌주의 헌법을 능욕한 사법 쿠데타'(국순옥 2005) 선언이며, "헌법재판소가 최종 결정권을 가진다는 점, 나아가 헌법재판소가 헌법창조 기관이라는 점을 만천하에 선포"하여 이 땅에 "진정한 사법 관료국가를 실현한 것"(서경석 2005, 417)이다.

헌법재판소가 보여준 '사법의 정치화'는 토의민주주의적 관점에서 바라보면 주권찬탈 행위와 같다. 토의민주주의적 국민주권 원리에 의하면 '모든 정치권력은 시민의 의사소통적 권력으로부터'(하버마스 2000, 216) 나온다. 정치적 지배 권력의 행사는 시민들이 토의를 통해 구성하는 의견과 법률에 따라 정당화되어야 하고, 국민들의 의사소통 결과가 최종적이며 주권적인 권력을 행사해야 한다. 그러나 한국에서는 국가기구간 권력충돌을 조정하거나 국가 정책의 위헌성을 최종적으로 판단하는 권한을 국민이 아닌 헌법재판소가 행사한다. 국민주권은 국민들의 이성적인 의사소통행위 속에서 창출되어야 하지만, 대의기구로부터 권한을 위임

받은 2차 위임기구인 헌법재판소가 주권적 결정을 배타적·무제한적으로 행사한다.

한국의 헌법재판소는 다음과 같은 이유에서 민주주의 원칙을 침해하고 있다. 첫째, 헌법재판소는 민주성이 부족하다. 국민들이 재판관 임명에 직접 개입할 수가 없으며 전적으로 대통령, 국회, 법원 등 대리인들의 추천과 판단에 맡겨진다. 둘째, 토의성이 부족하다. 국민들이 재판 과정에 참여하거나 의견을 개진할 수 없다. 셋째, 공개성이 부족하다. 폐쇄적인 공간에서 소수의 재판관이 결정을 내린다. 넷째, 책임성이 부족하다. 판결의 영향력은 모든 분야에 미치지만, 결과에 대해서 재판관들이 국민들에게 직접 책임지지 않는다. 다섯째, 견제 방법이 없다. 헌법 해석에 있어서 성문헌법 조항뿐만 아니라 사전에 알 수 없는 관습헌법 조항까지 '창조'하기 때문에 국민들이 판결의 준거와 방향을 예측하거나 견제할 방법이 없다. 여섯째, 대안 탐색을 봉쇄한다. 헌법재판소의 판결은 최종적인 것이어서 결과에 승복하지 않는 사람들은 다른 대안을 찾기 어렵다.

헌법재판소의 판결이 최종적이며 누구에게나 영향을 미친다는 점에서, 국민들이 직접적으로 행사해야 할 주권을 9인의 재판관이 행사하고 있는 것과 같다. 입법부나 행정부가 결정하는 법률과 정책의 정당성이 입법부와 행정부를 선출한 국민의 직접적인 의지나 선거 결과와 무관하게 재판부의 판단에 좌우된다. 선거 기간에 국민의 의사를 수렴하고 지지자를 결집시키던 공약도 정당성과 실효성을 담보할 수 없고 헌법재판소의 심판을 기다려야 한다. 그 결과 국민들의 정당한 의견과 의지가 정치적 힘을 상실하고, 국민들이 주권을 행사할 기회는 근원적으로 박탈된다.

이처럼 결함이 많은 헌법재판소에 정당성을 부여하는 유일한 근거는 재판관들의 전문성에 있다고 할 수 있다. 그러나 전문성은 정치적 판단에 필요한 요건 중 하나에 불과하다. 모든 과학적 진리와 마찬가지로 법도 잠정적인 타당성만 주장할 수 있다. 법률의 규정은 언제나 과거의 결정이며, 법 제정 당시의 인식론과 세계관을 반영한다. 모든 법률은 개정·폐지되기 전까지 끊임없이 시대에 맞게 재해석되어야 하며, 해석의 기준은 다양하기 때문에 해석 권한을 특정인들이 독점해서는 안 된다.

또 헌법적 판단에는 전문성과 함께 민주적 정당성이 반드시 충족되어야 하며, 가장 엄밀하게 민주적 정당성을 담보하는 방법은 국민이 판단하는 것이다. 국민들의 이성적 판단이 최종 결정권을 가져야 한다. 그 이유는 네 가지로 요약할 수 있다.

첫째, 국민주권 원리에 따라 국민이 국가적 의제에 대한 최종결정 권한을 보유한다. 법철학적 관점에서도 국민이 입법과 해석의 최종권한을 보유한다. 헌법제정 권력자는 국민이다. 그래서 헌법은 국민투표에서 승인받아야 확정된다. 헌법개정 권력자도 국민이다. 헌법개정의 경우에도 국민투표에서 승인받아야 한다. 따라서 헌법해석 권력자도 국민이어야 한다. 헌법을 제정할 때 국민이 승인하였고 개정할 때도 국민이 승인하므로, 해석할 때에도 국민이 최종적인 권한을 보유해야 한다. 헌법에 대한 최종적이고 권한있는 해석은 헌법재판소가 아닌 국민의 권리다.

둘째, 헌법재판소와 같은 폐쇄된 의사결정 구조는 시민의 자유로운 논쟁과 대화를 제한한다. 하나의 결정이 정당성을 획득하기 위해서는 보편성을 담보해야 한다. 그러기 위해서는 열린 공간에서 다양한 관점들이 서로 논증하는 가운데 타당한 논증을 가려야 한다. 이와 달리 폐쇄된 공간에서 이루어지는 헌법재판소의 결정은 정당성을 획득하지 못할 수 있다. 특히 그 결정이 '전통, 선례, 상상된 자연법의 권위에 호소하는 논증에 근거한 것이라면 더욱 큰 문제이다.'(Dryzek 2002, 71) 정당성이 의심스러운 전통을 끌어들인 '관습헌법' 논리는 헌법재판소의 폐쇄적인 의사결정 구조가 낳은 사법적 기형아다.

셋째, 지식은 권력을 낳고 권력은 지식을 재강화하므로 특정인들이 헌법 해석 권한을 독점하는 체제에서는 소수 해석자에게 권력이 집중되고, 집중된 권력은 그 분야 전문가의 독점적 지위를 공고화한다. 헌법재판관들에게 주어진 독점적 해석 권력은, 심판을 통해 자신들에게 주어진 권력을 재강화한다. 헌법 해석에 모든 사람들의 접근과 판단이 허용될 때에만, 헌법에 관한 전문 지식이 백가쟁명하도록 허용하고 그 지식에 기반하여 국민이 최종적 판단을 내리는 경우에만 소수 법률가들의 권력독점을 방지할 수 있다. 그렇지 않다면 민주주의는 '법률'에 의한 통치를 핑계로 '법관'에 의한 통치를 정당화하게 될 것이다.

넷째, 많은 경우에 각 사람의 법률적·정치적 판단에는 개인적 성향이 깊이 개입되며, 개인적 성향은 그가 살아온 삶의 궤적 속에 각인되어 있다. 판사의 판결도 이러한 개인적 성향으로부터 자유로울 수 없다. 미연방 대법원 판사들의 이념적 성향에 따라 헌법재판 결과가 달라지고 미국사회의 진로가 변화해왔다. 소수 판사들의 개인적 성향에 따라 국가의 미래가 좌우되는 정치체제는 국민주권 원칙을 훼손하고 민주주의의 불안정을 야기하므로, 국민 다수가 헌법적 사안을 공개된 장소에서 토의하고 판단하도록 제도를 재구성해야 한다.

2. 시민의회로 대체

헌법재판소를 폐지하고 이를 대체하는 시민의회를 신설할 필요가 있다. 레이브Leib는 무작위로 선발된 시민 배심원단이 법률을 제정하는 제

4부를 구성하고 제4부가 국민투표와 국민발안을 대체하는 토의민주주의적 방안을 제시하였다. 제4부는 정부정책 결정 과정에 토의민주주의 이념을 직접적으로 뿌리내리기 위한 시도이다. 예를 들어 의료개혁 문제처럼 이익집단의 압력 때문에 국민들이 원하는 방안이 거부될 때 제4부를 활용할 수 있다(Leib 2004, 62).

이와 비슷한 제도를 제시한 사람들이 있었다. 미국의 법학자 웅거 Unger(1996)도 제4부 구성을 주장하였다. 피터 드롱Peter deLeon(1997)은 참여적 정책분석(Participatory Policy Analysis)을 제안하였는데 특정한 정책에 의해 영향받게 될 사람들 가운데 무작위로 선발된 시민들이 정책입안자와 관료들을 만나 1년 동안 자신들의 요구를 투입하는 방법이다. 존 번하임Brunheim(1985)의 제안은 한 발 더 나아간다. 그는 대의민주주의를 종식시키고 대신 소수의 무작위 샘플을 구성하여 다양한 정치적 이슈를 토론하는 기구를 제도화하자고 주장하였다. 피쉬킨의 공론조사는 이들의 주장을 현실적으로 제도화하는 방법으로 이해할 수 있다(Fishkin 1997, 1999).

레이브가 주장한 제4부는 국민발의와 국민투표를 결합하는 것으로, 두 방식에 내재된 직접민주주의의 단점을 제거할 수 있다. 국민투표와 국민발의는 그것을 주도하는 사람들에게 유리한 결과를 낳는 경향이 있고, 유권자들의 지지와 서명을 받는데 필요한 비용을 지불하는 한편 언론에 광고하고 부동층의 표를 끌어 모을 경제력이 있는 이익집단에 유리하게 작용하는 경우가 많다.

제4부의 구성원리는 개략적으로 아래와 같다(Leib 2004, 18-24). 첫째, 의무봉사. 토의 참석은 배심원단처럼 시민의 의무로 정하고, 불참 시 벌금이나 사회봉사를 명령한다. 둘째, 공개원칙. 토의가 공적 성격을 유

지해야 하므로 모든 토의 내용과 표결 결과는 공개한다. 셋째, 절대다수결. 토의 후 비밀투표에서 2/3 이상의 찬성으로 가결한다. 넷째, 의제설정. 의제 발의를 위한 제안자 수를 낮은 비율로 정해 가능한 많은 의견이 토의에 회부되도록 한다. 다섯째, 거부권. 제4부의 결정이 반드시 옳은 것이 아닐 수 있으므로 행정부와 입법부의 거부권을 인정하고 사법부에 소송을 제기할 수 있도록 한다. 여섯째, 무작위 추첨. 시민배심원 구성은 계급, 인종, 직업, 지리 등 계층별로 무작위 추첨하여 선발한다.

브리티시 컬럼비아의 시민의회는 공론조사와 제4부의 아이디어가 결합된 토의민주주의 포럼이라고 할 수 있다. 다만 시민의회는 선거법 개정이라는 단일한 안건을 처리하기 위한 제도인 반면, 레이브의 제4부는 모든 분야의 안건을 처리하는 지속적인 제도라는 차이점이 있다. 브리티시 컬럼비아 사례에서 보듯이 최고 주권기구로써의 시민의회는 민주주의 원리에 가장 충실한 토의 포럼이다. 민주주의에서는 모든 시민이 법률의 저자가 되어야 하기 때문이다.

한국에 적용할 수 있는 헌법재판소를 대체하는 시민의회를 다음과 같이 설계할 수 있다(오현철 2006, 169-171). 첫째, 목적과 위상. 시민의회를 신설하는 목적은 국민의 의견과 결정을 직접 입법, 사법, 행정부 등 국가기구에 명하는 것이다. 시민의회는 국민주권을 실현하는 최고 권력기구로써 자리매김하여, 대통령과 의원 등 대표자들의 임면을 규율하고 국가기구간 권력 충돌을 조정하는 최고 권력기구, 인권 보호와 신장을 꾀하는 인권의 최고 보호기구, 헌법 해석에 관한 최고 판단기구, 국군의 해외파병 같은 주요 외교정책에 관한 최고 결정기구의 역할을 해야 한다. 이 때 정치적 대표체계는 시민의회가 최고의 대표성을 지니는 헌법적 최고 결정기구가 되고, 기존 3부는 시민의회의 헌법적 판단에 의해 제도적으로 조정되는 일상적 정책 결정과 법률 판단기구로 자리매김되어 국민주권 원리를 충실히 반영하는 대표체계가 될 것이다.

둘째, 구성 원칙. 지역, 성, 계층, 연령 등을 기준으로 층화무작위추첨으로 대표를 선발한다. 임기는 1년으로 누구나 평생에 한 번만 재임하여 가능한 한 많은 사람들이 참여할 수 있도록 하며, 재임기간 동안 보수를 지급하여 가난한 사람도 부담없이 임무를 담당할 수 있도록 한다. 대의민주주의에서 국회의원들이 자신의 이익을 먼저 추구하는 것과 달리 시민의회 의원들이 바로 일반 시민이기 때문에, 선발된 대표들은 국민과 같이 느끼고, 생각하고, 결정할 것이다.

셋째, 권한 범위. 시민의회에서 결정할 사안은 국가기구간의 권력 분할과 갈등해결에 관련된 사항(대통령 탄핵, 입법·사법·행정부간 권한분쟁, 중앙·지방정부간 권한 분쟁 등), 기본권의 준수 및 확장에 관련된 사항, 위헌심판 청구와 헌법소원 등 헌법 이념의 구현에 관한 사항, 국군의 해외파견과 전쟁 수행에 관한 사항, 국가기구를 통치하는 대리인들(대통령, 의원 등)의 선출방식과 임면에 관한 법률 등이다. 제4부의 결정에 행정부와 입법부가 거부권을 행사할 수 있다는 레이브의 구상은 시민의회가 국민주권을 행사하는 최고 권력기구가 되어야 한다는 취지에 맞지 않는다. 시민의회가 국가의 최고 의사결정 기구가 되어야 하기 때문에 독자적인 헌법 개정안 제출 권한과 국회의원을 비롯한 선출직 대표의 선발 방법과 권한에 관한 법률 제정, 행정부·입법부에 대한 권고안을 제출할 수 있는 권한을 보유해야 한다.

넷째, 의사 결정 방식. 공개성, 토의성, 소통성을 원칙으로 한다. 공개성의 원칙에 의해 모든 토의 내용과 표결 결과는 완전히 공개한다. 토의성의 원칙에 의해 모든 사안은 반드시 공개 토의와 토의 이후의 표결로 결정한다. 소통성은 시민의회의 토론이 시민사회 및 생활세계와 긴밀히 상호작용함을 의미한다. 시민의회의 토론은 시민사회와 생활세계의 비판과 감시 및 의견 개진에 열려 있어야 한다. 토론 방식은 의원들을 무작위 소그룹으로 나누어 그룹별로 토론하고, 전체 회의에서 다수결 비밀투표와 과반수 찬성으로 결정한다.

다섯째, 결정 효력. 시민의회의 결정 효력은 영원하지 않다. 시민의회는 무오류성을 가정하지 않으며 사회 변화에 능동적으로 대처하기 위하여 일정 기간 후에 재심을 요구할 수 있다. 그리고 시민의회가 스스로 결정할 수 없는 사항이라고 판단되는 안건은 바아버의 '다선택 포맷 방식의 국민투표'에 회부한다.

시민의회는 기존의 헌법재판소와 비교하여 엘리트가 아닌 일반 시민을 선발하며, 토론의 공개성과 소통성 측면에서 민주적으로 열려 있다. 또한 배심원제와 비교할 때 공개성과 소통성의 원칙에서 토론의 폭과 깊이를 더한다. 시민의회는 폐쇄적인 공간에서 외부와 소통하지 않은 채로 결정을 내리는 배심제와 달리 외부의 비판과 감시에 열려 있기 때문이다.

3. 상원 신설

근대의 사회철학자 루소는 법을 제정하는 입법권이 주권을 구성한다고 생각했다. 이 관점에서 본다면 대의민주주의는 국민의 손에서 주권을 빼앗아 법을 만드는 국회에 넘겨준 것과 같다. 국민 개인은 지역구 국회의원 후보 중 한 명에게 투표할 수 있을 뿐 개인으로서든 국민전체로서든 입법 과정에 영향을 미치지 못하기 때문이다. 시민이 주권을 행사하기 위해서는 국회의원이나 특정 정당이 아니라 국회 전체를 시민이 직접 통제할 수 있어야 하며 입법권의 일부도 행사할 수 있어야 한다.

이를 위해 시민의회로 상원을 구성하는 방안을 고려한다. 국회를 식물국회로 만든 국회선진화법을 폐기하여 법안의 과반수 통과를 인정하고 대신 시민의회로 구성되는 상원이 국회를 견제하는 것이 타당하다. 이 경우에 상원의 위상과 권한의 차이는 여러 논의가 가능하다. 첫째, 국민발안과 국민투표를 결합하여 일반 시민들이 발안한 안건을 토의하고 결정하는 권한만을 부여한다(Leib 2004). 주민동원에 필요한 자원을 보유한 기득권 집단이 주민발의 제도를 악용하는 사례를 방지하기 위해서, 또 발안된 법안의 완성도를 높이기 위해서 내용을 수정하는 권한을 부여한다(Lang 2007, 64).

둘째, 영국 상원과 같은 권한을 부여하여 법안 통과 지연권, 재의 회부권, 거부권 등 하원보다 제한된 권력을 행사하게 한다(Harry Brighouse and Erik Olin Wright). 이때의 상원은 국회 다수당의 횡포를 견제하고 민주적 토의를 심화한다(Lang 2007, 64). 상원에서 거부된 법안은 자동 폐기되고, 통과된 법안에 대한 대통령의 거부권은 인정되지만 국회가 2/3 이상의 찬성으로 재의결할 수 있다.

셋째, 미국처럼 하원보다 강력한 권한을 부여하는 상원을 구성할 수 있다. 상원은 독자적으로 법안을 만드는 권한과 현재 국회가 갖고 있는 주요 직위에 대한 임명동의권 등을 행사한다. 위의 세 가지 방식 중 무엇을 택할 것인지에 대해 시민의 집단적 정치 참여와 국가기구 간 견제와 균형이라는 측면에서 논의가 필요하다.

그리고 어느 경우에라도 상원에 다음과 같은 권한을 공통적으로 부여한다. 첫째, 국회의원 소환권을 부여한다. 국회의원은 지역구의 대표인 동시에 국가의 대표이므로 국회의원 소환권은 지역구 주민뿐만 아니라 전 국민을 대표하는 시민의회도 행사할 수 있어야 한다. 기존 지방자치단체장 소환제도를 보면 지역구에서의 소환은 불가능하거나 실효성이 없기 때문에 시민의회가 소환권을 행사하는 것이 바람직하다.

둘째, 정치인들의 정치활동을 규정하는 법률의 입법권을 행사한다. 국민은 국회의 구성 과정에서 투표로 참여하는 것뿐만 아니라, 입법 과정에도 참여하여 주권을 행사할 수 있어야 한다. 국회의원들의 임면에 직접 관련된 선거법과 국회법 및 국회의원들의 결사체인 정당의 운영에 관한 법률 개폐 권한을 국회가 전적으로 행사하는 현체제는 '의회주권 민주주의'에 해당한다. 이와 달리 '국민주권 민주주의'는 국회의원들을 통제하는 국민들의 주권을 회복하기 위해 위의 법안들에 대한 국민의 직접 참여와 결정을 보장해야 한다. 상설 상원 설립이 어렵다면 일정 수 이상의 유권자들이 요구할 때 위의 안건들을 처리하기 위한 특별 시민의회를 소집한다.

15
특별 시민의회[1]

1. 개헌을 위한 특별 시민의회

한국 정치체계에서 국가기구간 권력 불균형을 교정하고 권력의 자의적 행사를 방지하고 정당들의 적대적 교착상태를 타개하기 위해서는 '집단으로서의 시민'이 정치과정에 참여해야한다. 반복되는 정치권력의 퇴행을 방지하기 위해서는 민주공화국의 이념을 온전히 반영하도록, '집단으로서의 시민'과 국민전체가 권력 과정에 참여하여 국가기구들의 전횡을 제어하도록 헌법개정이 이루어져야 한다.

국민주권 원리에 비추어 볼 때 헌법개정을 주도할 주체는 집단으로서의 시민이므로 시민이 헌법안을 작성하는 것은 당연한 권리이며 의무라고 할 수 있다. 우리 헌법도 초기에는 국민발안제를 채택하여 50만명 이상이 요구하는 헌법개정안의 발의가 가능했지만, 1969년에 박정희가 3선을 위해 개헌한 6차 개정헌법에서 헌법개정을 요구하는 국민발안권을

1 이 장의 내용은 오현철(2017a)의 일부를 수정한 것이다.

박탈했다. 박정희가 빼앗았던 '집단으로서의 시민'이 헌법을 제정하거나 개정하는 권한을 다시 쟁취해야 한다. 헌법개정 논의에서 국민주권 실현을 위해 다음과 같은 사안들을 검토해야 한다.

ㄱ. 압제에 맞서는 불굴의 의지와 민주주의 정신을 담기 위해 5.18 정신을 헌법 전문에 수록
ㄴ. 입법부, 사법부, 행정부의 정치행위를 헌법정신에 비추어 판단하는 헌법재판 기능을 '집단으로서의 시민'이 담당
ㄷ. 헌법재판소를 시민의회로 대체하거나 일반 시민을 헌법재판관으로 임명하는 방안 마련
ㄹ. 국회의원 소환제를 복원하고 소환결정을 시민의회에서 의결
ㅁ. 시민의회를 법제화하는 근거 마련
ㅂ. 배심원단에 재판받을 권리를 기본권으로 인정
ㅅ. 기소배심제를 시행하여 검찰을 견제
ㅇ. 지역균형 발전 추구를 명문화하고 제도화
ㅈ. 지역에서 '집단으로서의 시민'의 참여 제도화 방안을 명시하고, 특히 지역에서 활동하는 지역 정당을 허용 · 소수자 보호와 차별금지의 명문화
ㅊ. 국가나 지방자치 단체가 정책결정을 할 때 공론조사나 시민의회 등 시민참여제도를 활용할 수 있는 근거 마련

위와 같은 조항들은 '집단으로서의 시민'이 직접 참여할 때 반영될 수 있을 것이다. 일반 시민이 헌법 개정을 준비하는 아일랜드 사례를 살펴보자.

2. 아일랜드 헌법개정 시민의회 사례[2]

1) 헌법회의에서 시민의회로

아일랜드는 2012년 12월부터 2014년 3월까지 아일랜드 헌법회의(The Convention on the Constitution)를 운영하였다. 헌법회의는 정치인 33명, 추첨으로 선발된 시민 66명, 의장 1명으로 구성되었다. 헌법회의는 의회가 정한 7개 의제와 자체적으로 정한 2개의 의제 등 9개 의제를 다루었다. 정부는 2015년 5월 22일에 동성결혼 합법화와 대통령직 출마가능 연령을 21세로 낮추는 제안을 국민투표에 회부하여 동성결혼 합법화가 통과되었다.

의회는 헌법회의가 낸 의견을 많이 반영하지 않았고 국민들이 이에 크게 반발하였다. 그러자 2016년 총선 뒤 집권당은 헌법회의 대신 시민의회(Citizens' Assembly)를 법률로 제정하였다. 시민의회는 정치인들을 배제하고 일반 시민 중 52명의 여성과 48명의 남성 그리고 연방대법원 판사인 의장 1명으로 구성하였다. 시민의회 의원은 연령과 성별을 고려한 인구통계에 따라 추첨 기준을 만든 뒤 면접원들이 방문해 기준에 맞는 대상을 찾아냈다. 2016년 10월 출범한 시민의회는 1년 동안 활동하면서 낙태와 국민투표, 인구 고령화 대책, 선거일 고정 문제 등을 다루었다.

시민의회가 논의할 주제와 관련된 단체에 가담했거나 계획이 있는 사람들과 언론·정치권 등에서 일하는 가족이 있는 사람은 배제했다. 시민의원은 언제든 중도에 포기할 수 있으며, 이럴 경우 같은 연령·성별·지역 조건 등을 가진 예비 인원으로 교체된다. 이들에게는 교통비, 숙박비,

---

2 아일랜드 시민의회 사례는 이지문(2017)에 자세히 서술되어 있다.

식비 외에 다른 수당은 지급되지 않는다.

시민의회는 매달 첫 토요일부터 1박 2일에 걸쳐 전체회의를 개최한다. 2017년 2월 개최된 제3차 회의에서는 전문가 9명의 주제 발표, 발표 내용에 대한 원탁별 토론, 전문가 대상의 질의응답을 반복하며 낙태 문제의 쟁점을 학습하고 의견을 정리해 갔다. 탁자별로 회의 진행자와 기록자가 배치돼 시민의 토론을 돕는다. 시민의회는 '낙태'와 관련해 의학법률 전문가, 헌법 전문가(2명), 산부인과 의사(2명)등 5명의 상설 자문그룹을 두고 있다. 시민의회는 이슈에 대한 참가자의 이해도를 확인하기 위해 회의가 시작될 때와 끝날 때 몇 개의 질문에 대한 의견을 적도록 하고 있다.

시민의회는 시민의원들의 자유로운 발언과 토론을 유도하기 위해 이름과 거주 지역 외의 신상 정보를 밝히지 않는다. 시민의원들은 해당 주제의 논의가 종결될 때까지 언론이나 SNS를 통한 의견 표명이 금지된다. 원탁별 개별토론을 제외한 모든 토의를 인터넷으로 생중계한다. 낙태 문제에 대해서는 일반 시민들이 1만 3500건 이상의 의견을 제시하였다. 아일랜드의 시민의회는 유럽의 다른 국가들도 참고할 수 있는 모델이라고 평가하고 있다.

2) 아일랜드 시민의회의 시사점

아일랜드는 처음 구성한 헌법회의에 정치인들을 참여시켰지만 시민의회에서는 정치인들을 배제하고 시민들로만 구성하였다. 한국의 헌법개정 논의도 국회가 아닌 시민의회가 주도해야 한다. 지금까지 한국의 모든 개헌은 정치인들이 주도하였고 현행 헌법인 1987년의 헌법 개정도 마찬가지다. 87년 체제를 개혁할 개헌이 필요한 이유는 현행 헌법의 한계를 극복하고, 촛불에서 드러난 시민들의 정치적 참여 의지를 담아내기 위해서이다. 그러므로 국회가 개헌의 주체가 되어서는 안 된다. 국회 내에서의 토론은 정당위임 정치체제의 한계를 극복할 수 없다. 그 이유를 구체적으로 살펴보자.

첫째, 정당위임 정치체제에서 의원들은 정당이 부과하는 한계 내에서 활동하게 된다. 대의민주주의 정치과정에서 권력쟁취를 위해 선거승리가 가장 중요한 목적이 되면서, 정당이 선거 후보자를 공천하고 선거운동을 주도하고 정책을 구성한다. 반면에 의원들은 정당의 공천을 받아야 하고 당론에 구속되므로 자율적으로 토론하기 어렵다.

둘째, 정당은 권력을 추구하는 이익단체이며, 정당 지도부, 의원, 당원의 이익을 우선적으로 확보하려 한다. 정당인과 의원들 중 적지 않은 사람들은 관직 사냥꾼이며 그들에게 권력추구 활동은 생업과 같다. 이들은 권력획득을 위해 필요한 모든 것을 하지만 그에 방해되는 것은 모두 반대하려 한다. 적대정치가 구조화되어 있기 때문에 개헌 논의에서도 국가와 국민의 이익, 사회정의 보다 각 정당의 이익을 우선시하여 근원적 쟁점에 대해 합의하기 어렵다.

셋째, 국회의원들은 시민의원들이 채택하려는 헌법의 새로운 틀에 저항하거나 합의를 어렵게 할 수 있다. 아일랜드가 정치인들을 배제하고 일반 시민으로 시민의회를 구성한 이유는, 정치인들이 자신들의 이해관계에 따라 헌법개정 논의에 접근하고 국민의 요구를 수용하는데 인색했기 때문이었다.

3. 국회개혁을 위한 특별 시민의회

현재 국회를 구성하는 법률들은 1987년 민주화 이후 대통령 직접 선거를 앞둔 정국에서 급하게 마련된 것이다. 87년 체제는 국민의 뜻과 무관하게 당시의 정치인들이 편의적으로 만든 것으로써, 국회는 국회의원 선출과정, 권력행사 방법, 그리고 국회 권한 범위에서 모두 국민의 통제를 벗어났다. 자율적인 국회 운영원칙을 의원들이 자의적이고 편의적으로 행사하였고 그 결과 선거제도, 교섭단체 요건, 국회의원 지위와 겸직 문제, 정당의 자격 및 권한과 해산의 문제 등에 있어서 심각한 결함을 보이고 있다. 국회는 브리티시 컬럼비아와 동일한 문제에 직면해 있으며, 시민사회로부터 유리된 채 적대정치, 사회적 균열 조장, 국가적 아젠다와 목표 상실, 무능에 빠져 있다.

한국 국회의 문제는 구조적인 것으로써 이승만 독재 이후 적대정치 체제가 의회를 지배하는 현상에서 비롯되었다. 거대정당간의 적대정치가 정치세계와 시민사회를 적대적 진영간의 전투장으로 만들며, 다른 정당들이 활동할 공간과 기회를 박탈하고 있다. 국회를 생산적인 기구로 만들기 위해서는 두 거대정당이 구성하고 있는 카르텔 정당체제를 재편해야 하며 이를 위해 정당법, 선거법, 국회법 등의 개정이 필요하다. 의미있는 다당제가 출현하도록 정당 구성요건을 완화하고, 제3의 정당들이 국회에 더 많이 진입할 수 있도록 선거제도를 바꿔야 한다. 선거의 공영성을 지금보다 더 강화하고, 선거 운동을 제한하는 선거법을 개정하여 돈이 아니라 의사소통이 선거를 좌우하도록 유도해야 하며, 당선된 뒤에 국회 내에서 다양한 활동을 보장하기 위해 교섭단체 구성 요건을 완화해야 한다. 또 일하는 국회로 만들기 위해 의원 특권 축소와 의회 연중 개최를 법제화하고, 의원소환제도처럼 의원 활동을 시민이 평가하는 제도를 마련하고, 정당들이 추진하는 법안과 정책을 시민들이 일상적으로 평가할 제도를 신설해야 한다.

국회 개혁과정에서 현재의 거대정당과 의원들은 자신들에게 권력을 부여해 준 현재의 법률과 제도를 바꾸지 않을 것이기 때문에 시민의회가 주도해야 한다. 이를 위해 국회개혁시민의회를 한시적으로 운영할 수 있다. 국회개혁시민의회의 구성과 운영은 상설 시민의회와 동일한 방법을 활용하고, 권한은 국회를 개혁하기 위한 법률 개정과 폐지로 국한해야 한다.

국회개혁시민의회는 다음과 같은 목적을 염두에 두어야 한다. 첫째, 유권자들의 선택권을 강화해야 한다. 유권자들이 국회의원 선거에서 전략적 투표를 하지 않고 자신들이 선호하는 후보에 표를 줄 수 있는 제도를 만들어야 한다. 현재의 소선거구 단순다수대표제는 선거구의 인구편차로 인해 표의 등가성을 해칠 뿐만 아니라 많은 사표를 만들어 내고 양대 정당의 카르텔 체제를 공고화한다. 브리티시 컬럼비아 시민의회의 선택과 같은 선호이전식 선거제도나 연동형 비례대표제 혹은 소선거구 단순다수대표제에 결선투표제를 도입할 필요가 있다.

둘째, 인위적 다수당의 출현을 방지해야 한다. 87년 체제 이후 역대 선거에서 여러 차례 50%에 미치지 못하는 득표를 하고도 의석수는 과반을 차지하는 인위적 다수당이 출현하였다. 인위적 다수당은 국민의 정치적 의지를 왜곡하고 특정 정당의 국회 내 권력을 과도하게 보장함으로써 국회 운영의 비민주화를 초래하였다. 이러한 현상은 정치불신을 낳는 한편 적대정치 현상을 강화하므로 수정되어야 한다.

셋째, 국회의 변화를 유도해야 한다. 먼저 개별 의원들의 권한과 의무를 명확히 규정할 필요가 있다. 의원의 행정부 직책 겸직을 제한하고 국회윤리위원회를 시민배심원단으로 구성하는 한편 국회의원 소환제를 신설하여 의원들에 대한 일상적인 견제를 제도화해야 한다. 국회의원의 특권을 대폭 축소하여 의원직을 향유하는 직위에서 봉사하는 직위로 바꾸어 일하는 사람들이 의원이 되도록 해야 한다. 또 카르텔 정당체제를 혁파하고 의회 내 소수정당이 지금보다 활발히 활동할 수 있도록 교섭단체 구성 요건 등을 완화해야 한다.

16
사법개혁을 위한 배심원제

1. 사법개혁의 역사와 지향점

1) 정치화 · 계급화되는 법관들

민주주의는 만인이 법 앞에 평등할 때 성취된다. 그러나 법을 해석하고 적용하는 권력을 소수가 독점하고 자의적으로 행사할 때, 민주주의는 그 소수가 만인을 지배하는 과두정치로 전락한다. 법을 수단으로 지배하는 집단과 그 법에 의해 지배받는 집단이 분리될 때, 지배자와 피지배자가 동일해야 한다는 민주주의 원칙은 근본적으로 침해된다. 이 점에서 소수 법관들이 법 해석 과정을 지배하며 새로운 정치주체로 등장하고 있는 한국에서 민주주의와 사법정의가 정당성을 의심받고 있다.

이명박, 박근혜 정부 시기에 대법원은 주요 사건에서 권력의 의도에 맞게 시류 영합적 판결을 자행하고 있다. 대법원 전원합의체는 2010년 12월에 긴급조치 1·9호에 대해, 2013년 5월에는 긴급조치 4호에 대해 위헌·무효라고 판결했다. 그러나 2014년 10월 27일에 대법원은 위와 반대되는 취지로 긴급조치를 적용한 수사와 재판은 그 자체로 불법행위가 아니고 손해배상 대상도 아니라고 판결하였다. 이 판결 이후로 국가 책임을 인정하던 재판부들이 국가배상책임을 인정하지 않기 시작했다. 이어 2015년 3월 26일에는 "대통령의 긴급조치권 행사는 고도의 정치성을 띤 국가행위"라며 "대통령은 국민 전체에 대해 정치적 책임을 질 뿐 개개인의 권리에 법적 의무를 지지는 않는다"고 판시했다. 일련의 판결로 보아 대법원의 법인식은 1970년대의 유신시대로 되돌아가고 있다. 긴급조치는 위헌이지만 그것을 적용한 수사와 재판은 불법이 아니기 때문에 70년대 긴급조치 사건에 유죄를 선고한 판결들과 수사는 불법이 아니고 책임질 필요도 없다는 것이다.

유신독재 하수인들의 행위를 정당화한 대법원은 2015년에는 불법선거운동도 보호해 주었다. 2015년 7월 대법원 전원합의체는 2012년 대통령 선거 당시 원세훈 전 국정원장의 선거법 위반 행위에 대해 증거무효를 내세워 만장일치로 하급심의 유죄판결을 기각하였다. 항소심 재판부인 서울고법은 '박근혜 대통령이 대선 후보로 확정된 2012년 8월 20일 이후 작성된 트위터 글'을 선거법 위반 행위로 판단하였지만, 대법원은 이 글들의 증거 능력을 인정하지 않았다. 해당 국정원 직원은 법정에서 이 글들을 자신이 작성하지 않았다고 혐의를 부인했고, 대법원은 검찰의 조서보다 피의자의 법정 진술의 진실성을 인정하였다. 대법관들이 증거능력을 부인하는 이유로 든 것은 '의심스러울 때는 피고인의 이익을 우선한다'는 원칙이었다.

이 판결 한 달 후인 2015년 8월에, 대법원 전원합의체는 한명숙 전 총리의 불법 정치자금 수수사건 재판에서 원세훈 판결과 반대로 법정진술의 신뢰성을 부인하는 판결을 했다. 재판부는 1차 수수사건과 달리 검찰이 2차와 3차에 수수했다고 주장하는 6억원에 대해 8대 5로 유죄를 선고하였다. 이 사건에서 정치자금 제공혐의로 기소된 한만호는 2010년 12월 20일 1심 법정에서 검찰 진술조서상의 진술을 번복하고 한명숙에게 정치자금을 제공한 적이 없다고 증언하였다. 1심 재판부는 한만호의 법정진술을 인정하여 한명숙에게 무죄를 선고하였다. 2심 재판부는 검찰진술을 번복한 한만호를 재판정에 출석시켜 직접 신문하지 않고 검찰 조서의 증거능력을 그대로 인정하여 유죄를 선고하였다. 한명숙에게 유죄를 선고한 대법관 8명은 한만호의 법정진술 신뢰성을 부인한 2심의 판단이 옳다고 선언한 것이다.

반대의견을 낸 대법관들은 유죄를 선고한 양승태·박상옥 등 8인의 "다수의견은 법정 진술보다 검찰 진술에 우월한 증명력을 인정하겠다는 것이어서 동의할 수 없다"고 밝혔다. 이 대법관들은 "한만호는 1심 법정에 증인으로 출석해 위증의 벌을 경고받고 선서를 했음에도 곧바로 검찰 진술조서 상의 진술을 번복했고, 이 같은 진술번복이 피고인 한명숙 측의 협박이나 회유 등 진정성을 의심할 만한 원인으로 이루어졌다는 등 진술번복이 있을 법한 뚜렷한 사유가 나타나 있지 않으므로, 한만호의 검찰진술은 신빙성을 인정할 수 없다"고 말했다. 따라서 유죄를 선고한 다수의견은 검찰 진술과 법정 진술이 상이할 경우에 법정 진술을 신뢰해야 한다며 한 달 전에 대법원이 내세웠던 공판중심주의, 무죄추정 원칙과 증거재판주의 원칙을 정면으로 위반한 것이다. 원세훈 재판에서는 신뢰성 높은 증거의 증거능력을 인정하지 않았고, 한명숙 판결에서는 증인의 법정진술과 반대되어 신뢰성이 없는 검찰조서를 증거로 채택하여 실형을 선고하였다. 이 판결들은 대법관들이 증거와 무관하게 자신들의 정치적 선택을 판결로 위장한 것이다.

법원이 판결을 통해 독자적인 정치행위를 하는 현상을 '사법의 정치화'

라고 할 때, 최근 재판은 한국의 사법과정에서 '사법의 정치화'가 부정적 의미에서 고착되고 있음을 보여주는 상징적인 판결이었다. '사법의 정치화'가 사회변화를 긍정적으로 이끈 역사도 있다. 미국에서 인종차별과 성차별을 불법화하고 소수인종 우대정책 시행을 촉진한 것은 연방대법원의 적극적인 판결 덕이었다. 이때 미 연방 대법원은 인권 보호와 신장을 위해 사법 적극주의를 채택하여 판결하였다.

그러나 문제되는 한국 대법원의 판결은 인권 보호라는 사법부 고유의 기능을 수행하기 위해서가 아니라 법원 권력을 정치적으로 행사한 것에 불과하다. 부정적 의미의 '사법의 정치화'는 국가와 공직자의 불법적 선거 개입 행위를 처벌해야 할 대법원이 오히려 정의실현을 방해한 것이며 선거로 작동되는 민주주의를 근본적으로 위협한다. 또 피고인과 증인의 법정진술 신빙성을 자의적으로 판단함으로써 재판의 신뢰성과 정당성을 스스로 파괴하고 있다.

반면에 사회적 약자에 대한 판결에서는 친자본적이고 친재벌적인 성향을 노골적으로 드러낸다. 법원은 노동자를 배척하고 부자를 우대하는 배금주의적 '계급사법'을 고착화하고 있다. 1990년부터 2015년 2월까지 25년간 대법원이 판결한 쟁의행위와 관련된 노동사건 408건 중 파업 정당성을 인정한 것은 59건(14.5%)이고, 349건(85.5%)은 불법 판정이 내려졌다. 반면 경영상 위기로 인한 정리해고 사건 138개 중 '해고 무효'는 41건(29.7%), '해고 정당' 판정은 97건(71.3%)으로 집계됐다. 대법원이 원심을 파기한 정리해고 사건 20건 중 15건(75%)은 '사용자에 유리한 결과'가 나왔다. 자본가에 친화적인 대법원 판례 성향은 전원합의체 판결 분석에서도 드러난다. 노동 사건에 대한 대법원 전원합의체 판결 20건 가운데 노동자에게 유리하게 기존 판례 입장이 변경된 경우는 3건, 다수의견이나 전원일치 의견이 노동자에게 유리한 경우는 단 2건에 불과했다. 나머지 15건은 모두 노동자에게 불리한 판례였다. 노동자에게 불리한 대표적 판례 변경으로는 '(노동자) 동의를 거치지 않은 취업규칙 불이익 변경 효력 인정'(1992년), '쟁의행위 기간 중 무노동 무임금 적용'(1995년) 등이다(경향신문 2015.7.5.).

한국의 법원은 권력과 자본으로부터 민주주의와 민주적 가치들을 지키는 것이 아니라 스스로 권력화되는 동시에 자본의 추종자가 되어 민주주의를 기초부터 위협하고 있다. 민주주의 국가운영의 기본원리인 '법'에 의한 통치가 한국에서는 사심 가득한 '법관'에 의한 통치로 왜곡되고, 정치판사들에 의한 사법만행이 '사법부 독립'을 핑계로 정당화되고 있다. 이러한 현실을 타파하고 사법권력의 부당한 횡포를 방지하고자 민주화 이후에 사법개혁 논의들이 활발하게 이루어졌다. 그러나 지금까지의 사법개혁 논의는 출발부터 실패의 요인을 안고 있었다. 개혁 대상인 법조인들이 사법개혁 논의를 지배하여 '사법과정에 대한 국민의 통제'를 회피하고, 자신들의 권력을 확장하는 데 사법개혁 논의를 역으로 이용하였다.

앞으로의 사법개혁은 시민들이 주도하여 사법과정을 개방하고 사법과정에 시민들의 참여기회를 폭넓게 보장해야 한다. 또 의사결정 과정도 개방하여 법관의 법판단 및 법해석 원리 형성과정에도 시민사회의 다양한 가치들이 반영되어야 한다(한상희 2012, 295). 국민으로부터 직접 권력을 위임받지 않은 사법부가 독자적인 권력을 행사할 때 행정부와 의회가 이를 견제하지 못한다면, 법원의 정치행위를 비판하고 견제할 수 있는 마지막 방법은 시민에 의한 비판과 감시뿐이다. '모든 사람에게 영향을 미치는 법률이나 정책은 모든 사람이 참여하여 결정해야 한다'는 토의민주주의 원리에 따르면, 사법정책도 모든 시민에게 영향을 미치므로 모든 시민이 참여하여 결정해야 하고 그 결정 과정이 제도화되어 지속적인 효과를 가져야 한다. 따라서 법원을 개혁하여 시민이 참여하고 주도하는 사법과정 구성을 사법개혁의 목표로 삼아야 한다.

2) 사법개혁이 필요한 이유

최근 공개된 경제협력개발기구(OECD) 보고서에 의하면 한국인이 사법제도를 신뢰하는 수준은 OECD 42개 회원국 가운데 38위로 최하위권에 속했다(http://www.oecd.org/, 검색일 2015.8.10.). 보고서에 의하면 한국의 사법제도 신뢰도는 2013년 기준으로 27%에 머물러 OECD 회원국 신뢰도 평균 54%의 절반에 그쳤으며 덴마크와 노르웨이의 신뢰도 83%의 1/3에도 미치지 못했다. 신뢰도가 낮은 이유는 법원 판결에 대한 국민들의 불신이 매우 높기 때문이다. 한국의 신뢰도 수준은 콜럼비아와 비슷하며 조사대상 국가 중에서 한국보다 낮은 국가는 칠레와 우크라이나 뿐이었다.

이 조사결과는 정치지향적이고 배금주의적인 법원을 향한 국민들의 냉정한 시선을 반영하고 있다. 한국에서 사법개혁이 필요하다는 주장에 국민 대다수가 공감하며, 실제로 1987년 민주화 이후부터 이명박 정부 시기까지 많은 사법개혁 과제들이 논의되었다(김진환 2010, 60). 구체적으로 검찰개혁 과제는 고위공직자비리조사처 신설, 상설특검제 도입, 미국식 기소대배심제, 일본식 검찰심사회, 피의사실 공표죄 개선, 수사권 오남용 방지, 중수부 폐지, 감찰부장 외부인사 임용, 감찰위원회 강화, 재정신청제 전면확대, 사면심사위원회의 외부인사 과반을 통한 사면권 제한, 형사보상의 대상 확대 등이었다. 법원개혁 과제는 법조일원화(경력 법조인 법관임용) 전면 실시, 양형기준법 제정 및 영장항고제 도입, 법관인사위원회 및 대법관추천위원회 구성과 기능 강화, 대법관 증원 및 구성 다양화, 판결문 공개, 법관 평정 강화 및 연임제 실질화, 형사재판의 합의제 활성화가 논의되었다. 이 중에서 실질적으로 실현된 것은 로스쿨 도입 정도에 불과하다.

사법개혁이 필요한 구체적인 근거를 살펴보자. 사법개혁은 국민주권 차원에서 필요하다. 사법과정은 재판을 통해 권력과 강자의 횡포로부터 시민의 자유와 권리를 최종적으로 보호해야 한다. 국민에게 형을 언도하고 재산상의 불이익을 주는 사법과정은 개인과 사회, 국가에 매우 중요하기 때문에 사법 공무원에게 전적으로 위임해서는 안되며 국민의 참여와 감시가 필요하다. 사법과정에 시민이 참여하는 것은 시민의 권리를 지키는 일이며, 행정부와 입법부를 감시하고 비판하는 국민주권 행사와 동일한 원리에 따르는 것이다. 국회와 행정부를 국민의 선거로 선출하고 감시하는 것과 비교할 때, 사법부 구성과 사법권력 감시 과정에 시민참여가 보장되지 않는 현행 사법과정은 민주적 정당성에 근본적인 결함을 안고 있다. 국민과 사법부 간의 권력관계가 비대칭적이고 권력의 무게가 현저하게 사법부로 기울어져 있기 때문이다.

권력견제 차원에서도 필요하다. 사법부는 국민이 선출한 대표자의 지위를 박탈할 수 있다. 대법원과 헌법재판소는 선거법위반 재판, 탄핵심판, 정당해산 결정 등에서 국민이 직접 선출한 대표자의 지위를 박탈하거나 그 대표들의 정책을 불법성과 무관하게 무효화할 수 있다. 그러나 행정부나 의회는 법관들이 불법행위를 하지 않는 이상 판결 내용을 이유로 견제할 수 없다. 법원과 법관의 판결은 민주적 견제의 대상에서 누락되었다. 의회가 주요 법관의 임명동의권을 갖지만 권력의 균형과 견제라는 민주주의 목적에는 미치지 못한다. 국민이 요구하는 도덕적 정당성을 갖추지 못한 인사들이 주요 법관으로 빈번하게 임용되고, 법관들의 자의적인 판결이 사회정의에 역행해도 견제할 방법이 없다. 따라서 사법과정과 사법행위의 책임을 물을 수 있는 방법은, 사법과정에 시민이 참여하여 법관들의 사법행위를 평가하고 그 결과를 법원 구성과 인사에 반영하는 것이다.

배심재판을 한국에 도입할 때 사법과정과 판결이 어떻게 달라질 수 있는지 구체적인 사례에 적용해보자. 곽노현은 2010년의 서울시 교육감 선거에서 이긴 후 선거로 인해 생계에 곤란을 겪던 선거 경쟁자 박명기에게 돈을 주었다. 법원과 헌법재판소는 이 행위에 대해 53년 동안 한 번도 적용된 사례가 없는 사후매수죄라는 조항으로 시민들이 선출한 교육감의 직위를 박탈하였다. 사후매수죄란 선거에 이기기 위해 경쟁적 위치에 있는 후보에게 돈을 주고 사퇴시키는 것인데, 이미 선거에서 이긴 당선자는 매수할 대상이 없기 때문에 애초에 성립할 수 없는 죄다. 검찰의 기소행위와 대법원의 판결은 시대착오적일 뿐만 아니라, 시민이 직접 선출한 대표자의 직위를 사문화된 법으로 박탈함으로써 민주주의의 근간을 흔드는 부당한 정치행위였다.

다른 나라에는 사후매수죄같은 법이 없다. 오히려 미국은 사퇴하는 후보에게 공개적으로 경제적 지원을 한다. 2008년 민주당 대통령 후보인 오바마는 당내 경쟁자인 힐러리 클린턴의 선거비용 보전 요청을 수락하고 제3자 기부행위 방식으로 힐러리의 선거비용을 갚아 줬다. 2012년 공화당 경선에서는 롬니가 깅그리치의 선거부채 문제 해결을 돕는다는 약속을 한 후 깅그리치가 사퇴하였다. 미국은 정치연합을 위해 상대 후보자의 선거비용을 보전하는 것을 인정한다. 배심원재판은 곽노현 사건처럼 시대착오적인 법률을 도구로 민주주의와 시민의 뜻을 탄압하는 사법부의 행태를 교정할 수 있는 유력한 방법이다.

법치주의 실현과 재판의 독립을 위해서도 필요하다. 민주주의 이념에 맞게 '법'에 의한 통치를 제도화하고 '법관'에 의한 통치를 끝내기 위해서는 공정한 재판을 보장하는 제도가 필요하다. 사법부 독립은 근본적으로 공정한 재판을 받을 권리와 인권보장을 위해 인정된 것이다. 공정한 재판과 법치주의의 실현을 위해 사법부에는 그에 따르는 책임이 주어지며 이를 소홀히 하면 사법 구성원에게 특권을 주고 사법부를 독재기관으로 전락시킨다(신평 2009, 364). 공정한 재판을 위해서는 사법부 독립이 필수적이며 사법부 독립의 핵심 요체는 '법관의 재판상 독립'이다. 이를 위해 사법부 외부에 있는 의회와 행정부로부터 법관의 독립과 함께 사법부 내부 권력으로부터의 독립도 보장되어야 한다.

그러나 민주화 이후 지금까지 대법원장은 법관인사권을 이용하여 재판에 영향을 주었고, 그 결과 대법원장의 의도를 반영한 재판들이 많이 있었다. 신영철이 대법관이 된 사실이 이를 증명해 준다. 신영철은 2009년 서울중앙지방법원장 시절에 미국 쇠고기 수입반대 촛불집회 사건 피고인들의 재판에서, 사건들을 특정 재판부에 배당하는 한편 재판과 관련된 법률이 헌법재판소 판결대상임에도 불구하고 재판관들에게 바람직한 판결을 암시하는 글과 함께 신속한 판결을 요구하는 이메일을 보냈다. 이같은 "재판간섭행위"는 재판에서 법관의 독립을 현저하게 침해한다(신평 2009, 360). 그럼에도 양승태 대법원장은 신영철을 징계하지 않고 오히려 대법관으로 중용하여 판사들에게 정치적 판결을 유도하는 법치주의와 민주주의에 반하는 작태를 보였다. 신영철 이후에 대법관이 되고자 하는 판사들은 지명권을 가진 대법원장의 의중과 다르게 판결할 때 압박감을 느낄 것이다. 재판의 독립과 공정성은 법원 외부보다 법원 내부 권력 특히 대법원장의 인사권으로부터 판사가 독립하지 않고서는 달성될 수 없다.

3) 사법개혁이 좌절된 이유

한국의 사법 기득권은 87년 민주화 이후 정치권력으로부터 상대적 자율성을 부여받은 후 스스로 권력화되었다. 민주화 이후 20년 이상 추진되었던 사법개혁이 부진한 이유는 사법권력을 독점하는 법조집단, 이들과 결탁하여 특권과 이익을 추구하는 정치세력과 자본권력이 있기 때문이다. 과거에는 정치권력의 보조자이자 수혜자에 머물렀던 법조집단이 민주화 이후 스스로 거대한 권력집단으로 변신하면서 '자본권력이라는 또 다른 숙주'에서 집단이익을 빨아들이고 있다. "중앙정보부나 안기부가 행사하던 강권력이 사라지면서 그 외부에서 서류작업을 하는 수준에 머물렀던 검찰권력이 그 권력의 자리를 대신하는 것은 그 한 예이다. 무전유죄·유전무죄의 수준을 넘어 법적 정의의 판단기준을 인권이나 사회정의·환경 등의 공공선이 아니라 개인의 사적 이익에 맞춤으로써 자본의 이익을 그대로 법적 권리로 승인하는 일련의 판결들은 계급사법으로 이행하고 있는 우리 사법의 현주소를 잘 드러내는 예이기도 하다. 그동안의 사법개혁 논의에서 검찰이나 변호사뿐 아니라 법관들마저도 상당한 저항을 보였던 것은 이런 맥락에서 가능하다."(한상희 2012, 293-294)

지난 20년간 왜곡된 사법개혁 과정을 간략히 살펴보자(한상희 2012). 김영삼 정부 시절 세계화추진위원회가 1995년 "법률서비스 및 법조인양성제도의 세계화방안"이라는 정책의제를 제시하였는데, 주된 내용은 법조일원화 실시, 사법체계의 민주화, 법률가의 급격한 증원과 질적 개선, 인권을 보장하는 사법부, 미래지향적 사법체계 등이었다. 이에 대해 대법원과 대한변협이 정부주도 사법개혁 논의에 강력히 반발한 결과, 대법원과 세계화추진위원회가 공동으로 사법개혁을 추진하기로 합의하였다. 대법원은 비법조인 중심의 사법개혁 논의에 대법원 측 사람들을 참여시켜 개혁 논의를 유리하게 조정하고자 하였다. 결과는 초미의 관심이던 로스쿨 제도나 법조일원화는 도입되지 않았고 사법시험 합격자수만 확대하는 것으로 끝나 대법원의 승리로 귀결되었다.

김대중 정부에서는 민간인이 정부기구에 대한 경영진단 작업을 시행하여 법무부와 검찰청의 인사를 분리하고 인사적체 해소 수단이던 고등검찰청 폐지를 권고하였다. 이 때는 의정부법조비리, 조폐공사파업유도사건, 대전법조비리사건 등 만연한 법조비리에 대한 시민의 분노 속에서 사법개혁논의가 진행되었다. 검찰은 위기를 모면하기 위해 법무·검찰개혁 논의를 사법개혁논의로 확대하여 물타기를 시도하였다. 1999년 5월 대통령직속으로 민관합동 기구인 사법개혁추진위원회를 구성하여 총체적 개혁주제를 다루었지만 구체적으로 실천된 것은 없었다. 유일한 성과는 김영삼 정부에서 결정된 사법시험 합격자 1천 명이라는 숫자의 근거를 법률로 정한 것이었다. 검찰은 사법개혁추진위원회를 사법개혁요구를 우회하는 수단으로 이용하였다. 형식적으로는 위원회가 법조계, 학계, 언론계, 공무원, 시민단체, 경제인 등으로 다양하게 구성되었지만, 실질적으로는 법조계 인사가 1/2을 차지하였고 사법제도 개혁을 주장하며 전문성을 갖춘 시민사회 인사는 한 명도 없었다. 이해당사자들이 위원회를 장악하여 자신들의 기득권을 확보하는 수단으로 이용하였다.

노무현 정부의 사법제도개혁추진위원회는 국무총리와 민간인을 공동위원장으로 하고 관계부처 장관과 민간위원 등 20인으로 구성되었다. 위원회는 법학전문대학원 도입, 배심형 형사사법제도 시범 실시, 제정신청

제 전면 확대, 공판중심주의에 입각한 법정심리절차 강화, 대법원에 양형위원회 설치 및 엄격한 양형기준 적용을 실시하기로 하였고, 장기과제로 법조일원화 실시, 일반인에 대한 판결문 공개, 변호사 공익활동 활성화, 형벌체계의 합리적 재정립 등을 검토하기로 하였다. 공판중심주의는 형사사법절차의 주도권을 검찰에서 법원으로 이전하는 구조적 혁신으로 검사가 작성하는 피의자신문조서의 증거능력을 무조건적으로 인정하던 관행에서 일반증거법칙이 적용되도록 하는 것이었다. 그러나 검찰은 법무·검찰 분야 개혁의제 대부분을 무력화시켰다.

이명박 정부에서 여당은 공안사건에 무죄를 선고하는 법원을 길들이기 위해, 야당은 정치검찰을 견제하기 위해서 2010년 3월 국회에 사법제도개혁특별위원회를 설치하였다. 이 위원회 논의는 기존 사법개혁의제를 거의 그대로 반복하였고 검찰의 경우에만 검경수사권 조정, 중수부 폐지 및 공직비리수사처 신설 등의 의제를 새롭게 추가하였다. 유일한 성과는 사법개혁 의제가 공식적으로 국회의 의제로 상정되어, 법률관료들이 장악하던 사법개혁 의제를 정치적 차원에서 검토하는 기회를 주었다는 것 뿐이었다.

그동안 사법개혁 논의를 시민이 아닌 이해당사자들이 주도하여 개혁의 본질을 호도하고 왜곡시켰다. 사법과정에 대한 국민의 통제를 배제하고 사법독립만을 사법개혁의 목표로 간주하였으며 이 과정에서 법조계는 기득권을 더 강화하였다. 사법개혁은 개혁 대상인 법조계의 기득권과 타협한 것에 불과하다(신평 2009, 362-364). 법조인들은 대체로 다음과 같은 이유로 사법개혁에 저항하였다. 권위주의적 정치권력에 종속되는 경우, 법적 형식주의에 기반한 사법부 관료주의, 부패, 스스로 상층계급을 구성하고 국민들 위에 군림하는 엘리트주의, 사법에 접근 통로가 제한되는 경우(법원이나 법률가의 부족, 지리적 제한, 높은 사법비용 등), "침묵우선주의" 또는 자제(인권이나 민주화, 참여적 거버넌스 등과 같은 정치적 성격을 띠면 사건 개입을 주저하는 것 등)를 들 수 있다(한상희 2012, 294).

지금까지 사법개혁 시도가 실패한 요인은 두 가지로 집약된다. 첫째, 사법개혁 논의를 법률관료와 법률전문가들이 독점하여 자신들의 기득권을 고수하는데 활용하였다. 둘째, 사법개혁 의제설정에서 실패하였다. 사법개혁을 민주주의 관점에서 바라보지 못하고, 정치권력으로부터 사법 독립이라는 관점에서 접근하여 사법과정에 시민이 참여하는 경로를 마련하지 못하였다. 사법독립이라는 의제가 사법의 전문성·자율성을 강조하면서 사법의 관료화를 강화하였고, 검찰 견제장치 구축에 실패하면서 검찰을 무소불위의 권력으로 만들었으며 법원은 정치권력과 재벌자본에 기생하며 자신들의 권력을 강화하는 배타적이고 이기적인 집단으로 만들었다. 따라서 사법개혁 논의는 사법개혁에 관한 의사결정 권한을 시민들에게 돌려주는 것에서부터 시작해야 한다.

4) 사법개혁의 대안들

(1) 법관 추첨제

최근까지 사법부의 개혁과 민주적 정당성을 확보하기 위한 방안들이 몇 가지 제시되었다. 법관 선거제, 판사들의 자율기구 법제화, 시민참여가 그것이다. 먼저 법관 선거제를 검토해보자. 지금까지 제안된 구체적인 방안들은 제2공화국처럼 법관으로 구성된 선거인단에서 대법원장과 대법관을 선출하고 대통령이 추인하는 방법, 국민에 의한 법관 직접 선출과 법관 소환제의 결합, 법관으로 구성된 선거인단에서 대법원장과 대법관을 선출하고 전체 판사회의에서 지역 법원장 선출, 검찰권 민주화 방안으로 지방검찰청 검사장 직선제가 제안되기도 한다(최선 · 이지문 2014, 154 각주 12).

최선과 이지문은 법관 선거제에 대해서 다음과 같은 한계를 지적한다. 첫째, 선거의 특성상 정당이나 정치지형의 영향을 피할 수 없어 사법권 독립을 약화시킬 수 있다. 둘째, 법관들의 선거자금을 기부하는 사람들은 주로 변호사들이고, 이 변호사들이 법정에서 변론을 하기 때문에 재판의 공정성을 담보하기 어렵다. 셋째, 선거의 특성상 능력 있는 법관이 선출될 가능성이 낮다(최선 · 이지문 2014, 156). 이들은 선거제의 한계를 지적한 후 대안으로 법관 추첨제를 제시한다. 법관 추첨제는 헌법에서 규정한 자격을 갖춘 대상자들 중에서 추첨으로 후보를 선발하고 시민검증위원회의 검증을 거친 후에 현 헌법 절차를 밟아 임명하는 방법이다.

이들이 원용하는 아테네의 추첨제도는 공무담임 기회를 시민 모두에게 평등하게 부여하여, 모든 시민이 해당 직책에 선발될 기회가 동등하기 때문에 공정한 제도였다. 추첨으로 선발하는 직위는 재판관, 배심원, 민회의원 등 다수의 시민이 함께 참여하여 토의하는 기구의 구성원이었다. 이러한 직위는 시민들이 모두 참여할 기회를 동등하게 보장하기 위해 평생직업으로 삼을 수 없고 연임해서도 안되며 임기가 극히 짧았다.

그러나 아테네에서 추첨으로 선발하던 재판관과 달리 한국에서 법관의 지위는 아테네 장군처럼 직위의 독립이 보장되는 전문성을 요구하는 직책이다. 한국에서 법관의 지위는 그 자체로 권력이고 그 직에 오르는 순간부터 특별한 하자가 없다면 장기간 권력이 보장되기 때문에 아테네의 추첨직과는 성격이 다르다. 추첨직의 의미를 살리기 위해서는 모든 법관의 임기를 극히 짧게 해야 한다. 그렇지 않으면 다른 후보자들의 기회를 박탈하는 공정하지 못한 결과를 가져오게 된다. 따라서 추첨제는 한국 법조계 현실에 부합하지 않는다.

(2) 판사들의 자율기구 제도화

판사들의 자율적 조직을 법제화하여 판사들의 결정이 법원 행정과 판결의 토대가 되도록 해야 한다는 의견이 있다(이상덕 2012). 현재 법원 내부 조직은 대법원장이 정점에 올라선 피라미드형 위계질서로써 재판에서 대법원장의 영향력을 배제하기 어려운 구조이며 대법원장의 의지가 전체 법원판결의 방향을 좌우할 수 있다. 이와 달리 판사들의 자율조직을 법제화하고 이 조직이 법원행정 사무를 관장하면, 법원 위계질서를 수평적인 구조로 전환시켜 법원행정을 투명하고 공정하게 처리할 수 있다. 판사회의를 자문기구에서 의결기구로 격상시키고, 대법원장과 대법관 선출권을 부여하며, 대법원장의 사법행정 사무 중 주요한 것을 관장하도록 할 수 있다. 또 법관들이 외부 영향과 내부 관료제에 맞서 스스로 독립성을 유지할 수 있도록 '법관들의 토의 및 집행 기구를 법제화'할 수 있다. 이 주장의 모델인 독일법원조직법(GVG)은 법관사무분담결정위원회, 법관인사자문위원회, 법관직장협의회를 구성하도록 규율하고 있다. 각 기구를 구성하는 10명 내외의 위원은 각급 법원 법관들의 선거로 선출하며 위원회는 실질적인 토론과 심의를 한다.

신영철 사례에서 확인된 것처럼 법원의 사무분담은 법관의 독립에 중요한 영향을 미치므로, 한국 법원도 판사들이 자율적으로 사무분담을 결정하여 법관의 독립을 보호해야 한다. 이를 위해 각 법원 판사회의에서 대표를 선출하여 전체 법원의 법관사무분담 결정위원회를 구성하고 행정사무를 관장하게 한다. 법원별 판사회의가 해당 법원의 사무분담을 관장하여 법관의 자율성과 독립성을 보장한다. 그리고 법관의 독립성이 침해

될 때 피해자인 법관이 문제제기할 수 있는 권리구제 절차를 입법화하여 독일의 법관직무법원과 같은 공식적인 재판절차를 제도화한다. 이 절차는 양심적인 판결 때문에 법관이 불이익을 받지 않도록 지켜줄 수 있다.

또 독일법관협회는 법관들의 자율적인 전국 연합단체로써 독일법관협회지를 발행한다. 한국에서도 법관의 독립을 침해하는 사례들을 공론화하는 공론장을 만들어 독립성 침해를 비판하고 감시해야 한다. 법관들의 독립된 협회지는 신영철, 박상옥 대법관 임명문제 뿐만 아니라, 용산 판결, 원세훈 판결, 삼성 에버랜드 판결 등 논란되는 판결에 대한 사법부 내의 토의를 공론화하여 판결의 정당성과 공정성을 제고하는데 기여할 수 있다.

판사들의 자율조직을 제도화하고 판사회의를 의결기구로 격상하면 법관들이 외부 권력이나 내부 인사권자의 의지에서 독립하여 판결을 내릴 수 있을 것이다. 그러나 이 경우에는 법원과 판사들이 국민들로부터 감시와 비판을 받지 않는 배타적인 권력체로 변질될 우려도 있다. 이러한 배타성은 그 가능성이 낮을지라도 국민주권의 원리에 반할 뿐 아니라 민주주의 원리에 부합하지 않는다. 따라서 판사회의와 같은 법관들의 자율기구에 독립성과 권한을 부여하더라도 그 기구들과 판사들의 활동을 비판·감시하는 시민참여 사법기구를 함께 제도화할 필요가 있다.

(3) 시민참여

앞에서 설명한 사법개혁 실패의 원인은 두 가지였다. 사법개혁 논의를 이해당사자인 법률가들이 주도하여 개혁의 본질을 호도하고 왜곡한 것과 시민이 사법과정에 참여하는 경로를 마련하지 못한 것이었다. 그 결과 사법독립 의제가 사법의 전문성·자율성을 강조하면서 사법의 관료화를 강화하였고, 검찰 견제제도 구축에 실패하여 검찰 권력이 민주적 통제를 벗어났으며, 법원은 정치권력과 재벌자본에 기생하며 자신들의 권력을 강화하는 이기적인 집단이 되었다.

개혁의제를 '사법부 독립'이 아닌 '시민에 의한 사법과정 결정'으로 전환하기 위해 개혁 주체를 법조인에서 시민으로 대체하고 시민참여를 제도화해야 한다. 한상희는 다음과 같은 시민참여 사법과정을 제시한다(한상희 2012, 296). 먼저 사법개혁을 논의하는 과정에서 법조인들의 기득권 강화를 방지하기 위해, 시민이 사법개혁 논의를 주도한다. 둘째, 재판과정에 시민이 참여한다. 독립적이고 공정한 재판은 사법부가 존재하는 이유이고, 한국 현실에서 독립적이고 공정한 재판을 강제하는 거의 유일한 방법은 기소배심제와 배심원재판이다. 셋째, 사법부 조직과 구성원들을 평가하는 과정에 시민이 참여한다. 시민이 사법행정과 사법판단, 검찰행정과 검찰의 수사, 기소, 공소 등을 평가하여 사법체계를 직접 감시·통제할 필요가 있다. 구체적으로는 판사들의 인사권을 국민과 공유할 필요가 있다. 예를 들어 시민이 참여하는 사법위원회와 검찰위원회를 구성하여 대법원장과 검찰총장의 권한인 인사권, 근무평가 및 기관평가권, 기획 및 조정권을 행사하는 합의제 집행기구로 만들 수 있다. 미국 위스콘신주는 대법원이 임명하는 두 명의 판사와 주지사가 의회의 동의를 얻어 임명하는 5명의 비법률가로 구성되는 사법위원회가 법관의 근무평정 및 윤리심사를 담당한다(Dugan 2006).

이상과 같은 세 가지 대안—법관 추첨제, 판사들의 자율기구 법제화, 시민참여—가운데 국민주권 원리에 부합하여 국민이 사법과정의 주체로 활동하고, 국가기구에 대한 시민들의 비판·감시·견제 활동을 허용하는 대안은 시민참여 모델이다. 시민참여 모델은 고유한 장점 외에도 법관추첨제나 법제화된 자율기구와 상충되지 않고 병행하여 활용 가능한 융통성도 있다. 즉 법관들이 추천한 복수의 대법원장 후보나 대법관 후보 중에서 시민위원회가 최종적으로 선임할 수 있다. 또 판사들의 자율기구에서 결정한 내용을 시민위원회에서 토의하여 가부를 결정할 수도 있다. 그러므로 사법개혁의 최우선적 목표를 시민참여 제도 구축에 두어야 한다.

5) 사법개혁시민위원회 구성

사법개혁 과제들은 현재의 권력구조와 사법체계에서는 달성하기 어렵다. 사법개혁을 위해서는 법조인이 아닌 시민이 주체가 되어야 한다. 법원, 검찰, 변호사 단체는 시민들이 주관하는 개혁기구에 자신들의 의견을 제시하고 설명하고 이해를 구하는 역할에 머물러야 한다. 이를 위해 사법개혁시민위원회를 구성하고 사법개혁 방안을 준비하는 임무를 부여하는 것이 적절하다.

법원이 채택하고 있는 현행 대법관추천위원회의와 법관인사위원회, 법관근무평정제도 등 기존 시민참여 제도가 실패한 원인은, 위원회 구성과 논의가 대법원장 권력으로부터 독립성을 확보하지 못하기 때문이다. 대법원이 구성하는 대부분의 위원회는 참여 시민의 수가 너무 적고 논의 과정에서 시민의 의견이 반영되기 어려운 구조이다. 따라서 법원 개혁을 위한 시민참여위원회는 무작위 추첨으로 선발된 시민들로 구성하여 법원으로부터 독립성과 투명성을 확보해야 한다. 또 위원회에 의사결정 권한을 부여하여 들러리로 전락하는 것을 방지하고 실질적인 시민 통제가 작동되도록 해야 한다.

사법개혁시민위원회는 작은공중과 유사한 방법을 사용하여 시민들로 구성하고 사법개혁 전반에 관하여 토론하고 결정한다. 구성방법과 활동 내용을 간략히 제시하면 아래와 같다. 먼저 위원회 위원 선발은 전국에서 무작위 추첨으로 1,000명의 예비위원을 선발한 후 121인의 위원과 10인의 예비위원을 최종 선발한다. 121명은 11인씩 11개의 소집단 토의를 전제할 때 필요한 위원수이므로 여건에 따라 증감한다. 위원의 자격은 별도로 정하지 않지만 사법과정에 이해관계가 얽힌 법조계 경력자나 이해관계자를 배제한다. 위원들의 과제 이해를 돕고 전문적인 내용에 대한 질의응답과 토론을 위해 전문위원 9인을 임명한다. 전문위원은 검사출신 변호사 3인, 판사출신 변호사 3인 그리고 사법개혁을 국민주권과 인권의 관점에서 판단하기 위해 법 전공교수 3인으로 구성한다. 전문위원들은 자문역할에 그치고 의사결정에는 참여하지 못한다. 활동기간은 1년이며 의사결정은 과반수의 찬성으로 결정한다. 그러나 이 모든 사항들은 사법개혁시민위원회 자체 결정으로 수정할 수 있다.

사법개혁시민위원회는 다음의 두 가지 기준에 따라 토의해야 한다. 첫째, 법원 개혁과 검찰 개혁을 총체적으로 연관지어 토의한다. 각각의 안건과 제도들이 국민의 주권행사와 시민의 인권보호 차원에서 차지하는 의미를 염두에 두고, 또 전체 사법과정의 역할과 기능을 연계하여 토의한다. 둘째, 법원개혁안과 검찰개혁안이 상충되지 않아야 한다. 검찰과 법원의 부당한 사법행위가 중첩될 때 시민들이 상식적으로 이해할 수 없는 판결이 나온다.

사법개혁시민위원회에서 검토하고 결정해야 할 안건들은 아래와 같다. 이 안건들은 검찰의 기소부터 법원 판결 이후까지 사법과정 진행을 따라 제시한 것이다.

ㄱ. 경찰과 검찰의 수사권/기소권 분리

ㄴ. 검찰 기소권 통제 제도와 기소배심제

ㄷ. 법관인사위원회 개편

ㄹ. 배심재판 전면화

ㅁ. 양형기준법 제정

ㅂ. 대법원 개혁

사법개혁시민위원회는 위의 의제들을 종합적으로 토의하고 결정할 권한을 부여받는다. 위원회는 모든 안건을 하나로 묶어 가부 결정을 하거나 각 안건별로 가부를 결정하거나 혹은 새로운 방안을 독자적으로 제시할 수도 있다. 위원회의 활동 내용은 언론에 공개하여 국민들이 각 안건에 대해 이해하고 토의하는 기회를 제공한다.

2. 검찰 개혁과 배심제

1) 경찰과 검찰의 수사권/기소권 분리

정권이 바뀔 때마다 검찰은 정권이 요청한 수사를 집행하였다. 정권이 요구한 청부수사의 대표적인 사례가 노무현 전 대통령을 죽음으로 내몬 박연차 태광실업 회장 정관계 로비 사건이다. 청부수사를 방지하기 위한 장치는 지금도 있다. 검찰총장의 임기제와 단임제도가 그것으로, 검찰총장이 임명권자인 대통령으로부터 자유롭게 검찰권을 행사하도록 법제화한 것이다. 이 제도는 임기가 보장된 검찰총장은 정권의 정치적 요구에 따르지 않을 것이라는 믿음을 바탕에 두고 있다. 그러나 한국 검찰의 역사를 보면 임기제 총장 아래에서도 검찰권 행사의 중립성 시비가 끊이지 않았다. 정권의 압력과 무관하게 입신양명을 위해 스스로 정권에 충성하는 검사들이 많았기 때문이다.

한편으로 검찰총장의 임기는 2년에 불과하여 현직 총장이 임기를 마친 후에 정권이 선호하는 새 총장을 임명하면 그 때부터 검찰은 다시 권력에 복종한다. 다른 한편으로는 검찰총장이 정치권력으로부터 독립적으로 검찰권을 행사할 의지가 있어도 정치권력이 그의 의지를 무력화할 수 있다. 채동욱 검찰총장의 사퇴가 여실히 보여주었다. 채동욱 총장은 국정원이 대선에 개입한 정황을 수사하여 원세훈 국정원장을 선거법 위반으로 기소하였고, 검찰은 공판에서 국정원의 대선개입 행위를 신종 매카시즘이라고 하였다. 독립적인 검찰권 행사에 위기를 느낀 박근혜 정권은 채동욱 총장의 사생활을 캐내어 혼외자 문제를 언론에 흘리고 여론재판을 통해 사퇴시켰다. 그러므로 총장임기제는 근본적인 대책이 아니다.

검찰권과 사법권을 정치권력으로부터 독립시키기 위해 검찰총장과 대법원장을 국민의 직접선거로 선출하는 방안이 있다(김승환 2009, 157). 그러나 이 방안은 기존 선거제도의 폐해를 그대로 답습할 우려가 있다. 또 선출된 총장도 채동욱 총장처럼 정치권력에 의해 축출될 수 있다. 따라서 검찰총장이나 대법원장 등 개인의 품성이나 도덕성 혹은 임명권자의 선의에 의존할 것이 아니라 검찰권력 자체를 제도적으로 견제할 필요가 있다.

검찰권력을 제도적으로 견제하는 방법의 하나가 검찰에 집중된 수사권과 기소권을 분리하는 것이다. 일반적으로 수사과정의 위법이나 수사권 남용은 기소과정에서, 기소과정에서의 위법이나 권한 남용은 재판과정에서 검토되고 견제되어야 한다. 수사과정의 위법이나 수사권 남용이 있다면 재판청구 자체가 무효화되거나 재판에서 유력한 증거가 사용될 수 없기 때문이다. 그러나 한국에서 검찰이 자행하는 위법행위와 수사권 남용 행위가 기소과정에서 비판적으로 검토되지 못한다. 수사권과 기소권을 동일한 검사가 행사하기 때문이다. 검사는 주관적인 혐의로 수사를 시작하고 수사단계의 심증으로 기소할 가능성이 높다(김인회 2010, 321-322). 검사에게 수사 받는 사람은 검사의 수사가 적법하고 정당한 것이었는지 그리고 사건이 기소할 만한 가치가 있는 것인지 검토받을 기회를 박탈당한다.

2014년 서울시 교육감 선거과정에서 조희연 후보자는 경쟁자인 고승덕 후보에게 미국 영주권 의혹에 대한 해명을 요구한다는 기자회견을 하였다. 이것은 당시 이미 인터넷과 SNS에서 뜨거운 이슈가 되어 있었다. 이에 대해 선관위는 '주의경고'를, 경찰은 '무혐의 처분'을 내려 사건은 그것으로 끝났다. 그런데 2014년 말 한 시민단체가 조희연 교육감을 '허위사실유포죄'로 고발하였고, 검찰은 공소시효 만료 하루 전 전격 기소하였다. 선거기간 중 국민의 알권리 차원에서 해명을 요구하는 기자회견은 허위사실 유포가 아니라고 판단한 선관위나 경찰과 달리, 검찰이 전격 기소한 것은 누가 봐도 정치적 기소에 해당하였다.

조희연 사건처럼 검찰이 수사권과 기소권을 모두 갖고 있어 정치적 수사와 정치적 기소를 할 수 있기 때문에 정치검찰이 지속된다. 영미법계, 대륙법계, 일본식 절충모델은 각각 수사권과 기소권이 집중되는 것을 방지하고 견제하는 제도를 만들었다. 그러나 '한국 검찰은 수사 지휘권, 종결권, 기소독점, 기소편의, 기소변경주의와 영장청구권의 독점이 보장되어 세계에서 유래 없는 과도한 권력집중을 보여주고 있다.'(이성기 2013, 475) 경찰이 수사를 주도하였다면 스스로 '무혐의 처분'한 이 사건은 기소되지 않았을 것이다. 따라서 검찰개혁은 검찰에 집중된 형사사법 권력을 분리하여 수사권은 경찰이, 기소권은 검찰이 행사하게 하는 제도 구축에서 출발해야 한다.

검찰이 수사권과 기소권을 남용한 사실은 통계에서 확인할 수 있다. 이명박 정부가 출범한 2008년에 대검찰청 중앙수사부가 기소한 사건의 1심 무죄선고율이 27%였다. 같은 해의 형사사건 무죄율 1.5%보다 18배가 높았다. 2심 무죄율도 32%에 이르러 대검 중수부 검찰권 남용의 심각성을 보여주었다(김승환 2009, 139). 대검 중수부가 기소한 사건의 무죄 선고율이 높은 이유는 죄가 안되는 사건을 억지로 기소하기 때문이다. 미네르바 사건처럼 정부를 비판한 사람들을 기소하여 피의자로 만들고 정부 비판 행위의 정치적 의미를 깎아 내리거나, 조희연 사건처럼 당사자의 정치적 지위와 자산을 파괴하려는 목적에서 이루어진 부당한 정치적 기소들이 많았다.

또 다른 주요한 사례는 정연주 KBS사장 배임사건이다. 2008년 취임한 이명박 정부는 감사원에 정연주 사장의 배임혐의를 조사하도록 지시한 후, 이명박 대통령이 정연주 사장을 해임하고 검찰은 업무상 배임(특정경제범죄가중처벌에관한법률위반) 혐의로 기소하였다. 사건 내용은 이렇다. KBS는 국세청을 상대로 낸 법인세 부과처분 취소소송 1심에서 승소한 후 항소심을 진행하던 중, 법원의 조정권고를 받아들여 556억원을 환급받기로 하고 소송을 취하하였다. 정부는 1심의 승소금액보다 1892억원 적은 금액을 받고 법원의 조정에 응한 것은 KBS에 손해를 끼친 배임행위라고 몰아세웠다. 정부의 주장처럼 법원 조정권고를 따른 것이 배임행위라면 법원이 정연주에게 위법행위를 사주한 것과 같기 때문에 정연주와 함께 판사가 처벌을 받아야 한다.

한국 사법 역사상 부당한 재판이 많지만 이처럼 법원의 조정권고에 따른 행위를 배임행위로 기소한 코미디는 없었다. 이것은 명백히 언론자유에 대한 탄압이고 정연주 사장 개인에 대한 탄압이었다. 재판부는 이

사건에서 배임혐의에 대해서 무죄를 선고하고 해임처분을 취소하는 판결을 내렸다. 그러나 재판부의 무죄판결에도 정연주 사장은 KBS에 복직하지 못했고, 정부를 감시하고 비판하던 KBS와 다른 방송사들은 그 사이에 정권의 나팔수가 되었으며, 정연주 개인과 국민들은 지금까지 가장 큰 피해자로 남아 있다. 재판에서 패소했지만 검찰의 부당한 기소는 이미 그 정치적 목적을 달성하였고 이 사건은 검찰의 부당한 기소행위를 보여주는 대표적인 사례로 남는다. 이 외에 노무현 대통령 기록물 사초 사건도 부당한 기소에 해당한다.

한명숙 전 총리의 뇌물수수 사건에서 검찰은 수사권 남용, 공소권 남용, 재판진행권한 남용 등 거의 모든 영역에서 검찰 권한을 남용하였다. 검찰은 수사과정에서 피의사실공표, 표적수사, 강압수사, 플리바게닝, 수사기록누락(10만 달러 제공 진술과 번복 진술 누락, 내사사건 기록 미제출, 참고인의 일부 진술 누락 등)으로 수사권을 남용하였다. 공소제기 과정에서 뇌물 전달 방법, 전달 장소, 뇌물 액수 등 공소사실을 특정하지 않고 기소하여 공소권을 남용하였다. 재판 진행과정에서 과도하게 정황증거를 공개하여 피고인의 프라이버시를 침해하고 피고인의 진술거부권 등 방어권을 침해하였다(김인회 2010, 301). 이처럼 검찰이 정치적으로 혹은 특정한 검사가 자의적으로 누군가에게 고통을 주려고 부당한 기소를 하거나 누군가의 범죄를 덮어주기 위해 부당한 불기소를 하지 못하도록 검찰의 기소권한도 반드시 제한해야 한다.

2) 기소권 통제와 기소배심제

(1) 현재의 기소권 통제제도

현재 검찰의 기소권행사를 통제하는 제도는 검찰항고, 재정신청, 검찰

시민위원회가 있다.

표 16-1. 현행 검찰 기소권 통제 제도

	통제주체	통제시점	운영 방식	통제력
검찰항고	검찰	사후 통제	검찰이 통제	거의 없음
재정신청	법원	사후 통제	신청주체·대상 범죄를 제한 검찰과 법원의 비협조	미약
검찰시민 위원회	시민	사전 통제	법적 구속력 없음	거의 없음

검찰항고 제도는 불법·부당한 불기소처분에 대해 검찰 내부에서 사후에 시정할 기회를 주는 것이다. 하지만 검찰 내부에서 통제하는 제도이기 때문에 아무 효과가 없다. 검사동일체 원칙에 따라 모든 검사들을 일사분란하게 통제하는 검찰조직 내에서 동료 검사의 불기소처분에 이의를 제기할 검사가 없기 때문이다. 이것은 처음부터 작동 불가능한 제도를 생색내기 위해 만들어 놓은 것이다.

검찰의 공소권 남용 통제방안으로 재정신청 제도가 있다. 재정신청 제도는 검찰이 불기소한 사건을 고소인과 고발인이 법원에 기소할 것을 요청하는 것이다. 검찰은 재정신청 제도에 끊임없이 반발하였고 1973년 유신정권 하에서 직권남용죄 등 3개 범죄로 대상을 축소하였다. 2007년 형사소송법 개정으로 고소사건의 경우에는 모든 범죄로 대상범위가 확대되었으나, 고발사건은 여전히 재정신청 대상을 축소하여 제도의 존재의의가 반감되었다. 재정신청을 고발사건까지 확대해야 하는 이유는 삼성에버랜드 사건같은 공익에 관련된 중요한 사건은 주로 고발로 수사가 이루어지기 때문이다. 또 현행 제도에서는 재정신청이 인용되어도 특별검사가 아닌 일반 검사가 공소를 유지하기 때문에 거의 실효성이 없다. 검찰이 재정신청을 수용한 법원의 결정에 불복하여 무죄를 주장하거나 구형을 하지 않기 때문이다. 따라서 재정신청된 사건의 공소유지를 법원이 선임한 변호사가 담당하도록 제도를 개선해야 한다(김태명 2010, 151).

재정신청 제도를 채택한 독일에서도 재정신청 전에 검찰항고를 요구하고 있다. 독일 내에서도 재정신청권자를 피해자로 한정하여 일반 시민이 검찰의 공소권 남용을 견제할 수 없고, 법원이 항고를 인정해도 검사에게 기소명령을 내리는 것은 실질적으로 의미가 없으므로 변호사에게 공소유지를 담당하게 해야 한다는 주장이 지속적으로 제기되고 있다. 재정신청 제도는 최종적으로 검찰에 의한 소추가 이루어지므로 기소독점주의에 대한 예외가 아니라 기소독점주의를 담보하고 보장하는 제도로 평가되고 있다(김태명 2013, 160-161).

실효성 없는 재정신청 제도보다 국민이 직접 참여하는 미국 대배심 제도와 일본의 검찰심사회 제도를 도입하는 것이 타당하다. 검찰시민위원회는 검사가 공소제기를 하기 전에 기소의 정당성 여부를 심사하는 제도이며 한국도 2010년에 도입하였다. 2010년에 일어난 스폰서검사, 성상납검사, 그랜저검사 사건들이 부패 검찰에 대한 전 국민적 분노를 야기하였고 검찰 개혁이 시대적 과제라는 공감대를 만들었다. 검찰조직에 대한 총체적인 불신과 혐오가 만연하던 차에, 이 사건들이 직접적인 계기가 되어 여론의 질타를 받던 검찰이 검찰시민위원회제도를 도입하였다.

검찰은 검사의 공소제기와 불기소 처분, 구속취소, 구속영장 재청구 등에 국민의 의견을 직접 반영하기 위한 목적으로 이 제도를 도입하였다고 홍보하였다. 그러나 검찰시민위원회는 시민이 검찰을 민주적으로 통제한다는 목적과 동떨어진 제도다. 이 위원회는 시민이 검찰에 강제하거나 법률에 의해 검찰이 의무적으로 복종해야 하는 것이 아니다. 이 위원회는 검사가 요청할 때에만 활동하기 때문에 검찰의 요청이 없으면 시민이 참여할 수 없다. 또 검찰이 시민위원을 선정하기 때문에 검찰에 비판적인 사람들은 처음부터 참여하기 어렵다. 그리고 검찰시민위원회 결정은 법적 구속력도 없다(오정용·송광섭 2014, 262). 시민위원들이 검찰에 필요한 결정을 해도 검찰이 무시하면 그만이다. 이처럼 구성부터 결정과 그 결과까지 철저하게 검찰의 의지대로 움직이는 제도를 만든 검찰의 의도는, 공소제기 등에 국민 의견을 직접 반영한다고 홍보하여 위기를 모면하려던 사기극과 같았다.

따라서 미국식의 기소배심제가 필요하다. 기소를 제기하는 주체는 국가마다 다르다. 프랑스에서 공소권을 행사하는 주체는 시민 개인과 사회 전체이며, 검사는 범죄 피해자를 대신하여 공적 당사자로서 공소를 제기·유지한다. 개인이나 단체가 공소를 제기할 수 있는 사인소추주의, 당사자가 공소를 제기하거나 포기할 수 있는 기소편의주의가 정착되었다. 반면 독일에서는 개인의 기소권한을 부인하고 국가만이 기소권한을 갖는 기소독점주의와 국가소추주의에 기반한 강력한 검찰제도를 만들었다. 독일 검찰은 법률의 파수꾼임을 자임하지만 프랑스와 달리 정부에 소속되어 있어 처음부터 정부의 이익을 대변하는 기관이었다. 독일은 검찰을 매개로 형사절차를 통제하고 감시하였다. 19세기 독일의 자유진영이 사인소추, 보충적 공중소추(기소배심), 법원에 대한 항고(재정신청) 등 검찰권 남용을 통제하기 위한 제도 도입을 강력히 주장하였지만, 당시 독일제국 정부는 기소독점주의와 기소법정주의를 고수하고 예외적으로 검사의 불기소처분을 법원에 항고하는 제도를 두었다(김태명 2013).

한국 검찰권의 핵심인 기소편의주의와 기소독점주의는 프랑스와 독일의 제도가 기형적이고 권위주의적으로 결합된 것이다. 프랑스에서 기소편의주의는 개인이 자신의 권리인 소추권을 임의로 행사하거나 하지 않을 수 있는 권리였으나, 한국의 기소편의주의는 시민이 아닌 검찰이 마음대로 기소하거나 하지 않을 수 있는 권리로 변질되었다. 시민의 고유한 권리였던 것이 오히려 시민의 뜻을 배제한 채 검찰이 자의적으로 행사할 수 있는 권리로 개악되었다. 독일도 한국처럼 검찰만이 소추권한을 갖는 국가소추주의와 기소독점주의를 유지하지만, 독일이 채택한 기소법정주의는 한국과 달리 검찰권의 자의적인 기소·불기소를 방지하고 보완한다.

검찰권 행사에서 검사의 부당한 기소만 문제가 되는 것이 아니다. 오히려 사회적으로 더 큰 해악을 끼치는 것은 부당한 불기소일 수 있다. 검사에게 공소권 행사의 재량을 인정하는 기소편의주의는 검사가 범죄사실을 확인하고 범죄의 증거를 확보했음에도 불구하고 기소를 유예할 수 있는 재량권을 부여한다. 5.18 광주민주화운동을 촉발하고 정치권력을 찬탈한 전두환·노태우 등의 군사반란과 내란행위에 대해 검찰이 "성공한 쿠테타는 처벌할 수 없다"는 논리로 불기소처분한 것은 기소편의주의가 남용된 대표적인 예이다(김승환 2009, 141).

쿠테타 불기소에 버금가는 불기소 사건들이 또 있다. 바로 삼성에버랜드 사건이다. 1996년 삼성가의 경영권 확보에 중요한 거점인 삼성에버랜드가 전환사채를 아주 낮은 가격에 기존 주주들을 대상으로 발행하였다. 큰 이익이 보장되는 전환사채임에도 삼성과 관련 있는 기존 주주들이 인수를 포기하고 이건희 아들 이재용이 모두 매입하였다. 이재용에게 삼성그룹 지배권을 넘겨주기 위해 전환사채를 헐값 발행한 것이 분명하였다. 이재용은 매입한 전환사채를 주식으로 교환하여 에버랜드 최대 주주가 되었고, 에버랜드를 징검다리 삼아 상속세를 내지 않고 삼성그룹 지배권을 장악하게 된다.

전국의 법학교수 43명이 2000년 6월 29일 에버랜드 전환사채 발행과 관련하여 이건희 회장 등 삼성 관계자 33명을 특정경제범죄가중처벌법의 업무상배임죄로 고발하였다. 검찰은 이 고발에 전혀 대응하지 않다가 여론에 떠밀려 공소시효 만료를 하루 앞둔 2003년 12월 1일 서울중앙지검이 전·현직 에버랜드 사장인 허태학과 박노빈을 불구속 기소하였다. 불구속 기소 당시 이건희는 헐값 발행을 공모하거나 지시한 증거가 없다는 이유로 조사도 받지 않았다. 이 사건은 2008년에 삼성X파일 사건으로 임명된 특검에서 공소유지하다가 2009년 대법원 전원합의체에서 무죄판결을 받았다. 오늘날 한국 사회의 구조적 모순을 낳은 원인 중 하나가 재벌에 의한 경제력 집중이다. 이 사건에서 올바른 판결이 내려졌다면 박정희 이후로 재벌에 집중된 경제력을 완화할 수 있는 좋은 기회였으나 국민보다 재벌을 모시는 정치권과 정치검찰 그리고 정치판사에 의해 그 귀중한 기회가 사라졌다.

이 사건의 재판이 진행되는 와중에 이보다 더 경악할 삼성 사건이 터진다. 2005년 7월 MBC 이상호 기자가 국가안전기획부가 도청한 테이프를 입수하여 보도하였다. 테이프에는 중앙일보 홍석현 회장이 신라호텔 식당에서 삼성그룹 이학수 부회장에게 보고하는 내용이 담겨 있었다. 보고 내용에 따르면 홍석현은 1997년 대통령 선거 당시 한나라당 대선후보인 이회창에게 거액의 선거자금을 지원했으며 검사들에게도 지속적으로 뇌물을 제공한 것으로 드러났다. 삼성과 정치권·검찰의 더러운 관계가 적나라하게 폭로되었다.

이 사건을 담당한 황교안 검사는 상식과 반대로 사건을 처리했다. 횡령과 뇌물공여 혐의가 있던 이건희 회장은 서면조사로 수사를 마무리하고 불법자금을 조성하고 정치권과 판검사에게 뇌물을 준 이학수와 홍석현 등 삼성 인사 모두를 공소시효 만료를 이유로 불기소했다. 그러나 X

파일 내용을 보도한 MBC 기자와 녹취록을 실은 〈월간조선〉 편집장, '떡값 검사'의 실명을 공개한 노회찬 의원을 통신비밀보호법 위반 혐의로 기소했다. 황교안의 행위는 불법비자금을 조성하여 회사에 손해를 끼친 배임행위와 그 돈으로 뇌물을 준 자들을 불기소하고, 그러한 사실을 세상에 알려 사회정의를 바로 잡으려던 사람들을 벌주는 것이었다. 이처럼 본말이 전도된 사법처리는 '법의 지배'나 사회정의 실현과 정반대되는 것으로써 한국의 사법부가 법의 지배를 방해하는 세력임을 증명하고 있다.

삼성X파일 사건에 적용된 '정·관·법조계 등에 대한 불법 로비 및 비자금 조성 및 탈세'는 박연차 전 태광실업 회장이 저지른 것과 같은 범죄이다. 박연차와 삼성은 정·관·법조계에 똑같이 돈을 뿌렸지만 규모에 있어서 삼성은 박연차와 비교할 수 없을 정도의 거액이었다. 박연차는 자신이 직접 불법 로비를 했다면, 삼성은 대리인과 계열사를 통해 조직적으로 범죄를 저질렀다. 그러나 박연차는 재계인사로는 드물게 형기 2년 6개월에서 하루도 빠지지 않고 꼬박 감옥에서 보냈지만, 삼성X파일 사건의 실제 대상자인 이건희는 기소조차 되지 않았다. 검찰은 처음부터 삼성을 처벌할 생각이 없었다. 위와 같은 부당한 불기소를 근본적으로 방지하기 위해서 기소편의주의를 기소법정주의로 대체할 필요가 있다. 한국에서는 검찰과 힘있는 피의자가 범죄 처벌을 피하기 위해 암묵적이거나 명시적으로 공모하는 충분한 정황이 있기 때문에 기소법정주의가 요청된다.

(2) 기소배심제

기소법정주의에 의해 일정한 요건에 해당하는 사건을 의무적으로 기소하는 경우에도 문제의 여지는 남아 있다. 기소법정주의 하에서도 부당한 불기소와 부당한 기소를 판단하기 위해 기소배심제도가 제도화되어야 한다. 식민지 시절 미국에서 영국 정부가 기소권을 남용하는 행위를 견제하기 위해 대배심이 활용되었다. 미국은 치안유지를 위해 프랑스에서 검사제도를 도입하여 기소권을 부여하는 한편, 영국식 대배심제도를 유지하여 국가의 기소권 남용을 통제하고자 하였다. 미국에서 대배심제도가 뿌리내리게 된 것은 실정법이 정당하지 않거나 부당하다고 인정되는 경우에 기소거부(Jury Nullification, '배심원에 의한 무효화') 권한이 국가의 사법독재를 방지하고 견제하는 유효한 수단으로 인식되었기 때문이다. 1735년 주간지 편집장 젠거Zenger가 영국의 뉴욕주 식민지 총독 코스비Cosby를 비방한 사건에서 대배심은 실정법을 위반한 젠거에 대한 기소요구를 두 번이나 거부하였다(이성기 2013, 469). 현재 미국 대배심은 수정헌법 제5조에 규정되었으며 연방 차원에서는 중범죄를 기소할 때 대배심에서 기소여부를 결정하도록 되어 있다.

미국에서 대배심은 검사의 기소를 승인하는 권한과, 독자적으로 범죄 혐의자를 조사하여 기소하는 권한을 모두 갖고 있다. 대배심이 독자적으로 수사권을 발동하는 것은 극히 예외적인 경우에 한정되지만, 각 주에서 선거로 선출되는 검사들이 정치적 이유로 수사를 기피하는 공무원 부패 사건, 조직범죄, 화이트칼라 범죄에서 많은 성과를 보였다. 그러나 대배심이 기소를 승인한 경우에도 검사는 재량에 따라 기소하지 않을 수 있으며, 반대로 대배심이 기소를 승인하지 않은 경우에 검사가 다른 대배심을 통해 기소를 추진하는 사례가 있다. 이 점은 기소배심제의 본래 취지에 맞게 개선해야 한다.

미국 대배심은 검찰의 고무인이나 앞잡이 역할에 불과하다는 비난을 듣는데 그 이유는 검사가 대배심 심리를 주도하기 때문이다. 대배심이 비능률적이고 불필요한 비용을 증대시키며 혐의자에 대한 기소를 지연시킨다거나, 배심원의 법률지식과 경험 부족으로 인해 검사의 고무도장에 불과하다거나, 검사가 재량권을 행사할 때 검사를 보호하는 기능으로 전락한다거나, 기소해야 할 사건을 기소하지 않거나 반대로 부당하게 기소하여 정의에 반하는 결정을 하는 경우가 있다는 것이다(김태명 2010, 162).

위와 같은 제도적 미비점을 보완하기 위해 대배심원들에게 법률 조언을 하는 법률가를 선임하고 변호인 참관권을 인정해야 한다는 주장(김태명 2010, 163)을 수용하여 대배심 제도를 개선해야 한다. 기소배심 과정에서 검사의 독주를 견제하기 위하여 기소배심이 기소·불기소에 대한 검사의 설명과 변호사의 의견을 청취한 후 법률 조언을 하는 법률가에게 질문·토론을 허용해야 한다. 그리고 미국 검찰이 대배심 결정을 우회하는 관행을 방지하기 위하여 기소배심의 결정에 법적 구속력을 부여하고, 기소배심이 기소를 승인하지 않은 경우에 검찰이 다른 기소배심을 통해 기소를 추진하지 못하도록 법제화해야 한다. 검찰이 불기소한 사건을 대배심이 기소를 결정한 경우에는 공소유지 책임을 검찰이 아닌 기소배심이 임명하는 변호사에게 맡겨야 한다(김태명 2010, 156, 160, 161).

미국의 대배심제도는 사전적 참여제도로써 주로 검사의 기소권 남용을 통제하는 기능을 하는 데 반해, 일본의 검찰심사회 제도는 사후적 참여제도로써 검사의 불기소처분을 판단한다. 배심원과 마찬가지로 일반시민으로 구성되는 검찰심사회는 고소인·고발인 및 범죄 피해자로부터 신청을 받아 검사가 불기소 처분한 사건을 심사한다. 이와 별도로 과반수 의결이 있을 때는 검찰심사회 스스로 획득한 정보에 의하여 직권으로 불기소의 당부를 심사할 수 있다. 직권심사 건수는 전체의 10%에 미치지 못하지만 공해범죄, 뇌물죄, 공직선거법위반죄, 직권남용죄의 사건을 직권으로 심사하여 사회의 주목을 받았다(김태명 2010, 167).

미국의 기소대배심은 수사와 기소절차를 직권으로 개시할 수 있어 경찰과 검찰이 권력형 범죄나 고위공직자 비리에 대한 수사와 기소를 회피할 때 사전적·적극적으로 통제하는 장점이 있지만 검사를 구속하지는 않는다. 이와 달리 일본의 검찰심사회 결정은 검사에 대한 구속력을 갖고 있다. 일본의 연구자들은 검찰심사회 제도 활동을 분석하고 제도개선 방안으로 검찰의 기소처분에 대해서도 심사가 가능하도록 할 것, 심사회 의결에 법적 구속력을 부여할 것, 심사회 의결에 기초한 소추는 소추직무를 행할 변호사를 위촉할 것을 제시하였다(김태명 2010, 165-166). 이러한 요구사항들은 한국의 실정에도 정확히 부합하는 것으로써 적극 수용해야 한다.

한국의 기소배심제는 미국의 기소대배심과 일본의 검찰심사회의 기능과 역할을 하나로 통합하는 것이 타당하다. 한국 검찰은 자의적이거나 정치적인 이유에서 부당기소와 부당불기소를 거리낌없이 자행하고 있기 때문에, 부당기소와 부당불기소에 대한 판단권한을 모두 부여하는 기소배심제가 필요하다. 한국 기소배심제의 윤곽을 다음과 같이 제시할 수 있다.

첫째, 검찰의 자의적인 기소·불기소를 방지하기 위해 독일처럼 기소·불기소 기준을 법률로 강제하는 기소법정주의를 채택하거나 프랑스식의 사인소추를 인정한다.

둘째, 기소법정주의를 채택해도 검찰의 기소·불기소 권한을 사전적·사후적으로 통제한다.

셋째, 검찰을 외부에서 통제하기 위해 기소배심을 설치한다.

넷째, 기소배심은 기소법정주의에서 예외적으로 인정하는 검찰재량에 의한 기소·불기소 사건에 대해 고소인·고발인이 요구할 때 검찰 소추의 정당성을 판단한다. 이와 달리 검찰의 기소편의주의를 현재처럼 인정한다면 기소배심은 검찰의 모든 기소·불기소 사건에 대해 고소인·고발인이 요구할 경우와 기소배심이 독자적으로 판단한 경우에 검찰 소추의 정당성을 판단할 수 있어야 한다.

다섯째. 기소배심원은 법원 소재지 유권자 명부에서 무작위 추첨으로 15명을 선발하고 임기는 1년이며, 의결 정족수는 12인 이상 참석으로, 의사결정은 8인 이상의 동의를 얻도록 한다. 혹은 기소배심이 소집되는 각 사안마다 배심원을 새로 구성할 수도 있다.

여섯째, 기소배심의 판단은 법적 구속력을 갖는다. 기소배심이 불기소 처분한 사건을 검사가 기소 추진해서는 안되며, 기소배심이 기소한 사건은 기소배심이 변호사를 선임하여 공소를 유지하게 한다.

일곱째, 지금처럼 기소편의주의와 기소독점주의를 유지하는 경우에도 최소한 다음과 같은 사건들은 기소배심의 심사를 법률로 강제한다(김배원 2012, 109-110).

ㄱ. 5급이상 고위공직자의 비리, 정치인의 불법정치자금 수수, 권력형 부패, 판사·검사의 비리, 지역토착비리 등 부정부패사건

ㄴ. 피해자가 불특정다수인 사기, 횡령, 배임 등 대형 금융·경제·기업범죄 사건

ㄷ. 사회의 이목이 집중된 사건

ㄹ. 공익성이 강한 민형사사건

그리고 국가 권력기구에 의한 기본권 침해 사건(피의사건공표죄 등)도 기소배심을 강제해야한다.

3. 법원 개혁과 배심제

1) 법관인사시민위원회 구성

현재 법원의 사법과정에 시민참여를 보장하는 일부 제도들이 있으나 모두 형식적이고 기만적이다. 대법관후보추천위워회와 법관인사위원회에 도입된 시민참여 상황을 살펴보면 명확히 알 수 있다. 2009년에 신영철 판사나 2015년에 박상옥 전 검사가 대법관 후보가 되었을 때 많은 현직 판사들이 반대의 뜻을 밝혔다. 신영철은 앞서 설명한 이유 때문이고, 박상옥은 87년 6월 항쟁을 촉발한 박종철군 고문치사 사건 담당 검사로서 사건의 축소·은폐와 관련있기 때문이었다. 법원 내에서는 인권을 지키는 대법관 직에 이와 같은 후보들이 적합하지 않다는 판단이 지배적이었다.

흠결있는 자들이 대법관 후보로 추천되는 이유, 대부분의 후보들이 서울대 출신 남성 판사들이어서 사회적 다양성을 충족시키지 못하는 이유는, 대법관 후보를 대법원장에게 추천하는 대법관후보추천위원회의 구성과 운영 방법이 보편적 타당성을 상실했기 때문이다. 대법관후보추천위원회 위원 가운데 법조인의 비율이 70%로 너무 높다. 법원조직법 제41조의2(대법관후보추천위원회)에 의해 10명의 위원 중 7석은 선임대법관, 법원행정처장, 법무부장관, 대한변호사협회장, 사단법인 한국법학교수회 회장, 사단법인 법학전문대학원협의회 이사장, 대법관이 아닌 법관 1명이 차지하고, 나머지 3석을 변호사 자격없는 사람 3명(1명 이상은 여성)이 채운다. 따라서 7명이라는 압도적 수를 차지하는 현직 법조인들이 선호하는 인물이 자연스럽게 대법관 후보가 된다.

또 대법원장은 추천위원회에 후보를 제시할 수 있으며 관행적으로 3명의 후보를 추천하였다. 대법관후보추천위원회는 대부분의 경우 대법원장이 추천하는 3인 중에서 후보를 추천한다. 대법원장이 대법관후보추천위원회 인사들 대부분(6명 즉 선임대법관, 법원행정처장, 대법관 아닌 법관 1명, 민간인 3명은 실질적으로 대법원장이 임명한다)을 지명하고 또 그 위원회에서 심사를 받게 될 대법관 후보도 추천하면, 대법원장이 원하는 후보가 선발될 수밖에 없다. 이 제도는 대법원장의 대법관 임명 권한을 절대적으로 보장하면서 그 과정이 민주적인 것처럼 보이도록 위원회가 후보를 추천하지만 실질적으로는 대법원장 1인이 지명하는 것과 같다.

법관인사위원회도 비슷한 폐해를 보여준다. 현재 법원이 시행하고 있는 법조 일원화는 변호사, 법학교수 등 법조 경력이 있는 인사들에게 판사 임용 자격을 주는 제도이기 때문에 법관 임용 방법이 과거보다 더 중요해진다. 배심원 재판이 전면화되어도 배심원 재판은 적고 단독 판사 재판이 더 많아질 것이기 때문이다(김진환 2010, 60). 그러나 법조 일원화 이후 시행된 신임 법관 임용 결과에 대해 현대판 음서제도라는 비판이 있다. 대법원은 신임 법관 선발 기준을 공개하지 않으면서 그 이유조차 설명하지 않았다. 법관 임용 기준이 없거나 과정이 투명하지 않다면 임용 과정에서 정실이나 정치적 고려가 개입될 수 있다.

2015년 37명 신규 임용 판사 중 27명이 재판연구원 출신으로 전체의 73%를 차지하였다. 재판연구원 선발 기준은 형법과 민법에 대한 법률 지식이며 이것은 민주주의나 시민의 권리 같은 시민적 덕성과 직접적인 관계가 없다. 로스쿨 제도는 졸업 후에 변호사 등의 활동을 통해 시민사회에서 검증받은 사람을 법관에 임명하려는 취지에서 도입되었다. 그런데 재판연구원을 곧바로 법관에 임명하면 사법시험 성적으로 임명하던 방식과 실질적인 차이가 없다. 법은 알지만 사회와 정의에 관심을 갖지 않는 법률가를 판사로 충원하는 것은, 사회의 다양한 삶과 의견을 반영하려던 법조 일원화 취지를 거스른다. 대법원은 국민의 여망을 무시하고 사법 역사를 퇴행시키고 있다.

이러한 결과는 현행 법관인사위원회의 구조적 한계에서 비롯된 것이다. 법관인사위원회는 법원 인사를 담당하며 법관의 임명, 재임용, 승진, 징계 등을 결정하는 조직이다. 이 조직은 법원 내부 인사권자로부터 개별 판사의 신분 독립을 보장하며, 판사가 정치권력이나 법원 인사권자에게서 불이익을 받지 않도록 보호하는 장치이다. 그러나 법관인사위원회는 논의된 내용을 비밀에 부치고 있다. 3권 분립의 한 축이며 개개인의 신분이 헌법기구인 법관의 인사를 논의하는 회의 내용을 공개하지 않는 것은, 인사정책의 근본이라 할 수 있는 공정성과 투명성에 역행한다. 위원들에게 비밀 유지를 강요하면서 장막 뒤에서 법관인사를 결정해야 할 정당한 사유는 없다.

법관인사위원회가 법원 권력자들의 의지를 거부하지 못하는 이유도 시민참여의 질적·양적 수준이 낮기 때문이라고 할 수 있다. 법원조직법 제25조 2(법관인사위원회)에 의하면 법관인사위원회는 위원장 1명을 포함한 11명의 위원으로 구성하며 위원은 법관 3명, 법무부장관이 추천하는 검사 2명(판사의 신규 임명에 관한 심의에만 참여)[1], 대한변호사협회장이 추천하는 변호사 2명, 사단법인 한국법학교수회 회장과 사단법인 법학전문대학원협의회 이사장이 각각 1명씩 추천하는 법학교수 2명, 변호사 자격이 없는 사람 2명(이 경우 1명 이상은 여성)이고 위원장은 위원 중에서 대법원장이 임명하거나 위촉한다. 법관의 자격이 없는 사람 2명을 참여시킨 것은 법관인사위원회를 일반인에게 개방하여 법관인사에 시민참여를 명

1 법원조직법 일부개정 2014.12.30 [법률 제12886호, 시행 2014.12.30]

문화했다는 의의가 있다. 그러나 11명 중의 2명은 너무 적은 수여서 시민들이 법원인사에 영향력을 행사하기 어렵다.

법원의 폐쇄적인 문화를 만드는 또 다른 요인은 불합리한 법관근무평정제도다. 법관의 승진, 연임, 해임의 근거가 되는 법관근무평정제도는 관료화된 사법부 구조와 결합하여 부작용을 낳는다. 근무평정 과정에서 법원장과 선임 법관이 주관적으로 평가하는 근무평정 결과가 판사 연임에 가장 중요한 자료로 활용되지만 내용을 본인에게 통보하지 않고 평가에 대한 이의제기나 소명 기회도 주어지지 않는다. 법원의 비밀주의 인사정책은 판사들에게 헌법이 규정한 '법과 양심'이 아니라 대법원장과 법원 간부들의 뜻에 따라 판결하라는 신호를 주는 것과 같다. 이처럼 대법원장과 법원 간부들에게 인사권을 전적으로 맡기면 사법부 독립을 핑계로 '대법원장의 독재'를 도와주게 된다. 대법원장 1인의 권력이 지나치게 비대해진 구조는 대법원장 임명권자인 대통령이 대법원장을 통해 사법부 전체를 장악하는 은폐된 권력의 길을 보장한다. 대법원장이 행정부 시녀가 되어 국민보다 권력자를 섬기면, 법관들은 국민보다 대법원장과 권력자를 섬긴다.

사법개혁을 '사법부 독립'이 아니라 사법과정에 대한 '민주적 통제' 관점에서 바라보아야 한다. 사법부 독립은 국민이 사법부를 민주적으로 통제하여 법관들이 법이 정한 권력만을 행사하게 될 때 달성되므로, 시민통제를 강제하는 제도가 필요하고 그것은 시민참여 사법과정으로 성취될 수 있다. 시민들로 구성된 법관인사시민위원회가 인사권을 행사하면 판사들은 대법원장이나 정치권력의 의도를 살피거나 자산가를 두둔하는 대신에 국민의 요구를 경청할 것이다.

법관인사시민위원회는 다음과 같이 구성한다. 각 지방법원별로 일반 시민 11~15인을 무작위 추첨으로 선발하고, 위원 중에서 위원장 1인을 선출하고 위원장이 조정자의 역할을 담당한다. 과반수의 찬성으로 안건을 결정하고 가부동수인 경우에만 위원장이 결정한다. 법관인사시민위원회의 평결 결과 불이익을 받게 되는 법관은 이의를 제기하고 소명할 기회가 주어진다. 전국법관인사를 위한 시민위원회 구성은 지방법원별 법관인사시민위원회 위원 중에서 무작위로 남녀 각 1인씩을 선발한 후, 그들 중에서 다시 무작위 추첨으로 남성 7인과 여성 8인을 선발하여 총 15인으로 구성한다. 사회적 소수인 여성을 우대하기 위하여 여성 중에서 위원장을 선출하며 위원장은 토의 과정에서 조정자 역할을 수행하고 가부동수인 경우에만 투표권을 행사한다. 법관인사시민위원회에 인사에 관한 자문을 제공하기 위해 자문단을 구성한다. 자문단은 법원 내부 평가를 반영하기 위하여 지방법원별로 평판사 중에서 무작위 추첨으로 3인, 법원 외부 법조인의 평가를 반영하기 위하여 변호사 중에서 무작위 추첨으로 3인을 선발한다.

시민들로 구성되는 법관인사시민위원회는 다음과 같은 토론 규칙을 따라야 한다. 첫째, 시민위원들은 참여자의 사회적 다양성을 확보하기 위해 이해관계자의 추천을 배제하고 무작위 추첨으로 선발한다. 둘째, 조정자가 시민위원회의 토론을 조정한다. 조정자는 특정한 사람이 토론을 지배하지 못하고, 모든 사람들이 토론에 참여하도록 유도한다. 셋째, 깊이있는 토론이 되도록 다양한 관점의 균형잡힌 자료가 위원들에게 제공되어야 한다. 위원들은 필요한 자료를 법원에 요구할 수 있다. 넷째, 시민위원회는 전문가들로 구성된 자문단을 두고 자문을 구하거나 질문에 대한 답변을 요구할 수 있다. 적절한 자료와 전문가의 자문은 시민위원들이 접하는 의견의 다양성을 확보하고 논쟁풀을 확대해 주어 합리적인 판단을 유도한다. 이 토론 규칙은 법원이 구성하는 모든 시민위원회가 공통적으로 준수해야 한다.

법관인사시민위원회와 함께 대법관후보추천시민위원회도 구성한다. 대법원장이 자신과 세계관이 비슷한 판사들을 대법관으로 임명하면 법관 인사와 법원 운영을 자신의 뜻대로 할 수 있다. 또 대법원의 판결은 하급법원의 판결을 구속하기 때문에 대법원장이 대법관 12인 중 6인을 자신의 정치적 성향과 유사한 판사로 충원하면 모든 하급심 판결 방향을 결정할 수 있다. 대법관은 대법원장과 동등한 지위에서 재판에 임해야 하므로 대법관을 대법원장이 추천해서는 안 된다. 재판의 독립을 지키기 위해 대법원장의 대법관 추천권을 없애고 대법관후보추천시민위원회를 구성한다. 이 위원회는 전국 법관인사시민위원회 구성 방법과 동일하게 각 지역별 법관인사시민위원회 위원 중에서 무작위 추첨으로 선발하여 구성한다.

2) 배심재판 전면 도입

(1) 시민참여와 배심원 재판

한국의 법체계는 일본이 식민 통치를 위해 독일식 관료주의적 법률가 모델을 변형적으로 이식한 것이어서 '법에 의한 지배'가 아니라 관료적 법관과 검찰의 지배로 변질되었다. 100년이 넘는 사법 질곡을 혁파하고 '법에 따른 국민의 지배'를 이루기 위해서는 사법과정이 개방되고 시민들의 참여 기회가 폭넓게 보장되어야 한다. 의사결정 과정도 개방하여 법관의 법 판단 및 법 해석 원리의 형성과정에도 시민사회의 다양한 가치들이 반영되어야 한다(한상희 2012, 295).

이러한 취지의 사법 개혁에 가장 적합한 사법제도는 국민주권 원리와 민주주의를 실현하는 배심재판이다. 배심재판은 대리인이 주인보다 자신의 이익을 위해 권력을 행사하는 '주인-대리인의 딜레마' 즉, 법률가들이 국민보다 자신들을 위해 법을 집행하는 부조리를 해결하는 근본적인 방법이다. 그리고 사법 종사자들의 부패와 권력추구를 방지하고 사법의 독립성 · 전문성 뿐만 아니라 민주성을 담보하기 위한 제도다.

이러한 취지에서 화이트White 대법관은 다음과 같이 판시하였다. "미국 헌법의 기초자들은 정적을 제거하려는 근거 없는 형사기소와, 상부 권력에 민감하게 반응하는 판사들에 맞서 싸우는 것이 필요하다는 사실을 역사와 경험을 통해 잘 알고 있었다. 헌법의 기초자들은 독립적인 사법부를 창조하려고 노력했지만 이와 같은 자의적 조치에 대한 방어의 필요성을 끝까지 주장하였다."(Kiss 2007, 557) 화이트 대법관은 정치권력으로부터 독립적인 사법부가 존재하여도 배심제도는 필요하다는 점을 설명하고 있다. 사법부의 독립이 재판의 독립을 저절로 보장해주지 않기 때문에 시민들이 참여하는 배심제도가 필요한 것이다.

(2) 배심재판 과정

과거에 영국의 배심원은 주로 '남자, 중년, 보통의 사고방식, 중산층'이 선발되었으나 1972년부터는 선거인명부에 등재된 유권자 중에서 무작위로 선발한다. 배심원단은 형사사건에서는 피고인의 유무죄를, 민사사건에서는 원고와 피고 중 누가 승소하는 것이 옳은 지를 판단한다. 배심제도에서는 배심원이 사실을 판단하는 유일한 주체이지만 독단적으로 판단하지 않는다. 재판장은 배심원에게 재판 과정에서 지시하거나 설명을 하고, 배심원이 접하는 증거를 채택하고 법률에 관해 설명한다. 따라서 배심제도는 판사와 배심원이 함께 만드는 재판이다.

판사들은 수없이 많은 재판경험을 통해 특정 유형의 사건이나 변호사 또는 당사자에 대한 선입견을 갖게 된다. 판사는 사건을 심리하는 과정에서 자신의 법적·정치적 경험을 판단에 동원하며, 자신의 의견이나 심정에 관한 심사를 받지도 않는다. 법학자들의 연구에 의하면 판사들은 형사재판에서 증거능력이 없는 편파적 증거에 노출되어 영향을 받으며, 해당 증거에 노출되지 않은 배심원들보다 피고인에게 불리한 판결을 내렸다.

그러나 배심원은 예비심문 과정에서 편향된 의견을 가진 경우에 제외되며, 재판과정에서 편향되지 않고 증거능력이 인정되는 증거만 접한다. 배심은 단 하나의 사건만을 심리하기 위해 구성되기 때문에 판사들이 흔히 갖게 되는 직업적 편견이 없다. 판사가 편견이 있거나 비합리적인 경우에는 재판과정에서 판사의 판단을 견제할 방법이 없지만, 배심원 판단은 배심원 토의과정에서 비합리적이거나 특정 이익에 편향되었거나 편견에 치우친 의견은 자연스럽게 도태된다. 배심제도는 가장 중립적인 의사결정기구다. 따라서 판사 1인의 판단보다 편견 없는 시민들의 집단적 판단이 실재 사실을 발견하는데 더 좋은 방법이다(Landsman 2007, 601-602).

배심제도를 비판하는 사람들은 기업 관련 사기 사건이나 DNA 분석과 같은 복잡한 사건에서 일반인들이 증거를 이해할 능력이 부족하다고 주장한다. 그러나 지난 50년간의 배심제도에 관한 실증적 연구결과들은 이 주장이 근거 없는 것임을 보여준다. 조사 결과 배심원 평결과 판사 의견의 일치율이 약 80%였다. 20%의 불일치는 사건의 복잡성이나 난해함 때문이 아니라 배심원과 판사가 서로 다른 가치를 우선시하였기 때문이었고, 이 경우에도 판사는 배심원이 앞세운 가치도 적법하다는 데에 대체로 동의하였다. 판사들도 높은 비율로 배심재판을 지지하며 배심원을 양심적이고 유능하다고 평가한다(비드마르 2007, 7). 배심원들의 능력, 합리성 및 동기에 의문을 제기하는 시각도 있지만 이들의 의문은 대체로 예외적인 사례들에 의존한 것이다.

배심재판의 비용 과다를 우려하는 견해도 기우에 불과하다. 미국에서 대부분의 피고인은 배심재판에 접근하기 어려우며, 피고인이 배심재판을 받는 경우도 드물다. 양형협상(plea bargaining)이 검찰과 피고 모두에게 큰 영향을 미치기 때문에, 중죄 사건의 3%에서 10% 정도만 정식 재판으로 진행된다. 정식 재판에 회부된 중죄 사건 중 피고인이 판사에 의한 재판을 선택하는 경우가 1/3 이상이다. 배심재판에 회부된 중죄사건 중 배심원이 유죄평결을 내리는 경우는 2/3에서 3/4에 이른다(King 2007, 200). 이처럼 실제 배심재판의 횟수가 많지 않지만 배심제도는 여전히 중요하다. 배심재판을 염두에 두고 사법절차가 진행되기 때문이다. 유죄협상절차도 배심원의 판결을 예측하고 임하기 때문에 배심제도의 영향 아래 진행된다고 할 수 있다.

한국에서 배심재판이 제도화되어도 그 횟수는 많지 않겠지만, 아직도 잔존하고 있는 정치적 기소와 정치적 판결을 예방하기 위해서 반드시 필요하다. 또 명예훼손 같은 사건에서는 변화된 시대에 맞는 가치관에 따라 판단해야 하는데 법률 전문가인 판사보다 일반 시민들의 합의된 의견이 본질적으로 공동체의 가치 기준에 더 적합하다. 그리고 배심원과 판사의 의견이 일치하지 않을 경우를 우려할 필요는 없다. 판사의 의견보다 일반 시민들의 합의된 판단이 합당하다고 판단되기 때문에 배심제도가 의미 있기 때문이다.

(3) 배심재판의 가치

배심재판은 사법 종사자들의 부패와 권력추구를 방지하고 사법의 독립성·전문성 뿐만 아니라 민주성 확보에 적합하다. 현행 사법과정에서 판사는 '법관의 양심'에 따라 판결해야 하지만 그 양심을 지키도록 강제하는 장치가 없으며 현실에서는 비양심적인 판사들이 출세하는 경향이 있다.

배심재판의 의의와 장점에 비추어 한국에 도입된 국민참여재판을 검토해 보면 배심재판을 전면적으로 도입해야 할 이유가 분명해진다. 국민참여재판이 재판 관행에 가져온 변화는 작지 않다. 일반 시민이 배심원으로 참여한 재판에는 전관예우나 유전무죄 무전유죄 등의 관행이 개입될 여지가 없다. 검사와 변호인들은 배심원들에게 친절하고 쉽게 설명해야 하고, 법원의 높은 문턱이 시민의 눈높이로 낮추어진다. 공판검사와 수사검사도 재판부 중심이 아닌 배심원 중심으로 모두 진술, 증거조사 절차, 최후변론을 준비한다. 검사도 변호인도 배심원들이 이해하기 쉽도록 동영상, 파워포인트 등을 활용하여 공소사실의 요지, 쟁점 요약, 증거 정리를 하여 어려웠던 형사재판이 친절하고 자상한 재판으로 변신하고 있다(김병수 2013, 104).

그러나 국민참여재판은 문제점도 드러냈다. 국민참여재판 신청율은 낮고 신청을 철회하거나 법원이 배제하는 비율은 높다(김배원 2012, 107). 충분히 심리하기에는 공판 기일이 짧아서 국민참여재판에 대한 시민들의 기대와 신뢰수준은 낮고 배심원 평결에 대한 불신과 검사의 항소율은 높다. 또 평결 결과에 법적 구속력이 없어 배심원들의 노력과 국가적 비용이 헛되게 낭비될 수 있다.

운영 과정의 문제는 더 심각하다. 2015년 4월에 조희연 서울시 교육감의 선거법 위반에 관한 국민참여재판에서 판사는 당선 무효형인 벌금 500만원을 선고하였는데, 이 재판은 현행 국민참여재판 운영의 한계를 그대로 드러냈다. 첫째, 재판장이 편견을 갖고 배심재판에 개입하였다. 애초에 이 사건은 경찰과 중앙선거관리위원회가 '무혐의'와 '주의 조처'만 내릴 정도로 경미한 사안이었기 때문에, 배심원이 기소의 적정성을 논의할 필요가 있었다. 그러나 재판장은 본격적인 심리에 들어가기에 앞서 "검찰의 공소권 남용 문제는 전문적인 부분이라 배심원들에게 맡기기 힘드니 제가 판단하도록 하겠다"[2]고 말하며 배심원들에게는 '허위사실공표'만 판단하도록 하였다. 공소권 남용 문제에 대한 배심원들의 논의를 배제한다는 결정은 배심원의 능력에 대한 담당 판사의 편견과 불신을 반영하고 있다. 중대한 사안에 대한 배심원의 심사를 판사가 자의적으로 배제할 수 있는 국민참여재판은 검사와 판사에 의해 언제든지 무력화될 수 있다.

둘째, 판사가 배심원의 평결에 개입하도록 되어 있는 규정은 배심제도의 취지에 어긋난다. 현재의 배심원 평결은 만장일치제를 채택하고 있지 않다. 배심원이 만장일치에 이르면 그에 따라 평결하지만 만장일치에 이르지 않으면 '판사의 의견을 들은 후' 다수결에 따라 평결하도록 되어 있다. 보통 배심원 토의 두 시간 후면 평결이 이루어지는데 이 재판에서는 4시간 가까이 배심원 간의 치열한 논쟁이 지속되었고, 재판장이 들어간 후 15분 만에 만장일치 유죄 결론이 났다. 애초에 배심제도의 존재 이유는 직업 법관이 판결하는 재판의 한계를 극복하기 위한 것이다. 배심원들이 만장일치에 이르지 못했다면 실체적 진실을 발견하기가 그만큼 어

---

2 http://www.huffingtonpost.kr/jang-yoosik/story_b_7176788.html. 검색일 2015. 5. 15.

려운 사건이기 때문에 배심원들의 좀 더 깊은 논의가 필요하다. 이러한 때에 판사가 개입하여 의견을 말하면 배심원들은 그로부터 직접적인 영향을 받는다. 배심원 판단에서 결정적인 순간에 판사의 개입을 강제하는 제도는 처음부터 그 판사 1인에 의한 재판보다 못하다. 배심원들의 그동안 노력을 헛된 것으로 만들기 때문이다. 앞의 사례에서 판사는 기소의 정당성에 대한 배심원들의 판단을 허용하지 않았고, 배심원들의 평결에 직접적이고 결정적인 영향을 미쳤다. 이와 같이 판사의 부적절한 개입을 방지하기 위해 완전한 배심제로 전환할 필요가 있다.

배심재판 전면 확대에 대한 우려가 있을 것이다. 그러나 일부의 우려와 달리 한국은 배심제가 효율적으로 기능하기 위한 조건들을 이미 갖추었다. 키스Kiss는 배심제가 작동하기 위한 사회적 세 가지 조건—사회적 동질성, 시민의 교육수준, 법체계에 대한 사회적 동의—을 제시하였다(Kiss 2007, 570). 첫째, 사회적 동질성이 배심재판에 주요한 영향을 미치기 때문에, 시민들이 인종적, 문화적, 언어적, 종교적으로 동질적일수록 배심재판에 적합하다. 미국 배심제도의 큰 문제점은 인종주의이며, 인종문제가 배심 평결에서 결정적인 역할을 하는 경우가 있다. 배심재판을 반대하는 사람들이 주요 사례로 제시하는 사건인 미식축구선수 O.J. 심슨 사건도 이와 관련 있다. 심슨을 수사한 경찰이 흑인에 대해 편견을 갖고 있었다는 변호사의 변론이 배심원단의 무죄선고에 결정적인 영향을 미쳤다. 이 평결은 배심제도의 한계가 아니라 미국사회 인종갈등의 폐해를 보여 준 사건이었다. 한국은 이러한 인종적 장애가 없다. 둘째, 사회 구성원의 교육 수준이 배심원 의무와 의무 이행시 개인적 편견을 버려야 함을 이해할 수 있을 정도여야 한다. 시민의 교육 수준에서 한국 시민의 교육은 이미 세계적 수준에 올라섰다. 조희연 재판에서 판사가 걱정한 것과는 달리 한국 시민들은 기소의 정당함이나 부당함까지 판단할 수 있다. 그들이 4시간 동안 평결에 이르지 못했어도 시간을 더 주었다면 결론에 이르렀을 것이다. 시민을 믿지 못하거나 믿지 않으려는 태도가 더 문제이다. 셋째, 배심원이 적용하는 법률 내용에 전반적으로 동의하여야 한다. 한국 사회가 민주화된 이후로 법체계에 대한 사회적 동의 수준도 높아졌다. 위 세 가지 조건이 모두 충족되므로 한국은 배심제도에 적합한 국가라고 할 수 있다.

배심재판을 전면적으로 도입하기 위해 다음의 조치가 필요하다(김배원 2012, 127-133). 첫째, 배심재판 받을 권리를 헌법상 권리로 명문화하여야 한다. 헌법 27조 1항은 "헌법과 법률이 정한 법관"에 의한 재판을 받을 권리가 있다고 적시하고 있어, 법관이 아닌 시민 배심원단에 의한 평결이 위헌소지가 있다는 논란이 있다. 현재의 국민참여재판이 배심원 평결에 법적 구속력을 부여하지 않은 이유도 위헌 시비 소지를 없애기 위한 것이다. 따라서 근본적으로 헌법을 수정하여 배심재판을 받을 권리나 피고인이 선택한 재판을 받을 권리를 기본적 권리로 명문화하여야 한다. 둘째, 배심원 평결에 법적 구속력을 부여하지 않아 '무늬만 배심제'로 전락할 수 있다. 배심원 제도의 핵심은 배심원 평결의 절대성에 있다. 법관이 배심원 평결을 뒤집을 수 없을 때에만 국민주권을 실현하고 사법과정을 민주화하려는 제도의 본래 목적을 이룰 수 있다. 현실적으로도 법관이 평결 결과를 번복할 가능성이 있는 상황에서 배심원들이 의욕적으로 참여하기 어렵고, 많은 비용과 시간을 투자한 제도와 결과가 법관의 참고용으로 전락될 수 있다. 셋째, 법원이 배심재판을 배제하는 사유가 불명확하여 법관의 자의적인 판단이 개입할 여지가 많다. 원칙적으로 배심재판을 기본으로 하고 선택적으로 법관이 재판하도록 법제화해야 한다.

앞서 배심원과 공론조사의 결정적 차이는 의사결정에서의 만장일치와 다수결이라고 설명하였다. 만장일치를 요구하는 배심제도는 배심원 의견의 집단극단화를 야기할 수 있다. 이와 관련하여 배심원 의사결정 방법에 중요한 전환이 있었다. 미국 연방대법원은 1972년 만장일치가 아닌 배심원 평결도 헌법적으로 용인될 수 있으며, 최소한 9대 3의 다수결에 의한 평결을 허용할 수 있다고 판시하였다. 오늘날 미국의 30개 주가 민사 배심재판에서 다수결에 의한 평결을 허용하고 있으며, 오리건주와 루이지애나주는 형사 배심재판에서도 다수결 평결을 허용한다. 국민사법참여위원회는 2013년 배심재판의 평결을 3/4 이상의 찬성으로 가능케 하는 안을 제시하였다. 따라서 배심재판을 전면 도입할 때 다수결 평결에 대한 원칙을 정해야 할 것이다.

3) 양형기준제정시민위원회

현대 사법체계의 근본이념은 범죄와 형벌을 미리 법률로 정해야 한다는 죄형법정주의에 있다. 그러나 한국에서는 법보다 검사·판사가 먼저 죄를 정하고 형벌도 정한다. 검사는 피의자에게 형량이 높은 법조항이나 낮은 법조항을 적용하거나 아예 불기소할 수 있다. 기소 후에도 구형량을 임의로 정한다. 판사는 형사재판에서 유무죄를 판결하고 민사재판에서 승자를 결정하며, 판사에게 허용된 재량권 내에서 형벌의 양과 질을 마음대로 정해 판결할 수 있다. 검사와 판사가 법을 만들지는 않지만 피의자나 피고인에게는 이들이 법의 결정력을 좌우한다.

삼성 그룹의 지배권을 세습하기 위해 삼성 관계자들이 불법행위를 저질렀던 삼성에버랜드사건에서 대법원 전원 합의체는 '6대 5'로 무죄를 선고했다. 비슷한 불법행위가 삼성SDS에서도 있었다. 1999년 2월 비상장사였던 삼성SDS 이사회는 신주인수권부사채(BW)를 시장가격보다 훨씬 싼 가격에 이재용 등에게 발행하였다. 재판부는 이건희가 227억원 배임죄를 저질렀다는 점을 분명히 하고 징역 3년, 집행유예 5년, 벌금 1100억원을 선고했다. 삼성에버랜드 전환사채나 삼성SDS 신주인수권부사채는 똑같이 헐값으로 발행하여 이재용 한 사람에게 혜택을 몰아주었는데 에버랜드는 무죄이고 SDS는 유죄라는 판결에 동의하기 어렵다. 법관의 재량권은 이처럼 비슷한 사건에서 유무죄를 가를 정도로 폭이 넓다.

이와 함께 이건희에게 특혜를 주는 양형 기준도 큰 문제를 안고 있다. 법에 의하면 배임죄에서 50억원 이상은 5년 이상 징역을 선고하는 것이 원칙이다. 특정경제범죄가중처벌법에 따라 조세포탈 규모가 10억원이 넘으면 무기 또는 5년 이상의 징역형을 선고해야 하는데 이건희의 탈세 규모는 456억원이었기 때문에 5년 이상을 선고해야 했다. 그러나 법원은 이건희에 대해 징역 3년에 집행유예 5년을 선고했다. 재벌에게 집행유예를 선고하는 것이 한국 법원의 판결 관행이다. 비슷한 시기에 박정규 전 청와대 민정수석은 박연차한테 9,400만원의 상품권을 받은 혐의로 징역 3년 6개월의 실형을 선고받았다. 상품권 9,400만원을 받은 사람은 3년 넘게 징역을 사는데 그 500배에 가까운 금액을 탈세하고 증권거래법도 위반하고 배임한 이건희는 단 하루도 감옥에 가지 않았다. 재판부는 이건희에게 실형을 선고하지 않는 이유로 그의 배임죄는 '사회적 비난 가능성이 낮기 때문'이라고 하였다. 재판부의 논리에 따르면 죄를 지어도 사회적 비난 가능성이 낮으면 형을 살지 않아도 되는 것이다. 재판부가 법이 아닌 사회적 여론에 따라 형을 선고한다면 형벌을 정하는 법률은 존재 이유가 없고 판사도 필요없다. 재판에서 판사를 배제하고 여론조사로 형량을 정하면 된다. 재판부는 이건희에게 실형을 선고하지 않기 위해 구차한 변명을 만들었으며 법을 무용지물로 만들었다.

용산사건 판결에서는 상반된 의미로 유전무죄 무전유죄 행태가 다시 증명된다. 서울중앙지법 형사합의 27부(부장판사 한양석)는 2009년 10월 28일 용산참사 현장에 있던 철거민 7명에게 징역 5~6년을 선고했다. 실형을 선고받은 이들 중에 참사 현장에서 아버지가 사망한 사람이 있다. 억울하게 아버지를 잃은 사람이 거꾸로 아버지를 죽였다는 죄로 실형을 선고받았다. 통상적인 재판이라면 이 같은 경우에는 혐의가 인정되어도 아버지의 죽음을 감경 사유로 보아 실형을 선고하지 않는다. 법원은 삼성의 불법행위 재판에서는 언어도단의 이유를 들어 관용을 베풀고, 용산 판결에서는 사건의 직접 피해자들에게 가혹한 형벌을 부과한다. 가장 부유하고 힘 있는 자에게 관대한 법원은 가장 힘 없는 사람들에게는 저승사자처럼 군림한다. 법원은 자신들의 판결이 '계급사법'의 결과임을 스스로 드러냈다. 판사에게 지금과 같은 재량권을 부여하는 한 국회에서 정의로운 법을 만들어도 올바르게 집행되지 못할 것이다. 이러한 부정의를 척결하기 위해서 판사가 형량을 자의적으로 정하지 못하게 양형기준을 시민이 결정해야 한다. 이를 위해 양형기준제정시민위원회를 법관인사위원회와 같은 방법으로 구성하여 결정 권한을 부여해야 한다.

국민의 눈높이와 상식에 맞는 양형기준을 마련하기 위해 양형기준제정시민위원회가 합리적 기준을 제시하고 국회가 양형기준법으로 제정해야 한다. 소송이 진행되는 법원에서 최근에 퇴임한 판사 출신 변호사를 '돈으로 사서' 변호를 맡기면 재판에서 유리한 결과를 얻는데, 이러한 관행을 가능하게 만드는 것이 전관예우다. 전관예우는 전직 판사가 현직 판사를 매수하는 통로인데, 판사가 자의적으로 판결할 재량권에 뿌리를 두고 있다. 그러나 배심재판이 진행되고 양형기준법이 제정되면 이러한 관행이 사라질 것이다. 배심재판은 법관에 의한 재판을 배심원에 의한 재판으로 대체하고, 양형기준법은 판사에 의한 자의적인 형량선고를 방지하기 때문이다.

그리고 판결문을 전면 공개해야 한다. 현행 형사소송법은 판결문 공개 대상을 확정된 판결문으로 한정하기 때문에 재판과정의 투명성을 확보한다는 취지에서 크게 후퇴하였다. 미확정된 하급심의 판결문도 공개하여 하급심과 상급심, 과거 판결과 현재 판결을 연계하여 검토할 수 있어야 한다. 판결문에는 재판에 관여한 판사, 검사, 변호인 성명도 기재하므로, 개별 판결문과 사법통계를 통해 전관예우를 방지하는 간접적 효과도 있다(김배원 2012, 112-113).

판결문을 전면 공개하면 판결 이후에 사후적으로 판결 결과를 감시할 수 있다. 또 시민사회가 판결문을 분석하여 재판에 대한 능동적인 비판과 감시를 할 수 있기 때문에 긍정적 효과가 있다. 첫째, 판결에 임하는 법관의 책무성을 높인다. 판결문이 공개되어 지속적인 비판의 대상이 되기 때문이다. 둘째, 판결의 공정성을 높인다. 비슷한 사건의 판결 내용과 비교되기 때문이다. 셋째, 판결 결과에 대한 신뢰수준을 높인다. 판사가 비판과 감시를 의식하여 사심 없이 공정하게 판결하고자 할 것이므로 판결에 대한 소송 당사자와 사회의 신뢰가 높아진다. 넷째, 법관 인사의 공정한 기준으로 활용할 수 있다. 판사의 가장 중요한 업무가 재판이고 재판결과를 그대로 담은 문건이 판결문이므로 법관인사 정책의 토대가 될 것이다.

4) 대법원 구조 개선

현재 대법원은 업무량이 지나치게 많아 과부하된 상태이다. 대법관 1인당 연간 3,000건의 사건을 다룬다고 한다. 대법원은 상고대상 사건에 대한 제한이 거의 없고 사실에 관한 심리도 맡아 업무부담이 과도하기 때문에, 권리구제 기능과 법률심 기능을 제대로 수행하지 못하고 있다. 대안으로 상고허가제, 대법원 이원화, 고등법원 상고부, 대법관 증원 방안 등이 있는데, 양승태 대법원장은 상고법원 설치를 추진하였다. 상고법원은 대법원과 별도로 상고법원 판사가 상고사건 중 일부를 재판하는 것을 말한다. 대법원은 중요한 사건만 맡고 나머지는 상고법원에 돌리겠다는 복안이다.

이에 대한 우려는 학계에서 널리 공유되었고 대부분의 법학자들이 반대한다. 2015년 4월에 경실련이 전국의 법학자 120명을 대상으로 실시한 설문조사에서 상고법원 설치 방안에 89명(74.1%)이 반대했고, 29명(24.1%)이 찬성했다. 반대 법학자 89명 중 34명(38.2%)은 '국민들의 이해관계보다는 대법원의 권위 향상만을 고려한 제도이기 때문'이라는 이유를 들었다. 20명(22.4%)은 '특별상고 제도 등으로 인해 사실상 4심제가 될 수 있기 때문'이라며 반대했다. 오늘날 우리나라 대법원의 역할 충실화를 위한 가장 바람직한 방안을 묻는 질문에는 '독일식 전문 법원제'(대법원을 분야별로 복수로 분리·독립)로 가야 한다는 응답(45명·37.5%)이 가장 많았다. 이어 '대법관 수 증원'에 33명(27.5%), '하급심 판사 증원 등 하급심 재판 충실화'에 18명(15.0%) 등 순으로 답했다.[3]

대법원 개혁 방법은 경실련 설문조사에서 윤곽을 그릴 수 있다. 하지만

---

3 (https://ccej.or.kr/index.php?document_srl=1116063, 검색일 2015.5.30)

우선순위는 역순이 되어야 한다. 먼저 하급심 재판 충실화가 이루어져야 하고 그 해답은 배심재판 전면 도입에 있다. 대법원 상고사건이 많은 이유 중 하나는 재판결과에 불만을 가진 사람들이 많기 때문이다. 1심인 배심원 판단에 사실판단의 최종 권한을 부여하고 사실관계에 대해서는 상소를 하지 못하도록 하면 2심, 3심의 부담이 줄어든다. 다음으로 대법관 수를 획기적으로 증원하여 대법관의 과중한 업무를 분담해야 한다. 대법관 증원은 대법원장과 소수의 대법관이 국가적 쟁점이나 중요한 소송을 농단할 가능성도 줄인다. 그리고 관련 법을 개정하여 변호사 자격이 없는 사람도 대법관으로 임용될 수 있도록 해야 한다. 대법원이 민형사 소송뿐만 아니라 법령의 위헌·위법 여부도 판결하기 때문에 인권과 사회정의를 기준으로 판단할 필요도 있기 때문이다. 그리고 독일식 전문 법원제를 채택하거나 대법원 내부에 여러 전문 재판부를 두는 방법이 타당할 것이다.

만약 상고법원이 설치된다면 대법원과 대법원장의 위상은 올라가지만 국민주권은 더 멀어지고, 대법원이 대법원장 중심의 기형적이고 폐쇄적인 권력체가 되어 사회와 정치 전반에 막강한 영향력을 행사하게 될 것이다. 또 '정치의 사법화'와 '사법의 정치화'가 촉진되고 대법원의 정치적 비중이 높아지게 되며 대법원의 권력화 추세를 더 공고하게 만들 것이다.

'사법의 정치화'는 정치에 위임해야 할 사안에 사법부가 적극 개입하여 정치적·정책적인 문제를 결정하는 현상(한국 검찰의 정치적 기소와 불기소 등)과 사법부가 사회적 문제에 적극 개입하기 위해 스스로 정치적 주체가 되려는 현상(한국 대법원의 인사정책)을 말한다. 또 법원이 권력의 의도에 맞는 판결을 하는 것, 신영철처럼 사회·정치적 사건에서 특정 정치세력을 위한 판결을 유도하는 것, 그러한 판사를 대법관으로 '승진'시키는 것

등이 모두 '사법의 정치화' 사례들이다.

특히 '사법의 정치화'는 법치주의와 민주주의를 '법의 지배'가 아닌 '법관에 의한 지배'로 변질시킬 우려가 있다. '법의 지배'란 법을 근거로 법이 정한 한계 내에서 통치해야 한다는 것을 의미하지만, '법관에 의한 지배'는 법에 대한 '해석 권한'을 가진 법관이 판결을 통해 '권력 행사'하는 것을 의미한다. 신행정수도와 관련한 헌법재판소 결정은 몇 명의 법관들이 법 해석 권한을 남용하여 국민과 입법부·행정부를 제치고 헌법을 초월한 권력을 스스로 창조하여 국가정책을 결정하고 지배하는 것과 다르지 않다. 앞으로 대법원도 상고법원 설치 등을 이룬 후에 이와 같은 정치적 역할을 적극 확장할 가능성이 있다. 이렇게 되면 대법원은 국민들의 감시를 벗어나 판결 뒤에 숨은 은폐 권력, 행정부와 의회의 결정을 마지막에 무력화하는 최후 권력이 될 가능성이 높다.

은폐 권력, 최후 권력인 대법원의 또 다른 특징은 무책임 권력이라는 점이다. 법관이나 법원은 임명권자인 국민에 대한 책임지지 않는다. 국회와 행정부는 각각 임명권자인 국민에게 책임지기 위해 주기적인 선거를 치른다. 그러나 사법부의 정점인 대법원과 대법원장은 국민에게 직접적인 책임을 지지 않으면서도 강력한 권한을 행사하는 책임과 무관한 권력이다.

17
정부 정책결정을 위한 작은공중

행정부의 정책결정 주체를 관료로부터 작은공중으로 전환할 필요가 있다. 기존 제도를 작은공중으로 대체하거나, 인사배심제와 정책배심제를 신설하는 방안을 적극 고려해야 한다. 배심제는 소규모 인원이 상대적으로 단순한 문제를 단기간에 결정하는 경우에, 작은공중은 대규모 인원이 단기간에 결정하는 경우에, 시민의회는 대규모 인원이 장기간의 토론 후 결정하는 경우에 활용한다. 이하에서는 먼저 정책 목표의 성격에 맞는 작은공중을 설명하고, 구체적인 예로 교육정책과 시민의회, 핵발전소와 공론조사, 지방정부에서 활용 가능한 방법을 설명한다.

1. 직접민주주의 방식을 대체

기존의 대의적 정책결정 방법을 작은공중으로 대체할 수 있다. 전통적인 대의민주주의 방식은 정부 결정, 위원회 결정, 청원, 이익집단 활동, 로비, 청문회, 바우처, 공청회 등이 있다. 이 중 위원회를 공론조사나 시민의회로, 청문회와 공청회를 공론조사로, 국민(주민)청원을 공동체대화로 대체할 수 있다. 또 앞서 유신헌법 투표와 캘리포니아 주민투표 사례에서 설명한 것처럼 직접민주주의 방식인 국민(주민)발안과 국민(주민)투표가 악용되는 것을 방지하기 위하여, 국민(주민)투표와 국민(주민)발안을 결합하여 시민의회로 대체하고, 국민(주민)발안, 청원, 주민투표를 복합적으로 결합하여 권능강화 참여거버넌스로 대체할 수 있다.

표 17-1. 기존 방식과 작은공중

법적·제도적 권한			
없음		있음	
기존 방식	작은공중	기존 방식	작은공중
청문회, 공청회	공론조사	국민(주민)발안과 국민(주민)투표 결합	시민의회
국민(주민)청원	공동체대화	국민(주민)발안, 청원, 투표를 결합	권능강화 참여 거버넌스

전통적인 정책결정 방식이 아니라 정책 이슈에 따라 접근할 때 유용한 방법들을 아래의 표 17-2에 예시할 수 있다. 표 17-2는 전통적인 대의민주주의 방식이나 직접민주주의 방식 그리고 기존의 참여민주주의 방식인 공론조사, 포커스 그룹, 참여 계획, 시민 배심원, 합의 회의, 이웃연대 기구를 이슈 성격에 맞게 분류하였다(Anttiroiko 2003). 기존 방식을 대체하는 작은공중과 적용 가능한 사례들은 제일 우측에 제시하였다.

표 17-2. 국가 정책 이슈 유형과 민주적 의사결정 메커니즘

이슈 유형	특징과 사례	기존 방법	작은공중	적용 예
전략적 문제	장기적 영향을 미치는 주요한 선택이슈: 초국가적 공동체 문제, 지자체의 현안	●대표제와 직접민주주의 유형 · 국민투표 · 의회투표 · 지자체 위원회 결정	●공론조사 ●시민의회 ●공동체대화	수도이전, 통일문제, 헌법개정안 작성 의회개혁안 작성
일반적 정책 결정	독립 정책과 분배 이슈: 예산 결정, 조세정책, 최고관리자 충원	●대표제, 직접·참여 민주주의 · 위원회 결정 · 국민(주민) 소환 · 시민배심원 ●공론조사	●공론조사 ●시민의회 ●권능강화참여 거버넌스 ●공동체대화	정부예산, 자치단체 예산안 우선순위 결정
인권과 통제	헌법과 정치권리 및 제도화된 메커니즘	●법적 통제 메커니즘들 · 법 체계(항고, 상소) · 청원	●공론조사 ●시민의회	배심재판 전면확대 공직자 윤리위원회
경제적 권리와 이익	생계, 고용, 노동, 노동조건 등에 관한 이익과 이슈들	●직장 민주주의와 이익집단 정치 · 개인 혹은 집단이익 중재 · 로비	●공론조사 ●시민의회	최저임금 결정 연기금 운영위원회
기본적 공공 서비스	사용자와 직접적인 혜택을 연결하는 공적 서비스: 사회복지, 보건의료, 교육 등	●사용자 민주주의 및 참여 민주주의 · 피드백 시스템과 청문회 · 바우처 · 시민배심원, 포커스 그룹	●공론조사 ●시민의회 ●공동체대화	복지정책, 교육위원회 등
환경, 삶의 질 관련 서비스	주택, 토지 이용, 환경, 사회 인프라, 기술	●참여 메커니즘 · 참여 계획 · 시민배심원 · 합의회의	●공론조사 ●시민의회 ●공동체대화 ●권능강화참여 거버넌스	발전방식 결정 도시계획안
지역 이슈들	지역 교통, 공원, 버스 정류장, 치안 문제들과 관련된 지역 문제들	연대와 참여 메커니즘 · 이웃연대기구 · 지역 공청회 · 참여계획	●공론조사 ●공동체대화 ●권능강화참여 거버넌스	새만금, 통합 창원시 문제 해결

* Anttiroiko(2003)의 표를 수정하였음.

위의 표의 내용을 이슈 유형별로 간략히 살펴보자.

①전략적 문제

전략적 문제는 수도이전이나 통일문제와 같이 국가에 장기적으로 영향을 미치는 주요 이슈 영역에 속하며, 기존에는 대통령의 의지나 국민투표 혹은 의회 표결로 결정하였다. 그러나 대통령의 일방적 결정이나 의회표결은 그 결정에 반대하는 사람들의 지지를 이끌어 내기 어렵고, 통일문제처럼 이념적 대립이 있는 사안의 경우 일방적 결정이 사회적 대립과 적대관계를 더 악화시킬 우려가 있다. 이러한 적대적 갈등을 예방하기 위해 국민들의 민주적이고 이성적인 의사결정을 보장하는 토의민주주의 방법이 필요하다.

또 앞에서 설명한 것처럼 헌법을 개정할 때에도 시민의회를 구성할 필요가 있다. 한국의 헌법은 단 한번도 국민이 참여하여 작성하거나 개정된 적이 없다. 이승만, 박정희가 집권 연장과 철권통치를 위해 개정하였고, 87년 6월 민주항쟁 이후에는 정치인들이 편의적으로 개정하였다. 그 결과 국민이 주권을 행사하는 방식은 극도로 제한되었고, 삼권분립도 행정부 중심으로 한 불균형적인 형태로 남아있으며, 헌법재판소는 국민주권 원칙을 역행하는 제도로 변질되기도 하였다. 다음 개헌과정에는 반드시 국민들이 참여하여 논의를 이끌어야 하며 시민의회가 주도하는 것이 바람직하다.

②일반 정책결정

일반적 정책결정의 대표적인 예는 다음 절에서 설명할 교육정책과 자치단체 예산안 작성이다. 공동체대화와 권능강화 참여거버넌스 활동에서 알아본 바와 같이 시민이 참여하는 예산안 작성은 지방정부 활동에 대한 시민의 이해 폭을 넓히고, 예산 집행 과정의 투명성을 높이고, 집행 결과의 만족도를 높인다. 기존의 참여예산제는 지방정부 예산에 국한되었지만 중앙정부 예산안 작성에도 활용할 수 있다. 이 때 전체 예산안을 작성하는 것이 아니라 예산항목의 우선순위를 결정하는 것과 예산 지원 사업을 결정하는 것 등 시민들의 판단이 효율적이고 공정할 것으로 기대되는 분야에서 공론조사나 시민의회 혹은 공동체대화를 활용할 수 있다. 또한 조세관련 정책들 즉 국세와 지방세 세목 변경, 기업과 가계의 조세부담율 결정, 구체적으로는 재산세·소득세·종합부동산세 인상이나 종교인 과세 등 행정부나 의회가 독자적으로 결정하기 어려운 갈등적 사안에 적용할 수 있다.

자치단체 통합과 해체에 관한 안건도 작은공중을 활용하는 것이 바람직하다. 지금까지 주민투표에 회부한 통합 창원시나 제주도 자치단체 통합은 적지 않은 후유증을 남겼다. 의도하지 않은 결과를 방지하기 위하여 공론조사, 시민의회, 공동체대화를 활용하는 것이 합리적이다. 공동체대화에서 확인한 것처럼 도시계획안을 작성하는 작업에서도 작은공중을 유용하게 활용할 수 있다.

③인권과 통제

인권이나 기본권에 관한 포괄적 논의가 필요한 경우에도 작은공중 토의가 의사결정의 정당성과 민주성을 담보할 수 있다. 인권을 지키고 확장하는 바람직하고 적극적인 방법은 의회에서 법제정을 통해 법과 제도로 확보하는 것이다. 작은공중의 토의가 의회에 인권 신장을 위한 법률 제정을 촉구하거나 직접 법안을 작성할 수 있다. 다음으로는 공정한 사법과정이 필요하므로 법원 개혁, 배심재판 전면확대, 시민참여 법관인사 위원회 및 대법관추천위원회 구성, 기소배심제 등을 도입해야 한다. 이에 대해서는 앞에서 설명한 바와 같다.

④경제적 권리와 이익

생계, 고용, 노동, 노동조건에 관한 사항들을 시민들의 토의에 의해 결정할 필요가 있다. 기업마다 임금 조건이 다르겠지만 최저임금처럼 최소한의 생활 보장에 필요한 조건은 작은공중의 토의로 결정해야 한다. 정부, 사용자 대표, 노동자 대표들은 각각의 이해관계 때문에 공동체 전체의 의사를 대표하기 어렵기 때문이다.

국민이 주인인 연기금의 운영과 감시 활동도 작은공중을 통해 공개하고 개입할 필요가 있다. 현재의 국민연금 기금운용위원회 활동은 국무총리실, 복지부, 국민연금공단 3자의 이해관계가 얽혀져 효율적이고 정당한 운영이 보장되지 않는다. 전체 국민의 집단적이고 근원적인 이해가 좌우되는 위원회에 국민을 직접적으로 대표할 사람이 없다는 사실은 기금운영의 정당성을 훼손할 수 있다. 기금운용위원회를 정부 산하단체에서 독립된 기구로 만들고 기금의 출연자이며 수혜자인 국민이 운영에 참여해야 한다. 이 때 작은공중은 기금의 투자를 담당하기보다는 투자원칙을 정립하고 투자결과를 평가하게 될 것이다. 투자원칙이란 시장원리를 파괴하는 독과점기업에 대한 투자금지, 노동착취를 일삼거나 환경을 파괴하는 기업에 대한 투자금지, 법률을 상습적으로 위반하는 기업에 대한 투자금지 등 기업환경과 노동환경을 개선하는데 필요한 원칙 등을 의미한다.

2015년에 삼성물산과 제일모직 합병 건에 국민연금이 직접 의결권을 행사하여 찬성하였다. 삼성물산과 제일모직의 합병은 두 기업의 경쟁력을 높이기 위한 것이 아니라 이재용의 삼성그룹 지배체제를 굳히기 위한 극히 사적인 목적의 합병이었다. 국민 전체의 이익을 담보해야 할 국민연금이 연금에 손실을 입히면서까지 유력 재벌의 이익을 보호하는 기금 운영 행태가 되풀이되지 않도록 작은공중이 운영 행태를 평가하고 제재할 필요가 있다.

⑤기본적 공공서비스

공공서비스 제공의 주체는 행정부다. 행정부에 대한 평가와 피드백은 대통령 선거에서 5년에 한 번씩 수행되지만, 이 선거는 대통령 권력에 대한 평가일 뿐 행정 공무원과 정책에 대한 평가를 포함하지 않는다. 의회가 시민을 대신해서 행정부를 감시·비판하지만 모든 행정 서비스를 전면적으로 감시하기도 어렵다. 따라서 공공서비스를 평가할 시민참여 제도가 필요하다.

먼저 공직자윤리위원회를 배심원단으로 대체할 필요가 있다. 공직자윤리위원회가 공무원들의 비윤리적 행위를 심사하고 공직 기강을 세우는 활동을 하기 때문에 작은공중이 평가의 민주성과 정당성 확보에 적합하다. 또 국민적 관심을 모으는 정책과 그 결과에 대한 평가, 그에 관여한 공직자들의 업무 평가도 작은공중이나 시민배심원단이 담당해야 한다. 이 평가는 공무원들의 책무성을 높일 것이다.

검찰과 경찰의 수사권 조정 문제 같은 주요 정책도 두 집단의 이익갈등 때문에 합리적인 조정이 불가능하면 치안과 사회안전의 직접적인 이해당사자인 시민이 결정하는 것이 타당하다. 작은공중은 각종 정부위원회를 평가할 때도 유용하다. 현재의 정부위원회는 전문적 의견을 정책에 반영한다는 본래의 목적과 달리, 정부와 공무원들이 논쟁적인 사안에서 책임을 회피하거나 자신들의 의견을 관철하는 우회로로 활용하고 있다.

⑥환경과 삶의 질 관련 서비스

환경과 개발은 근본적으로 상충되는 가치와 이익으로써 두 가치가 충돌할 때 계량적 측정과 평가를 내리기 어렵다. 이러한 문제를 단순한 투표나 여론조사로 결정할 수 없으며, 행정부의 일방적인 결정도 시민사회에서 쉽게 수용되기 어렵다. 환경분야에서 전력문제는 전략적 결정 사항의 중요한 예에 해당한다. 전력 생산과 배송·소비에 대한 총체적인 대안 마련을 위해 텍사스주처럼 공론조사를 활용하거나 시민의회를 구성하여 논의하는 것이 타당하다. 지금처럼 핵 발전과 원거리 배송에 의지하는 것은 생태문제나 장기적인 국민복지 차원에서 바람직하지 않다. 발전, 송전, 배전 등 전력 생산 및 소비의 전 과정과 핵 발전소와 핵폐기물 처리에 대한 사회적 합의가 필요하며 작은공중이 이 합의를 이끌어 내기에 가장 적합한 의사결정 방법이다.

⑦지역 이슈들

지역 교통, 공원, 버스정류장, 치안 문제 등 생활과 밀접한 문제들은 공론조사나 공동체대화를 통해 주민들의 의견을 수렴하거나 권능강화 참여거버넌스와 같은 적극적 참여 프로그램으로 주민들의 창의적인 아이디어를 이끌어 내야 한다. 또한 새만금 관할 주체 문제와 개발방식, 통합 창원시의 문제 등 시민들이 거주 공간을 넘는 공동체 창출과 운영에도 작은공중을 활용할 수 있다.

2. 교육정책과 시민의회

1) 시민의회의 필요성

한미FTA, 미국쇠고기 수입, 4대강사업과 같은 국가적 차원의 집단적 의사결정이 필요한 사안과, 일정 인원 이상의 시민들이 서명하여 시민배심원단의 판단을 요구하는 사안에 대해 정책배심원단이 토의적 심사를 할 필요가 있다. 정책배심제는 국민청원과 국민투표를 토의민주주의적으로 결합한 것이며, 지방정부의 정책결정에 대해서도 같은 방법으로 시민배심원단을 구성할 수 있다.

정책배심원제는 현재의 대의민주주의가 무책임 정치로 전락하는 상황을 타개하기 위한 것이다. 고대 아테네에서는 모든 공직자들이 임기를 마친 후 직무 감사와 재무 감사를 받았다. 공직자는 자신이 퇴임한 후에 시민들로부터 혹독한 심판을 받지 않도록 신중하게 정책 결정을 해야 했다. 그러나 현대의 대의민주주의는 임기 중 직무와 관련하여 사후에 책임을 묻지 않기 때문에, 중앙정부도 지방정부도 무책임 정치 관행과 정책들을 양산했다. 아테네식의 직무 감사제도가 있었다면 무책임한 정책들은 처음부터 만들어지지 않았을 것이다. 시민들의 정책배심원단은 이러한 폐단을 예방하고 개선하기 위한 방법이다.

구체적으로 교육정책에서 시민의회를 정책배심원단으로 활용하는 방안을 살펴보자.[1] 현대사회에서 공공정책을 결정하는 주요 메커니즘은 관료제, 시장, 민주주의다(Beetham 1996). 한국처럼 관료제와 시장이 정책결정을 독점하는 경우, 필연적으로 정부 실패와 시장 실패를 초래한다.

---

1 교육정책 내용은 오현철·강대현(2013)의 일부를 수정한 것이다.

교육과정과 대학 입시 제도가 자주 바뀌는 이유는 교육 관료가 주도한 정부 실패와 교육 전문가나 교사 단체 등 이익집단의 영향력 행사가 초래한 시장 실패가 반복되는 데에 있다. 교육 관료들의 상명하달식 명령이나 시장의 이익 쟁탈적 경쟁이 지양되도록 시민에 의한 민주적 조정 메커니즘이 절실하기 때문에 특별 시민의회로 구성되는 교육위원회가 필요하다.

2) 교육위원회 구성과 운영

①교육위원회 구성

교육위원회는 작은공중과 같은 방법으로 구성한다. 첫째, 위원은 전국에서 지역, 연령, 계층, 성별 균형을 보장하는 층화무작위추첨으로 선발한다. 자신의 이익과 직접 관련되는 현직 교사나 교육대학과 사범대학 교수 및 이에 준하는 교육 분야 전문가들은 제외한다. 인원은 토의에 적합한 규모로 결정한다. 예를 들어 교육과정 개정에서는 총론 및 10개 교과를 기준으로 해서 11개의 소그룹 토론 집단을 11명으로 구성한다면 총 121명의 위원을 선발할 수 있다.

둘째, 교육위원들의 임무는 다양한 이해관계자들의 의견을 청취하여 합리적인 교육과정과 대학 입시 체제를 제안하는 것이다. 정부는 교육위원회에 교육정책에 대한 결정권을 부여하고 그 결정을 수정없이 집행한다. 위원회의 결정권이 보장되면 위원들의 자발적이고 헌신적인 참여를 이끌 수 있다.

셋째, 교육위원회의 독립성을 보장한다. 정부 기구나 자문에 응하는 전문가 집단이나 실무 지원자들이 위원회 활동에 관여해서는 안 되며, 위원회 활동에 관한 제반 사항들도 위원회 결정에 일임한다.

넷째, 교육위원들에게는 활동 기간동안 '명예로운 보수'를 지급한다. 사회경제적 차이와 무관하게 다양한 계층에서 참여자들을 선발해야 하므로 반드시 필요한 조건이다. 이 조건이 준수될 때 저소득층 시민들도 교육위원회에 참여할 수 있다.

②교육위원회 운영

교육위원회 운영에 관한 제반 사항은 교육위원회가 자체적으로 결정한다. 교육위원회는 위원들이 정보 습득, 증언 청취, 소그룹 토론, 전체토론 과정을 거쳐 의사결정한다. 참여자들은 주제를 학습하고 전문가, 참여 위원, 일반 시민과 토의한 후에 자신의 관점을 정립한다. 단계마다 활용하는 자료와 토론문, 질문과 건의 사항 등을 인터넷 홈페이지에 공개한다. 교육위원회 활동을 1년으로 상정할 때 대략적인 활동 단계를 다음과 같이 예상할 수 있다.

첫째, 주제와 관련된 정보 습득 단계. 약 4개월 동안 주말 회의에 참여하여 관련 정보와 자료를 학습하고 관련 전문가의 의견을 듣는다.

둘째, 공청회에서 다양한 사람들의 증언을 청취한다. 약 4개월 동안 전국을 순회하며 관련 전문가와 일반 시민의 의견을 청취한다. 이익 집단과 전문가들, 학생과 학부모들이 자유롭게 참여하여 발언하고 토론할 기회를 보장한다. 또 교육 수요자의 요구를 조사·분석하여 자료로 활용한다. 예를 들면 학생들에게는 교육과정에서 배우고 싶은 것과 배우고 싶지 않은 것을, 일반 시민에게는 학교로 돌아간다면 다시 배우고 싶은 것, 다시 배우고 싶지 않은 것, 학교에서 배운 것 중에 삶에 도움이 되었던 것과 그렇지 않은 것 등을, 전문가에게는 학교 교육과정에서 반드시 배워야 할 것, 시민성 함양에 필요한 것 등에 대한 의견을 듣는다.

셋째, 집단 토의를 한다. 약 4개월 동안의 집단 토의로 결론을 도출하여 위원회 단일안을 만든다. 먼저 매주 개최하는 소집단 토의에서 집중적 토의를 한 후 소그룹별 토의 결과를 전체회의에 보고한다.

각 소집단 토의에 조정자를 배치하여 빅마우스를 예방하고 모든 위원들의 발언과 청취 기회를 균등히 보장한다. 조정자는 사전에 선발하여 토의를 진행하는 훈련을 마친 후 배치한다. 소그룹 토의에서 해소하지 못한 사항은 전체 토의 때 전문가를 초빙하여 질의응답으로 해결할 수도 있다. 최종 결정과정에서 복수의 의견이 경합할 때는 전체 위원들의 다수결 투표로 결정한다. 교육위원들은 매 단계에서 전문가의 직접 설명을 청취하고 토론하면서 전문가의 전문성에 자신들의 판단을 결합한다.

교육위원들에게는 개인적 선호보다 공적인 시각에서 생각하고 토의할 것을 요구하고, 첫 모임에서부터 그 중요성을 주지시킨다. 교육위원회는 활동을 마친 후 활동 내용과 결과를 담은 백서를 발간하여, 위원회 활동에 대한 일반 시민들의 관심과 지지를 유도하고, 다음 교육위원회 활동을 위한 자료로 활용한다.

3. 전력정책과 공론조사[2]

1) 핵발전소에 대한 공론조사의 필요성

2017년 10월에 신고리 핵발전소 5·6호기 건설 중단을 결정하는 공론조사를 실시하였다. 핵발전소 건설 중단 문제는 기존의 전력 정책에 근본적인 전환을 가져온다는 점에서 전력 산업 구조와 환경에 지대한 영향

2 3절은 오현철(2017b)의 일부를 수정하였다.

을 미치게 된다. 공론조사를 실시하여 그 결정에 구속력을 부여하겠다는 결정은, 국가 정책결정 과정에 일반 시민들의 의견을 적극적으로 수용한다는 점에서 민주주의 발전에도 커다란 기여를 할 수 있다.

공론조사의 장점은 앞에서 충분히 설명하였다. 참여자 대표성, 참여기회의 평등성, 전문성 활용, 결론의 합리성, 책임성과 함께 신고리 5·6호기 폐기에 대한 공론조사는 다음과 같은 장점이 있다. 첫째, 사회적 갈등을 예방한다. 지금까지 많은 나라에서 시행된 공론조사는 대부분 사회적 갈등을 촉발할 사안들을 결정할 때 시민들의 생각을 알아보기 위해 실시되었다. 공론조사는 결과 뿐만 아니라 논의 과정에서도 사회적 갈등을 예방한다. 공론조사 과정을 투명하게 공개하고 TV에 중계하면서 시민들이 이슈에 대해 진지하게 고민하고 주변 사람들과 얘기를 나누며 관련 전문가의 설명을 들으면서 자신이 갖고 있던 편견을 돌아보는 기회를 제공한다. 이러한 과정이 기존의 권위주의적 의사결정 과정에서 발생할 수 있는 사회적인 갈등을 완화시키고 예방한다. 둘째, 공론조사는 한국 민주주의를 승화시킨다. 과거에 핵발전소 건설, 4대강 사업, 한미FTA 등 사회적 갈등을 야기한 정책을 결정할 때 정부는 시민들의 의견을 묻지 않았다. 정부의 방향을 결정한 뒤에 그에 동조하는 전문가를 앞세워 밀어붙였다. 이러한 일방적 정책결정 과정은 대의민주주의가 갖고 있는 근본적인 결점인데 국민 모두에게 영향을 미치는 국가적인 사안임에도 불구하고 주권자 국민의 참여를 배제했을 뿐만 아니라 합리적인 성과를 만들지도 못하였다. 공론조사는 이와 달리 정치인, 관료, 이해관계자들에게 위임했던 의사결정 권한의 일부를 국민에게 되돌려 주고 국민이 직접 참여하여 정책을 결정함으로써 민주주의의 핵심 원리인 국민주권 원리를 실현한다.

2) 비판에 대한 반론

첫째, 공론조사로 결정하는 것은 불법이라는 비난이 있다. 주요 에너지 정책과 관련된 사회적 갈등 상황이 생길 경우 정부는 에너지위원회를 구성해 심의해야 하는 데 그러지 않았다는 것이다. 정부는 에너지위원회 뿐만 아니라 다양한 경로와 방법으로 국민들의 의견을 구할 수 있고 또 그래야만 한다. 정부는 일반 여론조사, 합의회의, TV토론, 국민투표 등 필요한 다양한 방법을 선택할 수 있으며 공론조사는 그 중 하나인데 이것을 불법이라고 주장하는 것은 터무니없다. 공론조사 결과를 수용하여 정책에 반영하는 것은 국민의 요구를 수용하여 국가를 운영하는 민주주의 원리에 충실한 방법이다. 지금까지 어떤 권력자도 자신의 정책결정 권한을 시민에게 되돌려 주었던 적이 없다는 점에서, 공론조사 실시 결정은 칭찬받아 마땅하다.

둘째, 이번 공론조사가 토의민주주의에 어긋난다는 비판이 있는데 이는 공론조사의 취지를 제대로 이해하지 못한 주장이다. 이 주장은 '신고리 5·6호기 건설 자체가 원자력안전위원회와 국가에너지위원회라는 제도적 틀 위에서 10여 년 넘게 진행된 사회적 토론의 산물'이며 그것이 토의민주주의 결과라는 전제를 담고 있다. 그러나 기존 제도의 결정은 시민들이 참여한 사회적 토론이 아니라 정부와 시장이 결탁했던 결과로써 이해관계자 협상에 불과했다. 지금까지 단 한번도 핵발전소 건설과 유지 과정에서 토론에 일반 시민을 참여시킨 적이 없었는데도, 그것을 사회적 토론이나 토의민주주의로 강변하는 것은 전형적인 곡학아세 행위이다.

셋째, 독일은 30년간 토론을 진행한 후에 핵폐기 정책결정을 내렸으므로 우리도 30년간의 사회적 토론이 필요하다는 주장도 있으며 '만민공동회'를 요구하기도 한다. 핵산업 관계자들이 사회적 토론을 요구하는 것은 늦게나마 다행스러운 일이다. 사회적 토론을 전면에 내세운 사회철학자 하버마스도 만민공동회처럼 시민사회 전체가 참여하는 토론을 주장하였다. 그러나 그는 모든 국민이 참여하는 토론이 실제로는 가능하다고 생각하지 않았으며 대신에 모든 시민이 참여한 것으로 간주할 수 있는 토의 포럼을 제시했다. 하버마스의 의견을 따를 때 공론조사가 사회적 토론에 부합되고 사회적 합의를 구하는 이상적인 방법이다.

만민공동회 주장은 이해관계자가 30년의 시간을 벌기 위한 핑계에 불과하다. 이들이 주장하는 사회적 토론이나 사회적 공론화는 진정한 토론이 되기 어렵고 이해관계자 집단과 거대 언론이 주도하는 여론 조작의 대상이 되기 쉽다. 핵발전소 건설 문제는 당장 결정해야 할 시급한 문제이다. 또 '미래 세대의 의사결정과 상충할 가능성이 있기 때문에 공론조사 결과를 그대로 수용하면 안 된다'는 의견도 있지만 미래 세대를 위해서도 공론조사가 적절한 방법이다. 공론조사는 이해관계자들의 이익이 아니라, 국민의 생명과 안전과 재산을 장기적·안정적으로 확보하는 방안을 도출할 수 있기 때문이다. 그리고 미래 세대를 생각한다면 반감기가 10만년이 되는 핵폐기물을 쏟아내는 핵발전소 건설이 애초에 잘못된 결정이었음을 고백해야 할 것이다.

넷째, '건설 중단의 가장 중요한 논거는 안전성인데 이는 공학적인 판단의 영역'이므로 전문성 없는 공론조사는 부적절하다는 비판이 있다. 공론조사는 다양한 전문가들의 의견을 토대로 결정한다. 안전성에 대한 공학적 판단도 공론조사를 준비하는 자료집에 수록될 것이며 해당 전문가가 토론에 참여하여 의견을 말할 수 있다. 전문가들의 전문성을 토대로 시민이 토의하여 결정하는 것이므로 전혀 염려할 필요가 없다.

다섯째, 정부와 여당의 '탈핵' 발언이나 환경단체와 친원전 단체가 여론을 동원하는 것을 자제해야 한다는 주장도 있다. 이 주장은 배심원재판과 공론조사의 차이점을 이해하지 못한 데서 나온 것이다. 배심원재판에서는 배심원의 편견을 배제하기 위해 배심원 선별에 특별한 주의를 기울인다. 그러나 공론조사는 참여자들이 의식의 진공 상태나 '무지의 베일' 상태에서 결론을 선택하는 것이 아니다. 공론조사는 자신이 갖고 있던 기존의 관점을 동료 시민과의 토론 과정에서 합리적으로 논증하거나 수정하는 것을 모두 권장한다. 바로 이 논증과 '선호 전환' 효과가 공론조사의 목표이므로 참여자가 이슈에 대해 어떠한 의견을 갖고 있더라도 무방하다. 그리고 이슈에 대해 이해관계자들이 사전에 의견을 발표하여 시민들의 이해를 도울 수 있다면 그것도 거부할 이유가 없다.

여섯째, 공론조사에서 결론을 도출하기 위해 다수결보다는 만장일치를 지향해야 한다는 주장이 있다. 만장일치는 배심재판이나 합의회의, 포커스그룹 토론 등 소규모 토의 포럼에서 지향하는 의사결정 방법이다. 공론조사처럼 대규모 토의 형식에서는 애초에 불가능하며 토의만 지연될 것이므로 다수결 투표가 적합하다. 그리고 다수결보다 만장일치가 좋은 의사결정 방식도 아니다. 배심원재판이 만장일치를 요구하기 때문에 소수자인 배심원들이 자신들의 주장을 끝까지 개진하지 못하는 경우가 많기 때문이다. 또 '과반수 결정이 아닌 사회적 합의 수준의 의사 결정이 필요하다'는 주장도 있다. 과반수 결정보다 더 큰 무게를 갖는 사회적 합의 방식이 무엇인지 되묻고 싶다. 대통령도 전체 국민의 과반수 득표를 얻지 않고서 당선된다. 그래도 국민들은 그 과정의 정당성을 부인하지 않는다. 핵발전소 문제에서 이보다 더 큰 지지를 얻어야 할 이유는 없다.

일곱째, 토론 과정에서 드러난 다양한 의견을 조합해 조건부 찬·반, 조건부 판단 유보 등도 제시할 수 있도록 설계해야 한다는 주장이 있다. 질문지를 이처럼 구성하는 방식은 바아버가 주장한 다선택 포맷이다. 이 방식의 취지는 국민투표처럼 정보에 입각한 토론 과정 없이 단지 찬반만을 묻는 단순한 방식을 보완하기 위한 것이다. 특히 윤리적으로 미묘하거나 복잡한 내용을 포함하고 있어서 한 번에 결정하기 어려운 사안에 대해서 투표를 여러 번 실시하고자 할 때, 처음 투표에서는 많은 선택지를 주고 그 후의 투표에서 선택지를 차츰 줄여서 최종 투표에서는 찬반만을 묻게 된다. 예를 들면 '낙태를 허용할 것인가', '태아복제를 허용할 것인가' 등과 같은 문제에서 시민들이 이슈에 포함된 내용의 중층성과 관련된 문제의 복잡성을 이해하도록 같은 질문에 대해 선택지를 줄여가며 여러 차례 투표한다. 그러나 공론조사는 참여자들이 충분한 정보를 접하고 전문가 토론을 거친 후에 참여자들이 토론하여 결정하므로 다선택 포맷 방식을 택할 이유가 없다. 핵발전소 문제는 이슈 자체에 윤리적 내용이나 복잡한 문제가 얽혀 있지 않다. 다만 이해관계자 집단의 이익과 관련되어 있을 뿐이며 이것도 전체 국민의 생명과 안전과 재산이라는 더 큰 기준에 비추어 보면 아주 사소한 것에 불과하다. 따라서 핵발전소 문제에서 다선택 포맷을 이용할 이유가 없다.

3) 유의점

공론조사는 정책결정 과정에 참여하고자 하는 국민들의 요구를 적극적으로 반영하고, 참여자들의 대표성과 정당성을 높여주며, 정책결정에 따르는 사회적 갈등을 예방하고, 사회적 합의를 통해 국민들이 해당 정책을 수용할 가능성을 높이고, 결과에 있어 합리적인 국가정책을 유도할 수 있는 방안이다. 현 시점에서 핵발전소 문제를 해결하는데 이보다 더 좋은 방안은 없다.

지금까지 각국에서 시행된 공론조사는 모두 결정권자의 결단이 필요했다. 이러한 결정 방식을 도입한 것이 비교적 최근의 일이라서 입법화되지 않았기 때문이고 또 정책결정 권한을 가진 사람들이 자신들의 권한을 내놓기를 주저했기 때문이었다. 공론조사로 정책을 결정하면 정책결정 권한 보유자들은 자신에게 주어진 결정 권한을 시민사회에 양보하는 것이다. 대통령이 공론조사를 통한 핵발전소 폐지 결정을 제안함으로써 한국 민주주의 발전 과정에 역사적인 전환의 계기를 마련하였다. 한국의 거대 언론이 가장 두려워하는 것은 바로 이것, 국가 정책결정 과정을 이해관계자 모델에서 시민이 참여하는 민주주의 모델로 전환하는 것이다.

그러나 공론조사 성공을 위해 분명히 유념해야 할 사항이 있다. 공론화위원회는 자신들에게 주어진 역사적 책무를 소홀히 하거나 결정 권한을 스스로 낮추어서는 안된다. 공론조사나 시민의회 등의 경험을 보면 참여자들은 자신들에게 권한이 주어졌을 때 적극적으로 사명감을 갖고 임한다. 단지 참고용의 의견을 만든다면 그들이 헌신하려는 의지가 약해진다. 공론화위원회는 공론조사 참여자들에게 자신들의 결정과 미래가 곧 국가의 결정이 될 것이라는 점을 각인시켜야 한다. 공론조사는 앞으로 교육정책, 조세정책, 노동정책, 복지정책, 보건정책 등에 확대 적용될 수 있고, 국가 정책결정 패러다임을 근본적으로 바꿀 수도 있다.

4) 결과와 보완점

공론조사 결과는 대통령이 선거공약으로 제시한 공사중단이 아니라 공사재개로 귀결되었다. 대통령이 의뢰한 공론조사 결과가 대통령의 의도를 거부한 것이다. 이 결정은 공론조사가 과거의 국민투표와 달리 권력으로부터 독립하여 의사결정할 수 있음을 분명하게 보여주었다. 한편으로는 장기적으로 탈핵발전소 정책을 추진해야 한다는 의견을 모음으로써 전력정책 방향의 미래를 제시하였다. 이 결정도 일반적인 여론조사와 달리 합리적이고 장기적인 정책 방향을 보여 주었다는 점에 큰 의의가 있다.

다만 이번 공론조사 과정에서 드러난 몇 가지 미비점을 앞으로 보완할 필요가 있다. 첫째, 이번 공론조사는 전반적으로 참여 시민들간의 토론보다 전문가들의 전문 지식을 이해시키는데 더 많은 시간을 할애하였다. 참여자들이 자신의 생각을 발전시키는 계기인 정보습득, 증언청취, 관점변화, 집단토론 중 정보습득과 증언청취에 치중하였고 관점변화와 집단토론에 상대적으로 소홀하였다. 종합토론이 '전문가 토론 → 분임토의에서 질문지 작성 → 전문가 질의응답'의 순으로 진행되었으며 분임토의 시간이 지나치게 짧아 참여자간 집단토론이 거의 생략되었다. 분임토의는 참여자들간의 의견 차이를 확인하고 그 이유를 알아본 후 간극을 좁혀가는 과정이 아니라, 단지 전문가들에게 질문하기 위해 의문사항을 제기하고 정리하는 수준에 불과했다. 이것은 참여자들간의 토론이라기보다 전문가에 대한 질의응답을 간소화하기 위한 절차에 불과하다.

그 결과 의사소통과 토론의 방향이 참여한 시민들 사이에서 수평적으로 이루어지는 것이 아니라, 전문가와 참여자간에 수직적으로 이루어졌다. 참여자의 판단이 토론을 통해 집단적으로 구성된 것이라기보다 개인적으로 습득한 정보에 의존하였다. 이 때문에 최종 결과가 전문가들의 정보전달 능력과 전략에 크게 영향받았다고 평가할 수 있다.

따라서 앞으로는 '전문가 토론 → 현장에서 자유로운 질의응답 → 분임토의에서 자유로운 토론'의 순서로 진행할 필요가 있다. 종합토론과 전문가 질의응답 시간에 제기되는 질문과 답변은 현장에서 바로 요약하여 큰

스크린에 일목요연하게 보여주고, 이 자료를 소그룹 토론에 추가자료로 제공한다.

둘째, 공사중단과 공사재개를 요구하는 두 진영간에 서로 상반된 자료와 해석을 내놓아서 참여자들이 혼란스러웠다. 공론화위원회에서 자료에 대한 제3자의 해석을 제시하거나 사실 확인을 해야 했음에도 불구하고 그러지 않았다. 자료집에 제시된 전문가들의 의견 및 해석의 차이에 대해서는 공론조사를 준비하는 단계에서 검토되어야 한다. 특히 자료집이나 전문가들의 토론이 시민들에게 혼란을 야기할 때에 대비한 대응 방안을 사전에 정립할 필요가 있다.

셋째, 공론조사의 목적은 정책결정자에게 시민들의 이성적 선택을 전달해주는 것과 함께, 해당 이슈에 대한 관심을 국민 전체에 환기시키고 시민사회에서의 토론을 활성화시키는 것에 있다. 그러나 이 공론조사는 진행과정에서 오히려 사회적 공론장이 위축되고 공론조사 구성원들만의 행사로 축소된 경향이 있다. 앞으로는 공론화위원회가 그 과정을 대중에게 전달해야 할 뿐만 아니라 사회적 토론을 활성화해야 하는 역할도 충실히 담당해야 할 것이다.

4. 인사배심원제

적대정치가 구조화되는 원인 중 하나는 대통령이 공직 임명권을 사적 인맥 중심으로 행사하기 때문이다. 이를 바로 잡기 위해 대통령이 임명하는 공직 후보자의 적격 여부 심사권한을 시민배심원단에 부여할 필요가 있다. 대통령이 국가원수로서 임명하는 공직 전부와 행정부 직위 중 대통령으로부터 독립적인 관계를 유지해야 하는 직위의 장을 임명할 때 대통령의 사적 이해관계로부터 자유로운 공정한 인물을 발탁해야한다.

인사배심원제 심사 대상은 국회 임명동의안에 대한 본회의 표결이 필요한 직위인 대법원장, 헌법재판소장, 국무총리, 감사원장, 정치적 중립성이 요구되는 방송통신위원회 위원장, 국가인권위원회 위원장, 국가정보원장, 국세청장, 검찰총장, 경찰청장, 대통령이 임명하는 헌법재판소 재판관, 중앙선거관리위원회 위원이 해당된다. 국무총리는 행정부 소속 직위지만 대통령 유고시 대통령직을 대행해야 하기 때문에, KBS, MBC 등 공영방송 사장은 공신력과 정치적 중립성이 요구되므로 시민배심원단에서 적격성을 판단해야 한다.

2012년 대통령 선거 과정에서 국정원의 여론 조작 사건은 국정원장의 적극적인 정치개입 지시와 경찰청장의 수사 방해, 법무부 장관의 검찰 수사 방해 등 국가기구 기관장들이 민주주의를 부정하고 법률을 어기면서까지 자신의 정치적 이익을 추구한 행동에서 비롯되었다. 이러한 불법행위가 자행되는 배경에는 대통령이 자신의 정치적 이익에 맞게 임명권을 행사하고 기관장들은 출세를 위해 임명권자인 대통령의 눈치를 살피기 때문이다. 지금과 같은 임명제도로는 고위 공직자들의 불법적인 정치 개입 행태를 방지하기 어렵다.

이와 달리 검찰총장을 시민배심원단이 심사하면 공직자비리수사처 같은 검찰 위의 검찰이라는 옥상옥을 만들지 않아도 된다. 시민들이 대통령의 정치적인 요구에 굴복하지 않는 인사를 추천하는 방법이 현실적으로 더 간편하고 효율적이다. 도덕적이고 공평무사한 대통령을 선출하면 해결된다는 반론은, 정치 검찰을 양산하는 제도는 내버려 두고 대통령이나 검찰의 개인적 도덕성에 기대어 문제를 해결하려는 오류를 범한다. 개인의 인격에 국가 형벌권의 한 축인 검찰을 맡기는 것 보다는 제도적으로 공정성과 도덕성을 담보하는 방법이 타당하다.

공직자비리수사처를 신설해도 그 장은 인사배심제에서 검증받아야 한다. 대통령이 정치적 이익을 위해 공직자비리수사처장을 임명하면, 공직자비리수사처는 정치 검찰보다 더 강력한 권한을 갖는 권력기구로 전락한다. 이를 방지하기 위해 공직자비리수사처장에 대한 검증을 시민배심원단이 담당해야 한다. 구체적인 운영은 국회가 추천한 후보 2인 중에서 시민배심원단이 1인을 선정하면 대통령이 해당 후보를 임명하는 방법이 가능하다. 이 경우에 국회의 다수당과 제2당은 시민배심원단의 토의적 심사 과정을 고려하여 편파적이지 않고 공정한 후보를 추천하게 될 것이다. 이와 다른 방법으로는 대통령이 국회에서 추천된 복수 후보 가운데 1인을 지명하면, 시민배심원단에서 토의를 거친 후 임명에 동의한다. 동의를 받지 못하면 대통령은 다른 사람을 추천하고, 시민배심원단이 동의할 때까지 위의 절차를 반복한다. 임명 동의가 계속 거부될 경우의 정치적 부담을 고려하여 대통령은 무난히 동의를 얻을 수 있는 인물을 추천할 것이다.

5. 지방정치와 토의민주주의

1) 지방정치에서 작은공중이 필요한 이유

지방정부와 지방의회는 주민의사와 무관하게 일방적으로 정책을 결정하는 경우가 많다. 또 지자체들간의 이해 다툼에 의한 갈등도 있다. 통합된 창원시 내에서 창원·마산·진해의 갈등과 새만금 관할을 둘러싼 군산·김제·부안의 갈등이 대표적이다.

이러한 갈등은 민주주의를 퇴보시키고 지방정치의 뿌리를 약화시킨다. 지방정치에서 주민참여의 장점을 극대화하려면 정책결정 단계에서 시민들의 토의적 정책결정을 제도화할 필요가 있다. 이러한 제도를 통해 갈등을 통제하고 민주주의와 지방정치의 발전을 유도할 수 있다. 토의민주주의를 지방정치에 적용하면 다음과 같은 장점이 있다.

ㄱ. 참여하기 쉽다.

주민들은 자신들의 생활세계에서 참여하기 때문에 중앙정치에 참여하는 것보다 시간과 비용과 정보 측면에서 참여하기 쉽다.

ㄴ. 이해하기 쉽다.

참여자 자신들의 삶과 직접 관련된 주제들을 토론하기 때문에 주제에 대한 이해도가 높고 토론 몰입도 쉽다.

ㄷ. 토의 결과를 실천하기 쉽다.

토의 과정에서 중요성과 실천 가능성에서 높은 지지를 받은 사안에 우선순위가 주어질 것이기 때문에 실천하기 쉽다.

ㄹ. 성과를 내기 쉽다.

선정된 사업은 주민들의 의견이 모아져서 선정된 것이고 실천 가능성도 높기 때문에 주민들의 높은 지지를 받아 좋은 성과를 낼 수 있다.

구체적인 사례를 보자. 1995년에 시작된 시카고의 공동체 치안회의는 지역 문제 해결 활동에 시민들을 적극 참여시켰다. 시카고시를 280개의 구역(beat)으로 나누고 한 달에 한 번 각 구역별로 회의를 하였다. 회의에서 경찰 간부와 시민들이 각 구역의 공공안전 개선 방안을 토의하며, 해당 지역의 우선적 과제를 결정하고, 과제 해결을 위한 전략을 개발하고, 경찰과 시민의 역할분담을 결정하며, 성과를 평가하였다. 이 프로그램에 전체 성인의 12%가 1회 이상 참여하여 시민들의 실질적 참여를 이끌어 냈다. 이 프로그램은 참여에 따른 구조적 인센티브에 의해 가난하고 교육수준이 낮은 주민들이 다수 참여하는 역의 참여 편향성을 보였는데, 저소득층 주민들의 안전을 증진시키기 때문이었다. 토의에서는 경찰의 전통적인 문제 해결 방식과 다른 해결책들이 많이 제시되었고, 시민들이 모니터링 기회를 갖게 되어 경찰의 낮은 직무수행 수준과 책임회피가 미팅에서 자주 논의되었다. 토의에 의해 현장 경찰 간부의 책무성이 높아졌고, 시민들은 토의와 협력 기술을 획득하였다.

2) 왜곡된 의사결정 방지

작은공중은 왜곡된 의사결정 방식을 대체할 수 있다. 제주도는 2005년에 기초 지방자치 단체인 시·군의 폐지 여부를 묻기 위해 주민투표를 실시했다. 행정자치부 장관은 폐지 대상인 자치단체의 시장과 군수를 배제하고 상위 자치단체인 제주도지사에게 주민투표 실시를 요구하였다. 기존의 시·군을 제주특별자치도로 통합하는 단일 광역자치안 찬성표는 57%, 현행유지안 찬성표는 43%였다. 현행 체제를 유지하는 안을 찬성하는 비율은 서귀포시 56.4%와 남제주군 54.9%였다. 상식적으로 생각하면 통합을 반대하는 서귀포와 남제주군을 강제로 통합해서는 안 된다. 그러나 정부는 제주도 전체를 놓고 찬성이 높다는 이유로 단일광역자치안으로 통합하였다(하승수·이호·김현 2009, 90-91). 이 주민투표는 정부가 정책 결정을 위해 악용한 사례이다.

2005년에 실시된 중·저준위 방사성폐기물 처분시설 유치에 관한 주민투표도 제도를 악용한 사례에 해당한다. 부안군에 방사성폐기물 처리장을 건설하려던 계획이 주민들의 반발로 무산되자, 정부는 방폐장부지 유치신청을 받아 유치를 신청한 4개의 지역에 대해 2005년 11월 경쟁적 동시 주민투표를 실시하였다. 4개 지역 중 89.5%로 가장 높은 찬성률을 보인 경북 경주시가 선정되었다. 이 과정에서 4개 지역간 과잉경쟁을 유발하고, 지역내 찬·반을 둘러싼 심각한 대립을 야기하였다. 이 선거는 지나치게 높은 부재자 투표율, 공무원의 불법 투표운동, 유치찬성 단체에 대한 자금지원, 각종 인센티브로 인해 주민투표 역사상 최악의 사례로 꼽히고 있다(하승우 2006, 37-75; 최봉기 2006, 5-26).

지역정치에서 주민투표는 지역의 지지가 약한 사안에 정당성을 부여하기 위해 활용된 경우가 많다. 이것은 주민들의 진중한 뜻을 묻거나 주민들에게 결정 권한을 이양하는 것이 아니라, 정부의 결정을 관철시키기 위한 통과 의례에 불과하며 주민투표의 이름으로 주민을 기만하는 것이다. 이를 방지하기 위해서도 작은공중을 구성하여 주민들의 합리적인 판단을 구해야 한다.

3) 작은공중의 적용 예

이처럼 왜곡된 의사결정 방식을 작은공중으로 대체하는 것이 적절하다. 지역 차원에서 공론조사는 주민투표를, 시민의회는 주민발안과 주민투표를, 공동체대화는 주민청원과 주민투표를 그리고 권능강화 참여거버넌스는 주민발안, 주민청원, 주민투표를 대체할 수 있다. 의사결정을 위한 작은공중일 경우에는 아래와 같이 다양한 방법으로 활용할 수 있다.

첫째, 민주적 정당성을 충족시키는 결정이 필요한 경우로써 도시개발, 예산 편성, 예산 집행·감시와 같이 이해당사자들의 갈등이 첨예한 경우에는 일반 시민들의 자발적 참여를 유도하기 위해 참여 경로를 시민사회 저변으로 확장해야 한다. 이러한 경우에는 공동체대화나 시민참여 예산제를 활용하는 것이 필요하다.

둘째, 민주적 정당성과 토의적 이성을 결합하는 결정이 필요한 경우에는 브리티시 컬럼비아의 시민의회처럼 층화무작위추첨 방식으로 대표들을 선발하여 해당 이슈에 대한 토의를 진행하고 다수결로 결론을 내린다. 이 때 토의 전 과정을 TV로 중계하여 주민들의 관심과 이해를 유도한다.

셋째, 행정적으로 결정하기 어려운 문제를 해결할 필요가 있을 경우에 공론조사나 공동체대화가 적절하다. 지역에서 갈등의 수위가 높고 이해관계가 첨예하게 대립하여 적절한 대응 방법을 찾지 못할 때, 예를 들어 지역 자치단체들간의 갈등과 행정구역 통합이나 개편을 둘러싼 주변 도시들의 갈등 해결에 활용할 필요가 있다. 통합 창원시의 갈등 사안이나 새만금 방조제 관할권을 둘러싼 지역 도시들의 갈등에 활용할 수 있다.

넷째, 정보에 기반한 시민들의 의견이 필요한 경우에 공론조사가 적절하게 활용될 수 있다. 경남 의료원 폐쇄 문제와 같이 전체 시민들이 이해관계를 갖지만 적절한 정보가 없어서 판단이 어려울 때, 공론조사를 통해 의미있는 해결 방안을 마련할 수 있을 것이다.

위와 같은 토의 포럼을 활용하면 다음과 같은 긍정적 결과를 얻을 수 있다. 첫째, 정책에 대한 시민들의 이해 수준을 높이고 참여적 시민을 육성하여, 정보를 갖춘 시민들이 토의에 참여하여 합리적이고 실천 가능한 결과를 산출한다. 둘째, 정책 결과의 부담을 시민들이 자발적으로 수용한다. 토의 포럼은 시민들이 스스로 책무를 부담할 동기를 주기 때문이다. 셋째, 시정활동에 대한 시민참여가 활성화된다. 넷째, 정책결정 과정의 딜레마를 해결한다. 뽀르뚜 알레그리의 참여예산제나 세금인상안을 수용한 유진시와 텍사스 시민들은 정치인이나 행정관료들이 회피하던 세금인상을 결정하였다. 대의민주주의에서 실행하기 어려운 정책 딜레마를 토의민주주의가 극복할 수 있음을 보여준 것이다. 다섯째, 지역의 전반적인 발전 방안을 갈등 없이 결정한다. 다양한 작은공중의 결과를 보면 시민들의 토의적 결정은 공동체 합의수준을 높인다는 점을 알 수 있다. 작은공중이 이끌어 낸 공동체의 광범위하고 공유된 목적 달성을 이룬 합의는 명확하고 결정적이었다. 토의 포럼이 아니라면 그러한 성과를 거두기 어려웠을 것이다.

4) 제도화 방안

지역 정책결정 과정에서 작은공중이 활용되면 그 긍정적인 효과가 참여의 선순환 사이클을 만들고 주민참여 토의민주주의를 활성화시킨다. 지방정치에서 토의민주주의 추진 방법은 각 지역의 특성에 맞게 주민들이 토의를 통해 결정해야 한다. 일반적으로 다음과 같은 방법이 유용하게 활용될 수 있다.

ㄱ. 시민에게 결정 권한을 부여하는 조례를 제정한다. 조례는 제도적으로 시민의 권능을 강화하여 참여의 양적 · 질적 수준을 높이며, 지방정부가 이익집단의 로비와 압력을 회피하는 방패로 활용할 수 있다.

ㄴ. 일정 규모 이상의 지방정부 사업을 할 때 주민참여 토의 포럼에 의한 결정을 필수 사항으로 강제한다. 조례가 제정되어도 단체장의 개인적 선호에 의해 주민참여 제도가 형식화될 우려가 있기 때문에 강제 조항이 필요하다.

ㄷ. 지방정부와 지방의회가 운영하는 각종 위원회들을 무작위 추첨 시민으로 구성한다. 이 방법은 주민들의 참여 기회를 넓히고 지방정치와 행정에 대한 이해와 신뢰를 높여 참여 의지를 고취시킨다.

마치며

한국 사회의 모순은 중층적이어서 어느 것부터 해결할 것인지, 해결이 가능한지, 누가 해결할 수 있는지에 대해 명확하게 답하기 어렵다. 그러나 분명한 것은 지금의 정치제도와 정치 이념으로는 이 모순들을 헤쳐나가기 어렵다는 사실이다.

한국 대의민주주의가 사회적 모순을 해결하기에는 분명한 한계가 있다. 한계는 세 가지 층위 즉 정치 행위자 개인 차원, 대의민주주의의 제도 차원, 자본주의 사회 구조 차원에 존재한다. 첫째, 정치 행위자 개인 차원의 한계는 대리인들에게 도덕성을 압박할 제도적 장치가 없기 때문에 두드러진다. 대리인의 부도덕한 행위를 사후에 처벌하는 것보다 사전에 방지하는 것이 효과적이지만 제도적으로 강제할 방법이 없다. 둘째, 대의민주주의 제도 차원에서 정당하고 효율적인 의사결정이 보장되지 않는다. 선거로 선출되는 대리인들이 시민을 위해 헌신한다는 보장이 없다. 선거는 양심적이고 유능한 대표를 선출하는 제도로써는 너무 미흡하다. 선출된 대리인들의 의사결정 과정이 투명하지 않고, 효율적이지 않으며,

정당하지도 않다. 너무나 많은 비리, 비효율, 부당함이 정치적 의사결정에 영향을 미친다. 그리고 유능하고 양심적인 대리인이 선출되어도 적대 정치 구조에서는 그 뜻을 펼치기가 어렵다. 셋째, 자본주의 사회의 구조 차원에서 자본의 힘이 커질수록 자본의 영향력을 제어할 정치적·제도적 안전장치는 취약해진다. 행정부, 의회, 법원, 언론계, 교육계, 종교계 등 국가와 시민사회의 모든 부문에서 자본의 영향력이 커졌고 그 영향력에 편입되는 속도가 가속화되고 있다. 유전무죄 무전유죄의 현실과 재벌 총수에 대해 관대한 법 집행이 이를 증명해 주고 있다.

바아버의 강한 민주주의는 대의민주주의의 구조적 한계를 명쾌하게 분석하고 민주주의를 되찾아 줄 의미 있는 대안을 제시하였다. 그러나 그는 시민참여를 강조하면서도 시민참여 정치가 올바른 것이라는 점을 설득하지 못했다. 그는 다만 자신의 공화주의적 바람을 호소한 것이다. 토의민주주의는 세 차원의 구조적 문제들을 극복하면서 바아버 이론의 결함도 극복할 수 있을 뿐만 아니라, 계급, 성, 지역, 세대 등 한국 사회를 갈라놓는 다양한 균열들을 넘어 구성원들의 이성적인 동의를 이끌어 낼 수 있는 유력하고 민주적인 방법이다. 하버마스는 시민들의 토론에 의한 정치가 엘리트들에 의한 결정보다 도덕적으로 올바를 뿐만 아니라 지적 수준에서도 우월하고 타당하다는 것을 보여주었다. 이 관점은 바아버의 이론적 공백을 메꾸고 있다. 최근에 하버마스의 토의민주주의 이론을 지지하는 관점들이 다양하게 제시되었다. '자유롭고 평등하며 합리적인 참여자들이 토의한 결과만 정당한 정치적 의사결정이다', '법률의 정당성은 그 법률에 의해 영향 받는 모든 사람들의 자유롭고 공개된 토의의 조건에서만 확립된다'는 주장이 그 예이다.

시민들의 토의를 정치적 의사결정과 직접 연결하려는 토의민주주의는 대의민주주의의 제도적·이념적 한계를 동시에 극복할 수 있는 가능성을 보여주었다. 토의민주주의는 '정치를 토의 안에서, 토의를 통해 선호를 형성하는 과정으로 파악한다.'(Cohen 1997b, 83) 시민들이 토의 이전에 갖고 있던 선호보다 토의 이후에 형성한 선호가 더 이성적이다. 토의를 통해서 잠정적, 일시적, 즉흥적이거나 지극히 개인적인 선택들이 일관된 선호로 전환된다. 참여적 토의는 정치적 결정, 법률, 규범, 집단적 선택을 정당화하고 시민들의 일관된 선호 형성을 돕는다. 공론조사, 공동체대화, 시민의회, 권능강화 참여거버넌스에 참여한 많은 사람들이 자신들의 생각을 바꾸었을 때, 토의민주주의가 생각하는 진정한 선호가 드러난다. 토의를 거친 후에 변화된 선호는 토의 없는 투표로는 도달할 수 없었던 인식 전환의 결과이다. 토의민주주의에서 생각하는 정치과정이란 이처럼 시민들이 토의한 이후에 자신의 생각을 전환하게 만드는 과정이다.

따라서 법, 정책, 제도, 인사 등의 영역에서 중요한 문제들은 전문가가 아니라 시민들이 함께 논의하며 결정해야 한다. 시민들이 토의를 통해 결정하고 정치인이나 관료들이 집행하는 것이 바람직하다. 토의민주주의 경험은 이러한 생각이 실현가능하다는 사실을 보여주고, 설득력을 더하고, 경험으로 타당성을 입증하였다. 토의민주주의적 의사결정이 올바름, 정당성, 효율성, 도덕성 등의 측면에서 대의민주주의의 의사결정보다 우월한 결과를 보여주었기 때문이다.

구체적으로 공론조사는 호주의 원주민 문제처럼 사회적 편견 뒤에 감추어져 있어 시민들이 알지 못하던 역사적 사실을 토의 과정에서 드러내고 국가적 관심을 이끌어냈다. 또 텍사스주의 발전소 건설 문제처럼 대의민주주의 정치 시스템이 해결할 수 없었던 난제들을 시민들이 이성적 결정과 자발적 기여를 통해 합리적으로 해결하였다.

선거법을 입안한 브리티시 컬럼비아의 시민의회는 선거법을 제정할 때 시민들에 의한 결정이 최선의 방법일 수 있다는 사실을 보여주었다. 시민들은 의원들과는 다른 목적과 시선으로 선거제도를 바라봄으로써 누구도 예측하지 못한 제도를 만들어 냈다. 의원들의 정치적 운명을 좌우하는 선거법을 의원들의 손에 맡기는 것은 고양이에게 생선을 맡기는 것과 같다. 시민들은 의원들의 생사여탈 권한을 보유할 때에만 국가와 지역사회의 진정한 주인이 될 수 있다.

공동체대화는 대의민주주의의 두통거리인 예산문제 뿐만 아니라 합의가 어려워보이던 공동체 발전 계획에 있어, 정교하게 설계된 의사소통을 통해 주민들의 합의를 이끌어낼 수 있음을 보여주었다. 공동체대화는 설문조사, 공청회, 토론회 등을 결합하여 시민들의 의사결정 능력을 확장하는 동시에 정치인들의 책무성 부담을 덜어주었고, 시민과 대리인들 모두에게 토의민주주의 의사결정 방식을 채택할 동기를 주었다.

참여예산제와 케랄라의 주민계획은 대의민주주의에서 제대로 대표되지 못하던 기층 민중들의 정치적 시민권을 회복시켜 주었다. 그들은 자신들의 권능이 강화되고 나서야 비로소 시민과 주권자가 될 수 있었다. 권능강화 참여거버넌스를 통해 시민이 된 사람들은 자신들의 생활 여건을 스스로 개선하고 사회적 불평등을 교정하는 결과도 얻었다.

그동안 대의민주주의가 이러한 성과들을 만들어 낼 수 없었다는 점에서 토의민주주의의 이론적·실천적 탁월함이 증명되었다. 이 성과들을 직접민주주의의 흥분이나 과도한 열정이 아니라 이성적이고 제도적인 방법으로 일구어 냈다는 점에서, 토의민주주의가 제도적인 안정성을 갖는다는 사실을 확인할 수 있다.

한국에서는 토의민주주의 방법을 활용하여 헌법재판소를 시민의회로 대체하고, 국회개혁시민의회에서 국회의원 선출, 국회의원의 권한 및 의무 사항, 정당의 권한과 의무 및 국회의 운영에 관한 사항 등에 대한 법률안을 작성하고, 법원인사정책시민위원회에 법관 인사를 논의하는 제도가 필요하다. 법은 시민들의 의사소통으로부터 정당성을 부여받아야 하므로, 실정법의 정당성도 헌법재판소가 아니라 시민들로 구성된 시민의회에서 판단받아야 한다. 사법부가 일탈권력이 되는 것을 방지하기 위해서는 검찰권 견제와 함께 정치 지향적이고 출세 지향적인 법관들을 걸러내는 제도가 필요하다. 시민으로 구성되는 법관인사시민위원회가 사법부 인사정책을 담당할 때 그 요구가 충족될 수 있다. 그리고 배심재판의 전면화, 양형기준제정시민위원회 설치, 전문법원 중심의 대법원 개혁도 필요하다.

행정부에 작은공중을 제도화할 때 공론조사와 시민의회는 신고리 5·6호기에 관한 공론조사처럼 정책결정권자의 의지가 있으면 쉽게 적용할 수 있다. 공동체대화나 권능강화 참여거버넌스는 보다 규모가 크고 구성원이 다양하며 장기적인 토의를 요구한다는 점에서 좀 더 까다로울 수 있다. 하지만 다른 나라 경험을 보면 실용적·문제 중심적으로 접근할 때, 일반인들의 정치적 지혜와 능력을 발전시켜서 해결책을 만들 수 있었다. 교육정책처럼 모든 국민이 직접적으로 영향 받는 정책분야에서 작은공중을 적극적으로 활용해야 하고, 시민들의 의사소통 권력이 행정부 권력의 신경망에 직접 도달하는 길을 열기 위해 인사배심제도 필요하다.

그리고 지방정치를 활성화하고 행정권력의 토의민주주의적 재편을 위해서 '자치권 이양', '집중관리와 조정'이 필요하다. '자치권 이양'은 주민자치의 폭을 넓히기 위해 지방정부로 중앙정부의 권한을 이양하는 것이다. ‘집중관리와 조정’은 아래로부터의 다양한 요구를 토의하고 집중하고 조정하는 기능을 의미한다. 참여 시민들의 경쟁적 요구가 토의 목표와 토의 과정을 해체하는 탈집중화 현상을 방지하고 사회통합적 결과를 산출하기 위해서 조정이 필요하다. 이 원리를 결합하면 행정자치부는 그 권력을 지방으로 전면 이양한 후, 각 지방정부의 요구를 중앙으로 집중하고 조정하는 부처로 전환해야 한다.

토의민주주의가 제도화되면 기존 정치 시스템을 넘어설 수 있다. 입법부나 행정부 독재로부터 시민들 스스로 자유롭게 공적 결정을 내리므로 전통적인 제도 중심의 정치관행을 넘어선다. 참여하는 시민들이 결사체의 구성원일 필요가 없으므로 이익집단이나 결사체 중심 사유를 넘어선다. 대의민주주의 체제의 대리인들이 공급할 수 없던 정치적 지혜를 시민들이 제공하므로 전통적인 대리인 체제를 넘어선다. 즉, 현대의 대의민주주의가 실패하고 있는 지점에서부터 민주주의를 다시 부활시키는 것이다.

지금까지 살펴본 것처럼 토의민주주의는 현대 대의민주주의를 교정하고 국민주권을 직접적으로 실현할 수 있는 간명하고 강력한 길을 제시해준다. 지금 한국에 ‘토의민주주의가 필요하다는 점을 더 이상 입증할 필요는 없다. 만약 누군가 이러한 민주주의를 반대한다면 바로 그가 반대의 정당성을 증명해야 한다.’

강현수. 2010. “인도 케랄라의 급진적 개혁을 통한 지역 발전 사례”. 『동향과 전망』, 78호. 한국사회과학연구소.

국순옥. 2005. “자료: 헌법재판관들의 사법 쿠데타”. 『민주법학』, 제27호. 민주주의법학연구회.

그레, 마리옹. 생또메, 이브 공저. 김택현 옮김. 2005. 『뽀르뚜 알레그리: 새로운 민주주의의 희망』, 박종철출판사.

기, 에르메. 임미경 역. 1998. 『민주주의로 가는 길』, 한울.

김배원. 2012. “차기정부의 ‘사법개혁’ 과제”. 『공법연구』, 제41집 2호. 한국공법학회.

김병수. 2013. “국민참여재판 시행 5년과 그 구체적 형태 — 국민사법참여위원회안에 대한 비판적 검토를 중심으로”. 『형사법의 신동향』, 통권 38호. 대검찰청.

김상준. 2007. “헌법과 시민의회”. 함께하는 시민 행동 엮음. 「헌법 다시 보기」, 창비.

김선희. 2006. “공론조사기법: 학습과 토론을 통해 공론 확인하기”. 『국토』, Vol. 295. 국토연구원.

김승환. 2009. “검찰권과 사법권 개혁의 과제”. 『헌법학연구』, 제15권 제4호. 한국헌법학회.

김원용. 2003. “공적 이슈에 대한 효과적 국민의사 수렴수단으로서 公論調査(deliberative poll) 에 대한 연구”. 『사회과학연구논총』, 11권. 이화여자대학교 사회과학연구소.

김인회. 2010. “검찰의 수사권 및 공소권 남용 연구 — 한명숙 전총리 뇌물 수수사건을 중심으로”. 『법과사회』, 39권 39호. 법과사회이론학회.

김종서. 2011. “헌법재판과 민주법학”. 『민주법학』, 제46호. 민주주의법학연구회.

김준성 · 천정환. 2011. “올바른 검찰권행사를 위한 검찰시민위원회제도의 활성 화 방안”. 『인권복지연구』, 제10호. 한국인권사회복지학회.

김진환. 2010. “사법개혁의 방향”. 『저스티스』, 통권 118호. 한국법학원.

김태명. 2010. “검찰시민위원회 및 기소심사회 제도에 대한 비판적 고찰”. 『형사정책연구』, 제21권 4호. 한국형사정책연구원.

김택수. 2004. “프랑스의 사인소추제도”. 『경찰법연구』, 제2권 1호. 한국경찰법학회.

달, 로버트. 조기제 역. 2006(1989). 『민주주의와 그 비판자들』, 문학과 지성사.

마넹, 버나드. 곽준혁 역. 2004. 『선거는 민주적인가』, 후마니타스.

바아버, 벤자민. 박재주 역. 1992. 『강한 민주주의: 새 시대를 위한 참여적 정치』, 인간사랑.

박동천. 2000. 『선거제도와 정치적 상상력』, 책세상.

비드마르, 닐 엮음. 김상준·김형두·이동근·이효진 공역. 2007. 『세계의 배심제도』, 나남.

비드마르, 닐. 2007. "역사적 · 비교법적 관점에서 본 영미법국가의 배심제도". 비드마르 엮음. 『세계의 배심제도』, 나남.

서경석. 2005. "판례평석: 신행정수도의 건설을 위한 특별조치법 위헌결정에 대하여-헌법재판소 2004. 10. 21. 선고, 2004 헌마 554,566 (병합) 결정". 『민주법학』, 제27호. 민주주의법학연구회.

손병석. 1999. "아리스토텔레스에 있어서 민주주의와 데모스의 집합적 지혜". 『서양고전학연구』, 제14권. 한국서양고전학회.

신 평. 2009. "사법의 독립과 책임의 조화". 『세계헌법연구』, 15권 2호. 국제헌법학회 · 한국학회.

오정용 · 송광섭. 2014. "검찰시민위원회제도의 현황과 과제". 『법학연구』, 제 55집. 한국법학회.

오현철. 2004. "한국 시민사회론 비판과 대안—하버마스 이론을 중심으로". 『경제와 사회』, 62호. 비판사회학회.

오현철. 2006a. "정치적 대표체계의 민주적 재구성 방안 모색". 『시민사회와 NGO』, 제14권 제1호. 한양대학교 제3섹터연구소.

오현철. 2006b. "토의민주주의: 이론 및 과제". 주성수·정상호 편저. 『민주주의 대 민주주의』, 아르케.

오현철. 2006c. "토의민주주의 이론의 쟁점". 『한국정치학회보』, 40집 5호. 한국정치학회.

오현철. 2007a. "국가정책결정 거버넌스와 공론조사 : 토의민주주의 관점에서". 『사회과학연구』, 15권 2호. 서강대학교 사회과학연구소.

오현철. 2007b. "국민주권과 시민의회". 함께하는 시민행동 엮음. 『헌법 다시보기』,

창비.
오현철. 2007c. “민주주의의 새로운 공간: 한국 공론장의 대안적 발전 모델을 중심으로”. 『한국정치학회보』, 41집 2호. 한국정치학회.
오현철. 2009. “민주주의의 새로운 주체 — 작은공중(minipublics)을 중심으로”. 『시민사회와 NGO』, 제7권 제2호. 한양대학교 제3섹터연구소.
오현철. 2010. “토의민주주의와 시민의회: 브리티시 컬럼비아 사례를 중심으로”. 『시민사회와 NGO』, 제8권 제2회. 한양대학교 제3섹터연구소.
오현철. 2015. “민주주의를 위한 법원개혁과 시민참여”. 『시민사회와 NGO』, 제13권 제2호. 한양대학교 제3섹터연구소.
오현철. 2017a. “촛불집회, 개헌, 시민의회”. 한국정치연구회 30주년 기념 세미나 자료집 『우리시대의 진보와 민주주의의 과제』, 2017년 6월. 한국정치연구회.
오현철. 2017b. “공론조사에 대한 이해와 오해”. 『녹색평론』, 9-10월호. 통권 156호. 녹색평론사.
오현철·강대현. 2013. “교육정책 결정에 적합한 의사결정 모형 탐색 : 정부주도 및 이익집단 경쟁에서 시민의회 모형으로”. 『시민교육연구』, 제45권 4호. 한국사회과교육학회.
오현철·강대현. 2016. “사회과 논쟁문제 수업 개선을 위한 제언: 토의민주주의 경험을 중심으로”. 『시민사회와 NGO』, 제14권 제2호. 한양대학교 제3섹터연구소.
이상덕. 2012. “사법부 내에서의 법관의 독립 — 독일의 사례 · 제도의 시사점을 중심으로”. 『행정법연구』, 제34호. 행정법이론실무학회.
이성기. 2013. “검사의 부당한 공소제기를 방지하기 위한 미국 기소대배심제(Grand Jury) 의 수정적 도입에 관한 연구”. 『강원법학』, 제38권. 강원대학교 비교법학연구소.
이영재. 2004. “토의민주주의의 쟁점과 과제”. 『정치비평』, 통권 제13호. 한국정치연구회.
이지문. 2010. “평등한 주민참여, 지방자치단체에서 어떻게 제도화할 것인가?” 『지방자치단체의 진보적 참여민주주의 구현 방안을 위한 토론회 자료집』, 2010. 9.

장석준. 2003. "참여예산제: 대안사회를 향한 작은 한 걸음. 예산편성과정에 있어서 시민참여확보방안". 『민주노동당 광주시지부 토론회 발표자료』.
재정경제부. 2005. 『8·31 부동산 정책 공론조사』, 재정경제부 정책기획관실 홍보기획팀.
주성수. 2006. "대의민주주의를 넘어서: 참여민주주의의 시대로". 주성수·정상호 편. 『민주주의 대 민주주의』, 아르케.
주성수. 2009. 『직접민주주의 : 풀뿌리로부터의 민주화』, 아르케.
참여연대시민과학센터 편. 2002. 『과학기술·환경·시민참여』, 한울.
최봉기. 2006. "중앙정부에 의한 지역간 경쟁적 주민투표제도의 개선과제". 『한국지방자치학회보』, 제18권 2호. 한국지방자치학회.
최선·이지문. 2014. "법관 선임제에 대한 비판적 검토: 사법권 독립과 민주적 정당성을 중심으로". 『동서연구』, 제26권 제2호. 연세대학교 동서문제연구소.
풀뿌리자치연구소 이음. 2011. 『참여 · 예산을 상상하라』, 더 이음.
피시킨, 제임스 저. 김원용 역. 1991. 『민주주의와 공론조사』, 이화여대출판부.
하버마스, 위르겐. 한상진·박영도 공역. 2000. 『사실성과 타당성』, 나남.
하승수. 2003. "왜 주민참여형 예산제도인가?: 주민참여 예산의 의미와 방향". 『주민참여형 예산제의 의미와 과제』, 울산광역시 동구청, 울산경실련, 울산참여연대 공동 주최 토론회 자료집. 2003. 11월.
하승우. 2003. "인도 케랄라주의 자치실험이 주는 교훈". 『풀뿌리아카이브』, 풀뿌리자치연구소. http://grasslog.net/home/. 검색일 2011.6.1.
한상희. 2012. "사법개혁, 좌절과 실패의 역사". 『민주법학』, 제50호. 민주주의법학연구회.
한상희. 2013. "헌법과 정치: 정치의 재구성을 위한 제언". 『민주법학』, 제53호. 민주주의법학연구회.
헤이우드, 엔드류. 2010. 『정치학 : 현대정치의 이론과 실천』, 성균관대학교 출판부.

Anttiroiko, Ari-Veikko. "Building Strong E-Democracy — The Role of Technology in Developing Democracy for the Information Age". *Communications of the ACM*, September 2003/Vol.46, NO.9ve.
Beetham, D. 1996. 『Bureaucracy』. 2nd edition. Buckingham: Open University

Press.

Benhabib, Seyla. 1996. "Toward a Deliberative Model of Democratic Legitimacy". Benhabib(ed.). *Democracy and Difference: Contesting the Boundaries of the Political*, Princeton University Press.

Bessette, Joseph. 1980. "Deliberative Democracy: The Majority Principle in Republican Government". in *How Democratic Is the Constitution?*, Robert A. Goldwin and Willian A. Schambra, (eds.). Washington: American Enterprise Institute.

Bogart, W. A. 2007. "민권의 수호자, 중세의 유물: 캐나다의 민사배심제도". 비드마르, 닐 엮음. 김상준·김형두·이동근·이효진 공역. 『세계의 배심제도』, 나남.

Bohman, James and William Rehg(ed.). 2002. *Deliberative Democracy – Essays on Reason and Politics*, The MIT Press.

Brunheim, John. 1985. *Is Democracy Possible? The Alternative to Electoral Politics*, Berkeley and Los Angeles: University of California Press.

Calhoun, Craig. (ed.). 1992. *Habermas and Public Sphere*, MIT Press.

Carson, L. 2005. "Power to the people: Citizens Assemblies." 7. December. http://www.newmatilda.com/policytoolkit/.

Carty, R. Kenneth. 2005. "Turning voters into citizens: The Citizens' Assembly and Reforming Democratic Politics". *Democracy and Federalism Series*, 2005 (3).

Chambers, Simone. 2007. "Quantity vs Quality: Dilemmas of Mass Democracy". CSDI Working Paper : 2007 Citizen Engagement. No.3.

Christenson, Caryn & Ann Abbott. 2000. "Team Medical Decision Making", in *Decision Making in Health Care*, Gretchen Chapman and Frank Sonnenberg(ed.). New York: Cambridge University Press.

Cohen, Joshua. 2002. "Deliberation and Democratic Legitimacy". in James Bohman and William Rehg. (ed.). *Deliberative Democracy – Essays on Reason and Politics*, The MIT Press.

Cunningham, Frank. 2002. *Theories of democracy — A critical introduction*, London and New York: Routledge.

Davis, Ben B. & Kirsty Blackstock. 2005. "'Recruitment', 'composition', and 'mandate' issues in deliberative processes: should we focus on arguments rather than individuals". *Environment and Planning C: Government and Policy*, vol. 23.

deLeon, Peter. 1997. *Democracy and the Policy Sciences*, Albany: SUNY Press.

Dryzek, J.S. 2000. *Deliberative Democracy and Beyond*, Oxford: Oxford University Press.

Duff, Peter. 2007. "스코틀랜드의 현사배심제도: 아주 독특한 제도". 비드마르, 닐 엮음. 김상준·김형두·이동근·이효진 공역. 『세계의 배심제도』, 나남.

Dugan, H.C. 2006. "Judging The Judges: Wisconsin Judicial commission 2005 Annual Report". *Wisconsin Lawyer*, (State Bar of Wisconsin, April, 2006).

Elster, Jon. 1998. *Deliberative Democracy*, Cambridge : Cambridge University Press.

Estlund, David. 2002. "Beyond Fairness and Deliberation: The Epistemic Dimension of Democratic Authority". James Bohman and William Rehg. (ed.). *Deliberative Democracy — Essays on Reason and Politics*, The MIT Press.

Final Report. 2004. *British Columbia Citizens' Assembly Final Report*.

Fiorina, Morris P. 1999. "Extreme Voices: A Dark Side of Civic Engagement". in Skocpol, T. & Morris P. Fiorina. (eds.) *Civic Engagememt in American Democracy*, Brookings Institution Press.

Fishkin, J. S. 2003. "Consulting the Public through Deliberative Polling". *Journal of Policy Analysis and Management* 22, no. 1.

Fishkin, James & Fishkin and Robert Luskin. 1999. "Bringing Deliberation to Democratic Dialogue". In *A Poll with a Human Face: The National Issues Convention Experiment in Political Communication*, Max

McCombs. (eds.). Mahwah, N.J.: Lawrence Erlbaum Associates.

Fishkin, James. 1995. *The Voice of the People: Public Opinion and Democracy,* New Haven: Yale University Press.

Fraser, Nancy. 1991. "Rethinking the Public Sphere". C. Calhoun. (ed.). *Habermas and the Public Sphere,* Cambridge M.A. : M.I.T. Press.

Freeman, Samuel. 2000. "Deliberative Democracy : A Sympathetic Comment". *Philosophy and Public Affairs*, Fall.

Fung, Archon and Erik Olin Wright. 2003. "Thinking about Empowered Participatory Governance". Archon Fung and Erik Olin Wright. (ed.). *Deepening Democracy: Institutional Innovations in Empowered Participatory Governance*, London · New York : Verso.

Fung, Archon. 2003. "Recipes for Public Spheres: Eight Institutional Design Choices and Their Consequences". *The Journal of Political Philosophy.* Vol 11. No 3.

Gledhill, L. 2006. "Lawmakers promote 'citizens assembly' for California". *San Francisco Chronicle*, 27, January.

Goodin, R. E. & S. J. Niemeyer. 2003. "When does Deliberation Begin? Internal Reflection versus Public Discussion in Deliberative Democracy". *Political Studies*, Vol. 51.

Goodin, Robert E. and John S. Dryzek. 2006. "Deliberative Impacts: The Macro-Political Uptake of Mini-Publics". *Politics & Society*, Vol.34 No.2, June.

Greiff, Pablo De. 2000. "Deliberative democracy and group representation". *Social Theory and Practice*, Fall.

Gutmann, Amy & Dennis Thompson. 1996. *Democracy and Disagreement,* The Belknap Press of Harvard University Press.

Hindess, Barry. 2000. "Representation Ingrafted upon Democracy". *Democratization*, 7.

Isaac, Thomas & Patrick Heller. 2003. "Democracy and Development:

Decentralized Planning in Kerala". Fung, Archon and Erik Olin Wright. (eds.). *Deepening Democracy: Institutional Innovations in Empowered Participatory Governance,* London · New York : Verso.

Isaac, Thomas & Richard Franke. 2000. *Local Democracy and Development: People's Campaign for Decentralized Planning in Kerala,* New Delhi: Left World Press.

King, Nancy Jean. 2007. "미국의 형사배심제도". 비드마르, 닐 엮음. 김상준·김형두·이동근·이효진 공역. 『세계의 배심제도』, 나남.

Kiss, Lester W. 2007. "일본 형사배심의 부활". 비드마르, 닐 엮음. 김상준·김형두·이동근·이효진 공역. 『세계의 배심제도』, 나남.

Landsman, Stephan. 2007. "미국의 민사배심제도". 비드마르, 닐 엮음. 김상준·김형두·이동근·이효진 공역. 『세계의 배심제도』, 나남.

Lang, Amy. 2007. "But Is It for Real? The British Columbia's Citizens' Assembly as a Model of State-Sponsored Citizen Empowerment". *Politics & Society,* vol.35 NO.1, March.

Leib, Ethan J. 2004. *Deliberative Democracy in America: A Proposal for a Popular Branch of Government.* Pennsylvania State University Press.

Levine, P., Fung, A., and Gastil, J. 2005. "Future Directions for Public Deliberation". *Journal of Public Deliberation* 1(1).

Lloyd-Bostock & Thomas Cheryl. 2007. "영국 배심제도의 계속되는 쇠퇴". 비드마르, 닐 엮음. 김상준·김형두·이동근·이효진 공역. 『세계의 배심제도』, 나남.

Lupia, A. and McCubbins, M. 1998. *The Democratic Dilemma,* Cambridge: Cambridge University Press.

Macedo, Stephen. (ed.). 1999. *Deliberative Politics: Essays on Democracy and Disagreement,* New York: Oxford University Press.

Manor, James. 1999. *The Political Economy of Decentralization,* Washington, D.C: The World Bank.

Milner, Henry. 2005. "Electoral Reform and Deleberative Democracy in British

Columbia". *National Civic Review,* Spring.

Norris, Pippa. 2002. *Democratic Phoenix – Reinventing Political Activism,* Cambridge University Press.

Phillips, Anne. 1995. *The Politics of Presence,* Oxford: Oxford University Press.

Popkin, S. 1992. *The Reasoning Voter,* Chicago: University of Chicago Press.

Posner, R. 2004. *Law, Pragmatism and Democracy,* Cambridge: Harvard University Press.

Putnam. Robert D. 2001. *Bowling Alone: The Collapse and Revival of American Community,* Simon & Schuster.

Ratner, R.S. 2004. "British Columbia's Citizens' Assembly : The Learning Phase". *Canadian Parliamentary Review,* Summer.

Rawls, J. 1993. *Political Liberalism,* New York: Columbia University Press.

Richman, K. 2006. Website of Assemblyman Keith Richman, http:// republican. assembly.ca.gov/members, 2006년 3월 24일 검색.

Sanders, L. 1997. "Against Deliberation". *Political Theory,* 25.

Schumpeter, J. A. 1942. *Capitalism, Socialism and Democracy,* New York: Harper and Row.

Skocpol, Theda & Morris P. Fiorina. (eds.). 1999. *Civic Engagement in American Democracy,* Washington, DC: Brookings Institution Press.

Snider, J.H. 2005. "Solving a classic dilemma of democratic politics: Who will guard the guardians?". *National Civic Review,* 94(4).

Sunstein, C. R. 2003. "The Law of Group Polarization". Fishkin, James S. & Peter Laslett. (eds.). *Debating Deliberative Democracy,* Blackwell Publishing.

Sunstein. Cass R. 2001. *Republic.com.* Princeton, NJ: Princeton University Press.

Unger, Roberto Mangabeira. 1996. *What Should legal Analysis Become?,* London: Verso.

Ward, Ian. 2006. "The British Columbia Citizens' Assembly on Electoral Reform: An experiment in political communication". Referred paper presented to *the Australasian Political Studies Association Conference*, September.

Warren, Mark E. & Hilary Pearse. 2008. *Designing Deliberative Democracy — The British Columbia Citizens' Assembly*. Cambridge University Press.

Warren, Mark. 2002. "Deliberative Democracy". in Carter, April and Geoffrey Stokes. (eds.). *Democratic Theory Today — Challenges for the 21st Century*, Polity.

Weeks, Edward C. 2000. "The practice of deliberative democracy: Results from four large-scale trials". *Public Administration Review*, Jul/Aug.

Young, Iris Marion. 1996. "Communication and the Other : Beyond Deliberative Democracy". in Seyla Benhabib. (ed.). *Democracy and Difference: Contesting the Boundaries of the Political*, Princeton University Press.

찾아보기

ㅇ

ㅈ

ㅊ

ㅋ

ㅌ

ㅍ

ㅎ

오현철

1963년 전북 남원에서 출생
한양대학교 정치외교학과에서 정치학 학사, 석사, 박사 취득
고려대학교 아세아문제연구소 연구교수
한양대학교 제3섹터연구소 연구교수
전북대학교 사범대학 일반사회교육과 교수(2007~현재)

· 저서
한국 민주주의와 시민참여(2007, 공저), 헌법 다시보기(2007, 공저), 민주주의 대 민주주의(2006, 공저), 시민불복종 · 저항과 자유의 길(2001)

· 논문
민주주의를 위한 법원개혁과 시민참여(2015), 교육정책 결정에 적합한 의사결정 모형 탐색(2013), 트위터와 민주주의 발전(2012), 토의민주주의와 시민의회(2010), 촛불집회와 집합지성(2010), 국가정책결정 거버넌스와 공론조사(2007), 민주주의의 새로운 공간(2007), 정치적 대표체계의 민주적 재구성 방안 모색(2006), 한국 시민사회론 비판과 대안(2004), 시민참여 유형의 변화와 의미(2003)

건지학술총서 ⑬

토의민주주의

지은이 오현철
펴낸이 이남호
펴낸곳 전북대학교출판문화원

초판 1쇄 인쇄 2018. 06. 26
초판 1쇄 발행 2018. 06. 26

전북대학교출판문화원 전라북도 전주시 완산구 어진길 32 (풍남동2가)
전화 (063) 219-5321~2
FAX (063) 219-5323
출판등록 2012년 8월 20일 제465-2012-000021호

값 28,000원

ISBN 979-11-87892-87-8 94340
ISBN 978-89-98534-66-0(세트) 94080

이 도서의 국립중앙도서관 출판예정도서목록(CIP)은 서지정보유통지원시스템 홈페이지(http://seoji.nl.go.kr)와 국가자료공동목록시스템(http://www.nl.go.kr/kolisnet)에서 이용하실 수 있습니다. (CIP제어번호 : CIP2018017127)